MÉTAPSYCHANALYSE

Dépôt légal : 2015
Bibliothèque et Archives nationales du Québec
Bibliothèque et Archives Canada

Zachée Éditions
Éditrice : Lynda Lamontagne
Photo de couverture : Jonny Lindner
Maquette : Hécate Robert
Relecture : Lénore Robert

Richard-Lorenzo Robert Ph.D.
MÉTAPSYCHANALYSE

Subvertir le Paradigme dominant. Maintenant.

Zachée Éditions

Montréal, Québec, Canada

Du même auteur :

Le Coffre à Outils psychothérapeutique
Québecor, mars 2010, 184 pages.
Traduit en italien : La cassetta degli attrezzi della psicoterapia

Psychanalysez-vous vous-même
Québecor, août 2012, 200 pages.
Version papier épuisée.

À venir :

Une Session en Enfer
Zachée, hiver 2017

Dictionnaire intuitif de Métapsychanalyse
Zachée, automne 2018

À Lynda
pour être le soleil magnificent
autour duquel mon univers gravite

À Pamela Chrabieh et Mélanie Dubois
pour être les étoiles étincelantes qu'elles sont sans relâche,
chacune dans sa galaxie, pour le plus grand éclairement d'autrui

TABLE DES MATIÈRES

Introduction

Subvertir le Paradigme Dominant.

La formule peut certes sembler étrange pour ouvrir un livre se réclamant basiquement de la psychanalyse, sauf qu'à titre d'incipit visant à proprement introduire ce qui suit, nous n'aurions pu mieux trouver, puisqu'elle résume fort bien tout ce qui est en présence ici, dans l'esprit éthérique autant que dans la lettre spécifique des choses. Tout d'abord, en proposant sur le plan individuel un franc affranchissement de nos *patterns* réactionnels de comportement quant à ce qui est prétendu être communément juste et honorable, *socially correct*, et qui est en fait la résultante des édits et conditionnements émanant de notre éducation parentale, du système de valeurs qui y était prévalant, que l'on nous a introjeté dans la soi-disant louable intention de nous pourvoir d'un bon cadre de vie pour mieux y 'voler de ses propres ailes', faire honneur à la famille, et ce toute notre existence durant. Ce qui constitue selon le respect du sang le plus élémentaire le juste tribut à payer à notre dite famille d'origine. Ensuite, le présent aphorisme invite à la même réévaluation de l'assujettissement, mais plus spécifiquement face au cadre un brin plus élargi du 'social' dans lequel nous sommes appelés à évoluer, et qui n'aura certes pas été sans exercer déjà un indéniable poids d'influence sur les paramètres familiaux mentionnés, mais sans pour autant les infléchir systématiquement, la famille demeurant la famille, et ce toujours dans la visée avouée de favoriser votre intégration 'réussie' dans ce même vaste monde social, circonscrivant implicitement la liberté d'être et de penser à l'intérieur d'un conformisme alimenté dans l'optique de ce qui sera admis comme étant *normal* par la haute caste dirigeante en termes d'attitudes, de comportements, d'actions et de cogitations, et à partir duquel seront plus personnellement ajustées nos propres valeurs et priorités en devenir. Et le tout sera ré-édicté subtilement, inlassablement, répétitivement via la tonitruante influence des *mass media* qui se feront le haut-parleur de ladite conscience sociétale, relayant de façon incessante et adaptant à perpétuité ce qui est encore et toujours considéré socialement juste et recommandable au niveau de ces façons d'être et de ces idéaux jugés encore une fois dans la normalité pour notre époque, et ce au travers de conditionnements à peine subtils, qui nous assaillent inlassablement à chaque instant, où que l'on soit, par le truchement de la télévision ou encore mieux, du web, dans les publicités ainsi que les journaux, s'évertuant à nous préserver de toute pensée autonome ou revendicatrice susceptible de nous éloigner de ce qui est collectivement correct, nous rendant toujours plus automatiquement acceptant de ces valeurs controuvées, plus relâchés autant que plus lâches à réagir, nous induisant encore plus profondément dans un état de passivité duquel il devient particulièrement ardu de nous libérer, et duquel il nous est fortement intimé même de ne pas songer à s'affranchir, sous peine de ne plus avoir notre place dans la belle normalité rassurante de notre civilisation. Ouf !

Et en parallèle s'échafaude encore et toujours, et se renforce progressivement, la construction puis le développement de notre personnalité, pour le meilleur mais surtout pour le pire, compte tenu de ces conditions un brin coercitives d'évolution.
Remarquons que ce que nous venons de détailler tient essentiellement lieu au confluent des niveaux *conscient* et *inconscient* de notre considération de la réalité. Mais nous reviendrons plus loin sur ce constat.

Ensuite à un niveau plus éthéré, notre motto d'ouverture traduit par extension une volonté de s'affranchir de la matrice subconsciente nous transcendant collectivement, souvent connue sous les vocables de *destinée*, de *karma* ou de *prédestination*, et circonscrivant l'apparent *libre-arbitre* humain, induisant ce dernier à croire qu'il est à la fois libre penseur autant que libre maître de ses décisions, tandis que dans les faits, tout serait plutôt paramétré à l'intérieur des desseins transcendants d'un Grand Œuvre Universel, duquel nous serions tous redevables, et au sein duquel nous serions tous inter-reliés les uns aux autres.

Ultimement maintenant, et de façon détonnament plus *pragmatique*, quoique à mi-chemin de la physique et de la métaphysique, afin de reconnaître et conjurer la réalité tangible de toute l'effervescence énergétique, fluctuelle et vibratoire, transparescente à l'œil nu, mais non moins présente pour autant : les ondes communes, ultra-sons, micro-ondes, flux divers, rayonnements électriques ou électromagnétiques, irradiation, radiations, télécommunications et autres transmissions, qui nous assaillent la chair autant que l'esprit à chaque instant, et ce non sans incidence sur le métabolisme, de même que sur le psychisme.

Subvertir le Paradigme Dominant. Maintenant.

Jamais n'avons-nous vécu donc dans un monde aussi subliminalement influencé que celui-ci. Jamais l'avancée freudienne relative au fait que nous sommes beaucoup plus 'agis' par l'inconscient, que nous n'agissons consciemment dans la réalité, n'aura été si à propos, bien au-delà de l'idée initialement exprimée par le père de la psychanalyse. Jamais cette même réalité ne se sera avérée si relative, si factice, que celle dans laquelle les mass media déjà cités nous entretiennent constamment, invariablement, irréfragablement. Jamais le fondement de notre personnalité, l'expression de nos émotions, le senti de notre vécu n'aura été l'objet d'une telle rationalisation, d'une telle normalisation, d'un tel nivellement vers le bas, qu'actuellement. Comme s'il n'était pas souhaitable d'avoir un *thinking outside the box* tel qu'on le dit en anglais, de faire preuve de discernement et même d'imagination dans notre façon de concevoir notre espace-temps de vie, si cela s'inscrit en travers de ce qui est communément convenu. Comme s'il s'agissait là de la nouvelle bienséance à observer, des nouvelles *Précieuses Ridicules* moliéresques du vingt et unième siècle, et ce dans le même temps pourtant qu'Einstein lui-même affirmait que l'on devait prioritairement s'en remettre à l'imagination plutôt qu'à la connaissance pour apprivoiser les zones d'ombre de la réalité, puisque la première est incommensurable, et la seconde, sérieusement commensurable.

Pour valider le fondement de nos dires, nous pourrions nous amuser à colliger un certain nombre de publicités, de bulletins de nouvelles, de messages d'avertissement du gouvernement, de téléromans populaires, pour en extraire les normes édictées, les valeurs véhiculées, et reconstituer ainsi le profil-type de la personne que nous devons chercher à être, qui épouserait aveuglément et sans réfléchir tout ce qui lui est communiqué, pour mieux comparer de la sorte le niveau de pseudo réalisme en présence, versus celui de la réalité pragmatique qui est l'apanage du commun des mortels. Car il ne faut pas indûment se mettre la tête dans le sable : moult gens se définissent et se redéfinissent toute leur existence durant en modelant les grandes lignes de leur image et de leur mode de vie en adéquation avec tous les bribes d'information qui leur sont rabâchés en ce sens au quotidien, et ce en qualité de modèles pratiquement péremptoires de normalité courante ! En effet, que ce soit via un film ou une télésérie, un téléroman ou une télé-réalité, un fait divers superficiel ou un reportage plus fouillé, tous les fabricants d'images se targuent de refléter réalistement ce qui est communément vécu dans la routine courante, ce qui rend facile et même sournoisement tentante l'idée d'insérer au passage des intercalaires à consonance propagandiste, moralisatrice, rééducatrice, bénéficiant de cette manière du même niveau de considération du réel que ce que le spectateur ou le fureteur accordait jusque-là à ce qui défilait sous ses yeux, au point même de rendre cette réclame implicite empreinte du même réalisme de normalité dans son esprit. Et cela nous est souvent intimé au nom de la sécurité nationale, ou plutôt de la préservation de la morale collective ! Subrepticement donc notre système de valeurs s'étoffe à partir de cette matière première dénaturée et avariée, qui n'est absolument pas façonnée pour nous édifier, comme pour nous vendre le fait qu'en consommant tel produit, en se vêtissant de telle manière, en adoptant telle allure ou tel look, nous figurons alors parmi les gens qui sont *cool, hot, in,* gagnants, populaires, pour ne pas dire absolument éblouissants de.. conformisme. Subconsciemment donc, en revoyant incessamment les mêmes modèles défiler sous notre entendement perceptuel, labourant constamment et inlassablement notre psychisme, en s'y enracinant toujours plus en tant que prométhée référentiel lorsque vient le temps d'examiner un tant soit peu notre vie dans le sens de valider si nous pensons ou agissons en conformité avec la normalité admise. Car en se faisant imposer ce comparatif de *modus vivendi* avec des modèles de *glamour*, de succès et de joie de vivre de tous les instants, on ne peut que se sentir humainement peu à la hauteur, anormal, *looser*, et ce d'une façon convaincue autant qu'achevant de nous convaincre, ce qui annihile encore davantage toute volonté critique de les remettre plus justement en perspective, à la fois inconsciemment et subconsciemment.

Ainsi, selon ce dont nous sommes littéralement irradiés sur ces plans se dégagera le profil-type d'un être humain moyen en ce début de ce troisième millénaire, qui sera à la base quelqu'un de très allumé, ne manquant rien, étant de tous les spectacles, de tous les combats sociaux, exerçant une profession de haut niveau, des activités extrêmes à la limite de l'imaginable, tout en se voulant un athlète accompli, séducteur hors pair, bref ne manquant rien de ce qui est vendu comme étant branché et absolument *cool*, Mais là aussi nous reviendrons plus loin et plus en détail sur la critériologie propre à cet authentique portrait-robot, au sens propre comme au figuré.

L'écart donc entre cette image-type du citoyen modèle imposée par les mass media et ce que le citoyen moyen réel peut être dans les faits ponctuels ne pourra que s'avérer maléficiant pour ce dernier, puisqu'il s'évaluera inévitablement en conséquence, ce qui lui fera éprouver l'impossibilité de pouvoir humainement soutenir la comparaison sur chacun des points soulevés. Il est certes impératif d'effectuer la juste part des choses en ce sens, en toute circonstance : à l'évidence, tout le monde sait que Superman est un personnage de fiction, et bien sottement naïf celui qui se considérerait avantageusement son égal dans notre réalité. Sauf que tel que nous allons le constater plus loin, cela se révélera nettement plus facile à dire qu'à faire, une fois pris dans le feu de l'action, une fois captivé et survolté par ce tourbillon incessant d'images et de mots, de symboles et d'énergie émotionnelle.

D'autant plus que l'essentiel de tout ceci prend lieu à un niveau hautement subtil de notre entendement.

Et comment peut-on justement traiter cette perversion insidieuse de notre personnalité ? En effet, si la psychothérapie traditionnelle se borne encore et toujours au *hic et nunc*, c'est-à-dire à principalement considérer le moment présent et tout ce qui y concourt à nous faire sentir de telle ou telle manière, en utilisant l'outil principal prévu à cette fin, soit la *prise de conscience* ; si les consultations psychiatriques se résument encore et toujours à quelques banales questions sur les effets de la médication absorbée, puis à un renouvellement expéditif des benzodiazépines et autres psychotropes prescrits ; si la cure psychanalytique freudienne continue de livrer ses résultats en trois, cinq ou sept années, et ce à raison de cinq rencontres par semaine ; si les thérapies alternatives ne vont pas plus loin que la crédibilité et le savoir-faire de leurs artisans, nous constatons que non seulement chaque approche favorise une dépendance obtuse du sujet traité envers son prodiguant, laissant dans les faits très peu d'espace à la phase cruciale de travail de réappropriation de l'autonomie de la personne en souffrance, mais en plus, celles-ci se révèlent apparemment mal préparées à traiter la psyché dans ses profondeurs les plus abyssales, soit là d'où originent pourtant les racines du mal-être particulièrement contemporain, celui que nous expérimentons au jour le jour sous des formes apparemment bénignes, et voyons se propager de plus en plus fallacieusement, actuellement.

Mais que le lecteur se rassure : nous ne donnerons aucunement pour autant dans des explications par trop conjecturées ou des justificatifs cabalistiques au fil des pages à venir ! Non pas que ces avancées soient absentes de notre protocole de recherche, ou dénuées de toute signifiance allégorique, mais simplement par souci de demeurer plus terre-à-terre dans ce premier ouvrage de *Métapsychanalyse*, nous efforçant de garder de la sorte nos constats et nos considérations, en respectant davantage les paramètres qui sont ceux de la vie courante, plutôt que d'autres relevant de l'extra-sensoriel, et ce en dépit du fait que nous concédons, comme disait le grand Will, qu'*'il y a bien plus de choses dans le ciel et sur la terre, que n'en rêve votre philosophie'*.

À plus forte raison également du fait que l'idée même d'oser esquisser un prolongement au sacro-saint canon freudien traditionnel, en nous donnant le droit de justement suggérer une *méta*-psychanalyse, pourra bien sûr rebuter spontanément les purs et les durs en la matière : car effectivement, ne s'aventure pas qui veut sur l'abscons pâturage menant au ceint graal freudien, n'est-ce pas ? Et singulièrement si le geste implique un tant soit peu une subversion du paradigme *psychanalytique* dominant. Car hormis quelques continuateurs eux-mêmes inspirés et parfois même inspirants, à l'instar de Jacques Lacan, Wilhem Reich ou de Melanie Klein, il s'en trouvera hélas ! plusieurs autres dont la nature des travaux autant que la pertinence du propos auront été sévèrement vilipendés par les bien-pensants en la matière, puis carrément mis au ban..

En vérité, ses arcanes volontairement maintenues abstruses aux yeux des profanes, et par trop souvent justement entretenues dans ce voile de mystère par des disciples et de fins penseurs friands de discourir intellectuellement sur la philosophie sous-jacente à la souffrance humaine plutôt que de s'appliquer à intervenir concrètement en adéquation avec l'esprit de leur credo, n'ont certainement pas aidé la doctrine freudienne à se rendre plus compréhensivement apprivoisable par le public curieux, autant que par l'intelligentsia de la santé mentale. Et pourtant, en dépit de ses détracteurs omniscients et verbeux, il se trouve dans son armature de brillants et pertinents concepts pour mieux cerner et entrevoir ce que les psychiatres contemporains s'évertuent si béatement à expédier, à engourdir sous maintes pharmacothérapies : soit l'investigation et le traitement de la *terra incognita* de l'esprit humain, qu'est l'inconscient. Car voilà une instance psychique qui en dépit des nombreux remous qu'elle a suscité, reçoit depuis quelques années une considération de plus en plus scientifique (*citons notamment le capital numéro 933 paru, en juin 1995, de la revue* <u>*Science et Vie*</u> *affichant en couverture 'Freud avait raison'*), qui oblige à une refonte autant qu'à une reconsidération du fonctionnement de l'esprit, de même que de ce que l'on croyait être à l'origine des troubles du comportement, problèmes émotionnels, et maladies psychiatriques. En effet, du *double bind* par lequel arrivait soi-disament la schizophrénie aux dires des psychiatres, jusqu'au trouble du déficit de l'attention occasionné sensément par une alimentation trop riche en glucide (!) ainsi que par une passivité physique marquée, la réalité est que ces explications constituent en fait des avancées, bien plus que des vérités. Qui plus est, les travaux et l'endossement du réputé psychiatre américain John E. Mack dans son best-seller <u>Abduction</u>, quant à la phénoménologie littérale de l'expérience suprasensible, auxquels nous pourrions ajouter la solide expertise de Stéphane Allix et de Paul Bernstein dans leur référentiel <u>Manuel Clinique des Expériences Extraordinaires</u> relativement aux cas psychopathologiques à la limite de ce que notre intellect peut admettre, corroborent l'impérativité de cette même refonte.

Dans les faits, l'épilogue du vingtième siècle, tout autant que l'incipit du vingt et unième, de par ce que l'ère du Verseau a notamment initié, a pavé la voie à un net élargissement de l'apprivoisement de la conscience, laquelle est devenue plus transpersonnelle, aux confins d'une spiritualité presque rendue scientifique, que ce soit en psychologie, en psychanalyse et même en psychiatrie : et là encore, l'ouverture implicite dans cette finalité relayée par des théoriciens éclairés tels Alfonso Caycedo (*sophrologie*), Larry Dossey (*retentissement de la prière*), Abraham Maslow (*psychologie justement transpersonnelle*), Ken Wilber (*théorie intégrale de la conscience*) et Ian Stevenson (*fondement scientifique d'une considération de vies antérieures*), sans omettre bien entendu les enseignements du controversé professeur J.B. Rhine, l'influence de certaines écoles de Palo Alto, et de la contemporaine *University of Metaphysics* du professeur Paul Leon Masters, aura donc contribué à doter tout le domaine d'une ossature plus étoffée que jamais, quasi crédibilisée, se rendant presque cliniquement vérifiable, qualifiable et quantifiable. Un peu comme s'il avait été donné à Freud de pouvoir enfin examiner au microscope la tessiture complexe de l'inconscient ! À un point tel même que les émois de l'âme, les problèmes émotionnels, les troubles de la personnalité, les maladies de l'esprit ne feront plus spontanément et exclusivement l'objet du questionnement traditionnel que nous adressions d'emblée aux sujets en souffrance, dans le genre *'Comment vous sentez-vous ?', 'Décrivez-moi ce que vous vivez..'* ou encore *'Êtes-vous fonctionnel dans vos activités du quotidien ?'*, trop souvent pour mieux nous rassurer nous, professionnels en santé mentale, en les contraignant à se mouler de façon subtilement coercitive à des grilles toutes faites d'analyse du comportement, dans le but de donner l'impression de tout comprendre, de tout sentir, et d'être ainsi apte à tout traiter ! Mais là ne se cantonneront plus nos automatismes acquis de clinicien pourtant : ils se repositionneront davantage dans une réalité sensiblement plus expansionnée et éthérée, nous amenant bien davantage à considérer la nature humaine dans son intégralité, impliquant par là sa *transcendance* immanente par trop délaissée, ce qui ajustera significativement le questionnement ci-avant esquissé en quelque chose du genre *'Croyez-vous être soumis à des conditionnements subliminaux qui pourraient remodeler ou même réorienter vos valeurs profondes ?', 'Comment me décririez-vous l'état et la qualité actuelle de votre foi en la Vie, en un conséquent ordre des choses, ou en une Transcendance bienveillante ?', 'Êtes-vous apte à dire* je sens *les choses, plutôt que* je sais *ce dont il est question ?'* ou même *'Vivez-vous et assumez-vous sainement les émotions et les sentiments que vous éprouvez ?'*. Voilà à notre sens une considération plus juste autant que mieux ajustée à l'irradiante profondeur humaine, que l'on a malheureusement par trop souvent relativisée pour ne tenir compte que de la réalité superficiellement tangible et toute aussi superficiellement sentie du corps *in per se*, ce qui est souvent arrangeant puisque cela élude de la sorte le fondement crucial de ce qui sous-tend l'origine, le pourquoi et la compréhension plus profonde de nos pathologies, psychopathologies, et *–peu connues jusqu'ici-* de nos psychépathologies. Car paradoxalement, autant le stress et le sida se sont avérés les fléaux de l'amorce et de la conclusion du siècle dernier, autant ce que nous vivons et voyons être vécu de nos jours se révèlent d'une toute autre immanence. Et surprenamment, c'est l'aliénation même que nos mass media suscitent et attisent par le sensationnalisme de leurs présentations, la vividité exagérée des images présentées et de leurs commentaires attenants, sans omettre les modèles archétypaux judicieusement choisis et montés en exergue, qui se veut véritablement préjudiciable, autant que dommageable : entendu que rien de ce qui est orchestré ici n'est fortuit. Ou philanthropique. Oui, ce qui nous est 'offert' de la sorte, promu à chaque instant, génère trop fréquemment un asservissement subtilement, excessivement pervers envers des intérêts mercantiles, à l'instar de ce que le système de santé nous impose par exemple à la remorque des bénévolentes pharmaceutiques, ou encore de l'insécurité incessante et excessive dans laquelle notre société nous cantonne constamment par sa malversation de tous les instants, le vide de toute spiritualité que l'on s'ingénie par surcroit à nous vendre comme étant sectariste, illuminée, non pertinente, désuète, dans le but d'éviter toute digression de la littéralité du quotidien, bref tout ceci nous entretient dans tellement de préoccupations, que nous en venons de la sorte à perdre de vue les fondements mêmes de cette profondeur latente à laquelle nous faisons allusion, pour ne rester toujours et systématiquement qu'à la surface du vrai questionnement. Une profondeur qui devrait pourtant tout nûment nous rappeler de bien garder à l'esprit cette primordiale considération :

Pourquoi sommes-nous sur terre ?

Cette question beaucoup plus complexe que les mots employés ne permettent de l'entrevoir, à laquelle les mass media répondraient par des insinuations subliminales se résumant à '*pour travailler, payer des impôts et des taxes, ne pas faire de bruit, contribuer à réaliser les rêves des mieux nantis*', d'apparence hors contextuelle ici, et de confessionnalité pluraliste en termes de déférence, peut toutefois être envisagée de la simple manière suivante : nous sommes 'existant' dans un monde à la fois terrestre et supraterrestre, matériel autant qu'immatériel, connu à la surface de l'inconnu, en étant incarné sous l'égide d'un *esprit* intangible dans un *corps* tangible, et ce principalement afin de *cheminer*, d'évoluer selon des occurrences de vie et des interactions émaillant sans relâche notre vécu. Bien entendu, pareille assertion présuppose un acquiescement envers une transcendance élémentaire, position que nous adoptons ici d'entrée de jeu, en guise de prémisse fondamentale à toute la présente armature, mais sans verser pour autant par cette immédiateté de constat dans des univers parallèles ou outrancièrement illuminés. Car par *transcendance*, nous faisons clairement allusion à la *spiritualité*, et non pas à la *religion*, puisque nous considérons cette dernière davantage en tant que spiritualité dénaturée, rabaissée à hauteur et à compréhension humaine, donc bassement souillée par une réinterprétation qui n'est manifestement pas du calibre du matériel formidablement éthéré de la source originale. Voilà pourquoi à notre sens la *méditation* se veut le moyen le plus direct et aussi le plus pur d'expérimentation et d'approfondissement du mysticisme, auquel notre espèce a droit dans le présent contexte terrestre, et ce bien plutôt que la *prière* : car la première oblige à un effacement de l'ego permettant de mieux pressentir, sentir et ressentir la grandiose quintessence de l'omniscience divine, tandis que la seconde exhorte à une diarrhée verbale égocondriaque consistant en lamentation et en supplication trop souvent vides d'authenticité, teintées de dramaticité toute théâtrale, lorgnant plutôt vers un simulacre d'autosuggestions prenant béatement à parti une instance supérieure. Voilà donc encore plus précisées nos couleurs.

Maintenant le concept de *cheminement* mérite à son tour d'être en lui-même réactualisé, étant donné qu'un élément particulier de ce qui est en arrière-plan s'avérera crucial pour que l'on puisse de juste façon parler d'évolution, d'involution ou plus vulgairement d'amélioration. Car il ne s'agira pas uniquement de 'prendre conscience' du vécu encouru, comme moult professionnels en la matière se plaisent et se complaisent à préconiser en consultation, pour miraculeusement se réchapper de son mal-être ! Le véritable mot-clé, l'authentique nerf moteur auquel il faudra plutôt s'attarder ici sera l'état *affectif* qui sera éprouvé en filigrane de la stricte expérience *in per se*. Nous nous attarderons incidemment plus largement sur cette topique dans le cours du chapitre troisième.

Force est d'admettre que déjà, ce qui présenté ici en guise de prolégomènes commanderait presque la nécessité d'extensionner les paramètres de la psychanalyse classique. Mais il y a plus : une synthétisation plus judicieuse de la compréhension que nous possédons de l'être humain s'impose assurément davantage que nous ne sommes prêts à l'admettre, ne serait-ce qu'afin de mieux l'évaluer, le saisir, le traiter et ainsi l'amener à plus totalement s'épanouir. La médecine n'a-t-elle pas d'ailleurs jugé à propos de créer toute une kyrielle de spécialisations dans le but de *paraître* parfaitement apte à répondre à toutes les problématiques de santé possibles et envisageables de la condition humaine ? Ainsi la psychiatrie, la gériatrie, la pédiatrie, la podiatrie, la gynécologie, la chirurgie, l'oncologie *–pour n'en citer que quelque unes-* s'évertuent à élasticiser d'une manière singulièrement ciblée leur expertise médicale de base pour carrément assimiler, puis dominer, toute autre sous-spécialité qui oserait s'avérer le fait d'une expertise extérieure, telle la psychologie, en les assujettissant au nom et au regard de la sacro-sainte médecine, qui est ainsi érigée comme suprême référent en santé tout azimut, s'arrogeant un invraisemblable droit de suprématie en édictant les conditions du bien-être optimal à 360°, tout en se pourvoyant d'une devanture ostentatoire de science sérieuse, humanitaire, dévouée, en conformité avec ce que les grandes pharmaceutiques, recommandent elles-mêmes altruistement dans cette finalité, tout ceci prévalant encore une fois strictement dans les meilleurs intérêts (…) du grand public. Cela pourrait presque s'avérer louable et même recommandable si notre perception de la chose humaine se limitait exclusivement à ce que ces mêmes instances prônent et promeuvent comme vérité d'évangile. Rappelons-nous d'ailleurs qu'à une certaine époque, il était clairement entendu que le médecin détenait la responsabilité exclusive de la santé globale de notre être via le traitement du corps, que le psychiatre voyait de son côté à en traiter diligemment l'esprit, tandis que le prêtre s'évertuait quant à lui à en sauver l'âme !

Et si la réalité s'avérait dans les faits, plus simple et en même temps autrement plus complexe que tout ce que nous en avons supputé jusqu'ici.. Si le *psychosomatisme*, c'est-à-dire l'interaction hautement influente de l'esprit sur le corps, de même que sa correspondance biunivoque qui est le *somatopsychisme*, soit le corps déteignant sur l'esprit, constituaient les pistes à méditer en vue d'une réactualisation de nos croyances dans la présente finalité.. Une réactualisation qui ajouterait au propre comme au figuré un souffle nouveau à la traditionnelle dualité de l'*esprit* et du *corps*, en lui adjoignant l'élément capital de l'*âme*, de manière à obtenir une équation plus représentative de notre réalité existentielle, sous tous ses azimuts. Même chose en ce qui concerne notre mission de vie ici-bas, comme dirait Jean Monbourquette : aussi bien dans le sens que notre vie possède en elle-même de ce que l'on en entend dans la littéralité de cette existence-ci, tout comme relativement à son écho dans une considération plus transcendante de sa raison d'être.

Car il ne faut pas se faire illusion : cette réalité dans laquelle nous sommes appelés à croître n'est résolument plus celle des siècles passés. Les forces d'influence s'exerçant sur nous se sont décuplées au fil des ans : non seulement les oppressions psychiques de toujours sont-elles demeurées, mais en mode hautement intensifié (*angoisse d'inadéquation, manque de confiance en soi, culte outrancier de l'image, dévaluation de la cellule familiale, tension des relations interpersonnelles, pression sociale..*), auxquelles se sont ajoutés des éléments propres à notre époque, tel justement l'ubiquisme du phénomène d'irradiation émanant de notre environnement immédiat, comme de notre technologie (*pylônes électriques, flux propres à l'omniprésence invasive des télécommunications, ceux dégagés par les appareils à micro-ondes que nous utilisons, les débordements du projet HAARP..*), en clair tout ce qui ne fait que saturer d'une façon toujours plus étouffante, toujours plus malsaine, les aires psychiques nous entourant. Plus que jamais, nous sommes soumis à des énergies et des ascendances que nous ne distinguons toujours pas à l'œil nu, mais qui ne s'avèrent pas moins maléficiables à notre santé physique, autant que mentale. Plus que jamais les récepteurs de notre psyché sont subliminalement sollicités, dénaturés, pervertis, dans une visée qui n'en est certainement pas une d'épanouissement et de liberté d'être. Loin de là.

Mais qu'à cela ne tienne, nous ne verserons pas dans la dialectique par trop polémique, ou par trop éthérique, plus qu'il ne le faut, en nous concentrant plutôt sur des développements plus pragmatiques, plus solidement articulés sur des observations cliniques et des constats d'expérience, de manière à nous maintenir le plus possible les deux pieds sur terre, tout en nous permettant toutefois de laisser notre tête avoisiner finement les nuages. Nous vous solliciterons certes une ouverture d'esprit minimale, mais qui à notre sens ne donnera jamais dans l'adhésion aveugle et l'extravagance véhémente, puisque notre intention n'est aucunement de fusionner la psychanalyse avec la parapsychologie, comme de simplement proposer des pistes différentes de compréhension de notre condition existentielle, afin de mieux apprivoiser la Vie dans tout ce qu'elle est, dans tout ce qu'elle peut être, dans tout ce qu'elle devrait être..

Aussi, notre argumentaire oscillera tantôt vers des considérations de psychologie populaire, tantôt vers un enseignement plus didactique. Mais la vérité est que ce livre se veut exactement cela : une somme d'idées au confluent d'un cheminement personnel, d'une croissance plus spirituelle, sous l'égide de préceptes théoriques certes, tout autant que d'une philosophie existentielle que nous nous concerterons à garder simple, accessible et surtout peut-être concrètement applicable dans la réalité de chacun, ne serait-ce que pour se doter non plus banalement d'une façon différemment autre d'envisager les choses, mais bien davantage de ce que nous croyons modestement être l'authentique clé de voûte vers l'apprivoisement d'un état de santé plus zen, soit le chaînon manquant entre la science et la spiritualité, la juste transition de la sèche et déshumanisée psychologie vers une philosophie bouddhiste réajustée aux contingences du monde contemporain. Ou comme le suggérait Terry Clifford, vers une psychiatrie bouddhiste, aussi détonnants ces termes peuvent-ils paraître ainsi alignés.

Ordre du jour ambitieux, certes. Confiant, assurément. Présomptueux, pas le moins du monde. Mais tel que cela a toujours été notre devise : s'il-vous-plaît ne croyez rien de ce qui suit 'sur parole', mais permettez-vous minimalement de mûrir nos avancées, puis de les mettre à l'essai même discrètement dans votre *modus vivendi* du quotidien. Mettre à l'épreuve avant de juger. Pour possiblement mieux voir, mieux sentir, mieux assumer, mieux interagir avec tout ce qui est. Et qu'avez-vous donc à perdre à vous laisser aller à littéralement expérimenter les présentes pages ? Vos peurs peut-être, vos appréhensions, vos frustrations, votre mal-être ? À moins bien sûr que vous ne préfériez demeurer dans quelque chose de connu, aussi biscornu, déviant et abrutissant cela puisse-t-il s'avérer sur votre qualité de vie. Quelque chose qui passe pour être dans la normalité de convenance qui nous est servie, et à laquelle il nous est fortement exhorté d'adhérer.

Se laisser asservir donc encore et toujours par le Paradigme dominant ?

Choisir sa Vie strictement à l'intérieur du Paradigme dominant ?

S'assujettir volontairement au Paradigme dominant ?

Non.

Subvertir le Paradigme Dominant. **Maintenant**.

Chapitre premier
Anatomie du Psychisme

Afin de bien échafauder les fondations de départ sur lesquelles s'articulera toute l'armature de la Métapsychanalyse, nous allons nous permettre de donner ici dans une propédeutique de *biologie métaphysique* si l'on peut dire, pour mieux réviser et redéfinir au besoin les concepts-clés appariés au psychisme humain, et que l'on a trop fréquemment tendance à prendre pour acquis, alors que dans les faits, la définition et la compréhension qui les caractérisent ne sont pas toujours exacts, pour ne pas dire carrément distorsionnés.

D'entrée de jeu, qu'il nous soit permis de préciser que ce que nous allons vous proposer ici constitue en fait un travail de colligation, beaucoup plus que d'idéation. Les notions en présence, de même que leurs découvreurs ou développeurs respectifs, sont déjà connus de moult gens du domaine, d'un certain public également, et notre humble mérite ici –*si mérite bien sûr il y a à s'octroyer*- aura été de mettre en relief l'apport de chacun, en schématisant de même qu'en synthétisant de plus harmonieuse façon le *modus operandi* général de leur imbrication, au cœur même de notre psychisme. En plus, force est donnée d'admettre que cet effort de vulgarisation de la symétrie de l'esprit restait manifestement à faire, puisque les notions de *conscient*, d'*inconscient*, de *subconscient*, et pis encore de *supraconscient* demeuraient et demeurent toujours fort absconses dans l'opinion populaire, tout autant même que dans celle des soi-disant professionnels de haut niveau en santé mentale, incluant ceux prétendument qualifiés d'autorités ou d'experts consultants. En effet, une quantité non-négligeable de ceux-ci confond principalement, et indifféremment, *inconscient* et *subconscient*, les utilisant synonymiquement, tout en étant béatement ignorants des propriétés intrinsèques à chacun. Et comme si ce triste état de choses n'était pas déjà suffisamment médiévalesque, même parmi les intervenants et théoriciens un tant soit peu ouverts à cette anatomie multi-dichotomique, personne ne s'était apparemment encore soucié de coreller lesdites instances en un tout plus synergique et conséquemment plus éclairant. Personne.

Et puisque l'apprivoisement et l'examen de l'inconscient peut difficilement s'effectuer à partir d'une radiographie standard, beaucoup de ce qui va suivre sera certes essentiellement développé à partir de *construits hypothétiques* qui, à défaut d'être ici littéralement observables et scientifiquement paramétrables, ne se révéleront toutefois pas moins cliniquement expérimentables, empiriquement vérifiables, donc non moins solidement conceptualisables.

Longtemps en effet a-t-il été reproché au découvreur de la psychanalyse de ne pouvoir justement prouver hors de tout doute, et d'une façon qui soit scientifiquement probante, l'existence de l'inconscient ; ce à quoi Freud répondait invariablement qu'il était davantage de la responsabilité de ses détracteurs de voir à prouver qu'il n'existait point..

Au départ donc, l'avancée que nous posons est à l'effet que l'esprit humain se subdivise distinctement selon les cinq instances que nous venons d'effleurer, et conformément à la gradation esquissée ci-après.

Prenez s'il-vous-plaît un moment dans le but de simplement considérer celle-ci sous sa forme graphique à la page suivante, dans ce qu'elle pourrait spontanément avoir à vous communiquer en tant que telle, tout en en appréciant —*espérons-nous*- les imbriquements et les interactions en toile de fond, et que nous allons bien entendu détailler par la suite.

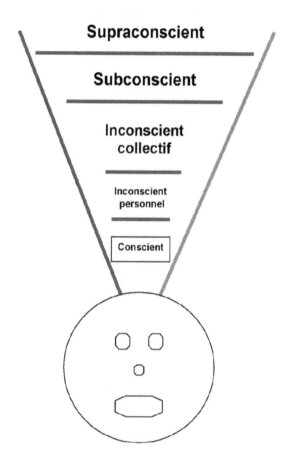

Au départ, si le niveau conscient a fait l'objet d'une kyrielle de réflexions et hypothèses au fil des siècles, émanant de philosophes, de savants et même de théologiens, parmi lesquels se démarquent plus notoirement Parménide, Descartes, Locke et Malebranche, il en va tout autrement pour ce qui est des instances concomitantes, qui ont plutôt été le fruit d'idéations propres à des penseurs différents et fort différenciés : Sigmund Freud pour l'*inconscient*, Carl Gustav Jung en ce qui concerne l'*inconscient collectif*, Joseph Murphy pour le *subconscient*, et Paul Leon Masters en ce qui a trait au *supraconscient*.

Pour ce qui est d'expliquer maintenant le premier de ces niveaux, c'est-à-dire le **conscient**, nous allons utiliser une illustration des plus simples, et en même temps des plus équivoques : à savoir qu'à partir du moment où vous dessillez les paupières dans votre lit au petit matin, vous êtes dès cet instant aux abords d'un certain état d'*éveil*, vous qui étiez jusque-là ensommeillé, donc *inconscient*, vous remettez alors en contact avec votre champ de *conscience littérale*, soit celle de première ligne se voulant singulièrement sensible à tous les stimuli immédiats du moment présent. Après coup, lorsque vous vous levez et que vous prenez par exemple la décision de déjeuner, en vous préparant des rôties avec de la marmelade plutôt que des céréales, optant au passage pour une tasse de café noir avec deux sucres, vous devenez alors apte à être déclaré plus largement *conscient*, puisque vous effectuez des choix arrêtés, rationnalisés, qui démontrent que vous êtes plus au fait de la réalité ambiante, ainsi que des perceptions et des interprétations qui se présentent d'emblée à votre entendement. Bien entendu, tel que nous l'avons mentionné plus haut, nous parlons ici de conscience *littérale*, soit celle qui vous rend immédiatement compte de tout ce qui sollicite spontanément vos sens au cours de cette phase de renouement avec la factualisation ambiante qui est la vôtre. Il en irait bien sûr de toute autre manière si nous faisions plutôt allusion à la conscience dans un sens d'*expansion* ou de *profondeur de sentience*, mais tel ne sera point le cas dans l'instant. Retenons que le présent niveau littéral qualifie la très grande majorité de nos actes d'apprivoisement cognitifs, puisque nous n'avons jamais été sensibilisés à véritablement aller au-delà de ce senti plus que basique, étant implicitement maintenus à ce stade par notre éducation, de même que les us et coutumes que la société promulgue : car de chercher au-delà reviendrait à vouloir approfondir, questionner, la plus vaste tessiture de ce que l'on désigne par concomitance comme étant la *réalité*, avec tout ce que cela peut comporter en tant que digression ou remise en cause de la sécurisante routine inhérente. Mais nous nous attarderons plus explicitement sur ces derniers points ultérieurement. Concluons plutôt ce développement initial en mentionnant que tout au long de nos journées, que ce soit au gré des choix que nous effectuerons quant aux vêtements que allons porter, au type de coiffure que nous arborerons, au lunch que nous envisagerons en vue du dîner, nous aurons *toujours* la conviction d'agir en étant en pleine conscience de tout ce qui est, pleinement alerte à toute forme de sollicitation de stimulus, et ce jusqu'au moment où nous poserons notre tête sur l'oreiller en toute fin de journée, tandis que nous suspendrons notre état d'éveil des dernières seize heures pour mieux donner dans une veille qui débouchera peu à peu dans l'*inconscience* apaisante de l'endormissement. Délesté ainsi de tout questionnement philosophique, ontologique ou psychiatrique, présenté donc sous sa plus commune expression pour les besoins de notre propos, ce niveau s'avère somme toute bien cerné sous cet éclairage, et ne gagne aucunement à être complexifié plus qu'il ne le faut. Dans le cours du chapitre quatrième d'ailleurs, nous nous permettrons de désarticuler le processus d'acquisition et de traitement des stimuli dont il accuse par ailleurs réception à chaque instant, ce qui contribuera à notre humble avis à compléter d'une illustration avantageusement plus conclusive le fonctionnement que nous venons d'ébaucher.

En nous référant toujours à notre schéma de la psyché, le franchissement de ce niveau nous amène au confluent du premier de deux paliers d'**inconscient**, en l'occurrence celui dit **personnel**. D'entrée de jeu nous pouvons en dire qu'il est comparable à un vaste entrepôt dans lequel serait stocké tout notre vécu, toutes nos expériences de vie, toutes nos interactions, toutes nos réminiscences, fut-ce-t-elles simple pensée, action, émotion, sentiment, incluant la matière même de ce que nous avons pu refouler en terme de senti et de ressenti, que le tout se soit avéré plaisant, déplaisant, quelconque ou plus simplement mièvre, et même celui dont nous ne possédons plus aucune souvenance consciente, bref tout ce qui a pu constituer les aléas de notre quotidien et émailler notre vécu humain jusqu'à ce moment-ci. Dans les faits, fonctionnant à la manière d'un archiveur omniscient de tous les moments, cette instance consigne et emmagasine tout le matériel sensoriel éprouvé, le conservant en bordure de la mémoire consciente pendant un temps, puis l'entreposant subséquemment plus loin dans l'inconscient personnel de façon latente, jusqu'à ce que l'étincelle d'un événement ou d'une rencontre ne soit susceptible de le raviver vers la surface du conscient. Et c'est également ici que le bât peut non pas blesser, mais s'avérer cruellement limité, puisqu'il n'est pas toujours aisé de ressasser des souvenirs enfouis plus lointainement dans notre inconscient, ce qui rend parfois le recours à des moyens extérieurs de facilitation en ce sens, comme l'hypnose, la sophrologie, la palingénésie ou certaines méditations, nécessaires afin d'aspirer à récupérer l'information qui est recherchée. Un détail d'importance à préciser ; à l'instar d'un véritable entrepôt physique, le territoire de l'inconscient s'avère primordialement *inerte*, soit sans aucune énergie ou mouvance spontanée, ce qui signifie que tant que votre niveau conscient ne ressent pas le besoin de s'y référer, d'y remuer de la poussière si l'on peut dire, celui-ci demeurera stagnant, et le matériel stocké dans un état de dormance. À l'instar d'un mobilier ou de boites que vous auriez justement remisé dans un *stock room* : en effet, ces éléments ne s'y déplaceront jamais d'eux-mêmes, à moins qu'au propre comme au figuré une ascendance extérieure ne décide d'y mettre la volonté et l'effort afin de les mouvoir ou de les faire se mouvoir. Ce niveau ne s'avérera donc jamais psychodynamique en lui-même, et de lui-même, se bornant à simplement *être* en attente, dans l'expectative de potentiellement voir les éléments dont il est dépositaire *renaître*. Voilà un point sur lequel plusieurs théoriciens de la psyché se sont, à notre humble avis, royalement gourés au fil du temps : *in per se* l'inconscient n'est jamais actif, à moins d'être catalysé dans cette finalité par le conscient ou, comme nous le verrons un peu plus loin, par une instance supérieure. Tout au plus sera-t-il susceptible d'exercer une pression implicite, en aucun temps à sous-estimer bien sûr, de par le poids psychique de tout le matériel dont il aura été saisi, ce qui s'avérera ce à quoi nous nous référons communément au quotidien comme étant un 'trop-plein'. De là découlera d'ailleurs tacitement la capitale notion de *psychosomatisme*, à savoir ce subtil jeu d'influence que l'inconscient exerce psychiquement en tout temps sur sa contrepartie *physique*, et de façon plus singulièrement intense lorsqu'il est saturé d'émotions ravalées puis figées, de conditionnements répétés *ad infinitum*, de refoulements non désamorcés de leur teneur oppressante, et toujours potentiellement enclins à être réactivés. Qui plus est, avec le nombre croissant d'études bien documentées démontrant la réalité indéniable de cette corrélation d'influence, et par ricochet son incroyable impact sur la naissance de maux plus malins tels le cancer, la leucémie ou le sida, on ne peut que considérer avec plus de justesse l'avancée de Freud, à l'effet que le corps est bel et bien un pantin maléficiant puissamment du joug de l'inconscient. Mais à nouveau, nous nous attarderons plus longuement sur cela en cours de développement de notre argumentation. Qu'il suffise de retenir que d'être conscient signifie d'être au fait de ce qui nous entoure, d'être sciemment réceptif aux -*donc pleinement apte à accuser sentiemment réception des*- stimuli nous sollicitant, tandis que d'être inconscient implique plutôt de subir passivement l'oppression incessante du poids psychique de tout ce qui est en suspens dans ce dit niveau.

L'échelon suivant extensionne l'inconscient personnel aux confins d'un bassin nettement plus élargi, soit celui de l'**inconscient collectif**. Tel que son libellé le laisse supposer, nous parlerons donc d'un nouvel entrepôt, mais d'une vastitude universelle, tenant lieu d'espace archivistique de tout le vécu, des mémoires, des formes-pensées, de tous les archétypes qui auront été fomentés au travers du temps et de l'espace. Pouvant s'apparenter dans une mesure certaine au concept des *annales akashiques* de la théosophie, soit ce haut lieu atmique contenant les réminiscences immémoriales de tout ce qui a été, de tout ce qui est, de tout ce qui sera, ou même encore à l'idéation d'Albert Einstein sur le *continuum espace-temps* suggérant que les substrats du passé autant que les superstrats du futur continuent d'exister ou de pouvoir être pressentis sur un plan parallèle de la réalité présente, il constitue un puissant arrière-plan référentiel sur lequel se modélise notre propre potentiel d'individuation. Bien entendu un tel concept peut paraître abscons dans sa considération, tout autant que dans son admission : qu'il suffise toutefois de mentionner que chacun d'entre nous y est soumis au travers de ses états de rêverie éveillée, de méditation, de transe, de vague à l'âme et particulièrement lors de l'endormissement, pendant la phase de sommeil paradoxal, là où les rêves s'avèrent les plus vivides. Vous avez en effet très certainement déjà entrevu dans plusieurs de ceux-ci des visages qui vous étaient totalement inconnus, traversé des espaces sombrement inapprivoisés, expérimenté des interactions apparemment dénuées de toute affinité avec vous, autant d'éléments pour lesquels vous n'aviez assurément pas de souvenir ou de référence dans votre immédiateté consciente ou dans votre subjectivité inconsciente. Voici donc à plus forte raison ce qui étaye le fondement même de l'existence, ainsi que du rayonnement latent, dudit niveau d'inconscience collective : qui plus est, lorsque vous êtes dans un état d'endormissement, tous vos interdits, vos inhibitions et vos tabous personnels étant relâchés, votre esprit devient alors totalement libre de s'en remettre à la pleine orchestration onirique de ce qu'il vous faut psychiquement vivre pour mieux désinhiber vos tensions du quotidien, équilibrer vos états d'esprit, et ce à même votre inconscient personnel et l'extraordinaire incommensurabilité de l'inconscient collectif, le tout sur une toile de fond 'uncut, uncensored and unrated' tel qu'il est dit en anglais d'oeuvres qui sont présentées dans leur version intégrale, sans aucune censure, variance tout public, ou nivelage vers le bas. Les ascètes et mystiques qui sont d'ailleurs sensibles au karma et au saṃsāra, soit les doctrines de cause à effet se répercutant au travers du cycle incessant d'incarnation et de réincarnation via le continuum spatio-temporel, admettent la réalité de ce niveau collectif, justement parce qu'il devient le dépositaire privilégié de toutes les mémoires accumulées et archivées ainsi, jusqu'au possible moment où à nouveau le besoin se fera sentir de raviver leur réminiscence. Mais nous ne nous engagerons guère davantage dans cette topique, si ce n'est que pour simplement illustrer la vividité de sa réalité au travers d'un fait anecdotique : à témoin, ce songe exceptionnellement prenant d'un écrivain américain peu connu, Morgan Robertson, qui était à la recherche d'une muse ou d'une inspiration, lequel songe lui procura la matière d'un livre paru en 1898 quant au naufrage d'un imposant paquebot transatlantique, pourtant réputé insubmersible, qui percuta une nuit de plein fouet un iceberg par tribord, pour ultimement couler à pic en entraînant vers la mort la quasi-totalité de ses passagers, en raison d'un nombre insuffisant de gilets et de canots de sauvetage. Cette histoire vous paraît-elle familière ? Sachez que le nom du navire en présence dans cette fiction était le *Titan*, et qu'au-delà de ce que ces points peuvent actuellement évoquer en vous, retenez que cette histoire contient des détails techniques hallucinants de similarité avec les spécifications du paquebot, le nombre de passagers, et ce en dépit du fait qu'elle a bel et bien été publiée quatorze ans avant la tristement notoire tragédie du *Titanic*. Et qu'est-ce que cela nous dit ? Qu'il s'agit d'un vulgaire hasard ? Comment pourrait-il en être autrement, de clamer bien haut nos scientifiques de pointe.

D'aucuns parleront d'une rêverie probablement prémonitoire, ou d'un quelconque pressentiment, comme il en arrive occasionnellement ; d'autres, de précognition, ou encore d'une conjecture spéculative qui s'est simplement actualisée d'anodine façon. Pourtant, un point des plus révélateurs émerge en exorde : Robertson a affirmé avoir eu le songe de cette trame alors qu'à l'instar de son récit, il sombrait dans une semi-somnolence, donc dans un *état modifié de conscience*, ce qui déjà le rendait plus sensible aux sphères supérieures de son esprit, avec le résultat que son besoin marqué d'inspiration aura psychiquement attiré vers lui cette grandiose occurrence ultérieure du 15 avril 1912, selon le principe même de la loi universelle d'attraction.

Et comment pareil phénomène de cause à effet pourrait-il se concevoir, en provenance d'un futur qui n'est manifestement pas actualisé ?

Rappelons qu'Albert Einstein a lui-même contribué à la théorie de la fronde gravitationnelle, plus communément appelée *slingshot effect*, concevable à notre niveau d'intelligence en tant qu'une réalité qui n'est plus, ou qui n'est pas encore, mais qui dans les deux cas *est en existence* sur un plan psychique ; s'agisse-t-il du passé qui continue d'exister après son occurrence sous la forme d'une énergie résiduelle en latence certes, mais toujours susceptible d'être rappelée, ou d'un futur qui se laisse préfigurer en qualité de réalité en définition, sous forme d'une énergie présiduelle ainsi apte à être pressentie. À la manière de l'arôme d'un parfum appartenant à une personne se trouvant à quelque part aux alentours, soit loin devant nous ou paradoxalement loin derrière, mais qui dans un cas comme dans l'autre laisse une émanescence discernable dans les hautes sphères des aires psychiques environnantes.

Nous croyons qu'il devient déjà possible de saisir un peu mieux comment l'esprit humain fonctionne : tout ce dont nous accusons réception par nos sens en termes de stimuli, d'expériences et de sentis (*que ceux-ci se révèlent olfactif, visuel, tactile, sonore, gustatif ou même sensitif*), sera ainsi proprement traité par notre conscient, pour mieux être ensuite stocké au niveau de l'inconscient, en qualité d'occurrence dûment assumée, à nouveau jusqu'au moment où une réviviscence s'avèrera nécessaire. Ce que notre chapitre quatrième retracera dans le juste détail d'ensemble de tout ce que le processus comporte. Et comme nous le verrons à ce moment, selon la nature de l'occurrence ainsi introjetée en nous, notre psyché pourra même tenter d'apparier à sa teneur émotionnelle sous-jacente la résonance d'autres éléments figurant dans l'inconscient personnel, puis collectif, de manière à en dégager une correspondance élargie, donc plus impactante sur les plans du senti, du ressenti, puis du cheminement personnel encouru.

Maintenant nous allons porter notre attention sur la clé de voûte de notre formidable appareil psychique, à savoir le niveau **subconscient**. Et tel qu'il a déjà été stipulé, la compréhension de ce qu'est cette instance psychique demeure encore aujourd'hui extrêmement ambigüe, aussi bien du côté du grand public, que des professionnels dans le domaine de la santé mentale, qui confondent toujours à grand tort l'inconscient avec le subconscient, sans se remettre en question plus qu'il ne le faut sur la distinction à effectuer. Rendons donc au docteur Joseph Murphy le mérite qui est le sien, lui qui en a été non seulement l'un des découvreurs, mais surtout son développeur le plus fervent, son plus ardent défenseur, et possiblement aussi son plus juste analyste. Car même si le terme serait issu au départ des travaux du philosophe devenu psychologue, et qui se fit ultimement médecin, Pierre Janet, le fait est que c'est bien davantage au travers de son best-seller intemporel intitulé <u>La Puissance de votre Subconscient</u>, que Murphy a redéfini et illustré le concept dans un éclairage plus pragmatique, moins philosophique, quoique dans une tangente toutefois fortement empreinte de religiosité. À partir de là nous définirons le subconscient comme étant la zone prodigieusement énergétique autant que puissamment dynamisante de notre esprit, exacerbant la constante activation, puis l'actualisation, de tout ce qui y sera maintenu : autant avons-nous insisté précédemment pour dire que le niveau inconscient se voulait un authentique *stock room* inerte et expectant, sans aucune effervescence immanente, autant le présent niveau sera, lui, diamétralement opposé en ce sens, puisqu'il électrifiera systématiquement tout ce que nous y maintiendrons *sans exercer aucune nuance, aucune discrimination*, qu'il s'agisse d'une pensée saine ou malsaine, d'une émotion exaltante ou consternante, d'une obsession motivante ou consternante. Nous pourrions même illustrer encore plus clairement notre propos en parallélisant en cela l'exemple de l'énergie électrique domestique, voire celle que nous obtenons à même une prise de courant murale standard : que vous y branchiez une lampe, un ventilateur, ou une unité de chauffage, le courant électrique sur lequel vous connectez ledit appareil n'effectuera aucune ségrégation de quelque nature que ce soit, en se bornant uniquement à activer tel un automatisme béat ce que vous aurez branché en son enceinte, à nouveau sans faire de distinction entre chacun de ces appareils, ou juger du bien-fondé du résultat que vous encourrez en activant ceux-ci. Ainsi selon la logique la plus élémentairement conséquente, la lampe bien sûr vous procurera de la luminosité, le ventilateur, un certain rafraîchissement par déplacement d'air, tandis que l'unité thermique réchauffera l'oxygène ambiant en fonction de votre réglage. Il en ira tout aussi identiquement avec le champ subconscient d'énergie psychique : en y maintenant un tant soit peu une pensée récurrente ou une émotion obnubilante, la haute effervescence de ce même niveau dynamisera d'une manière toujours plus vive, toujours plus vivide, ce matériel, d'incessante et inlassable façon. Et qu'est-ce que ce processus accomplira de la sorte ? Selon le principe de la loi d'attraction tel que décrit par Rhonda Byrne dans son méga best-seller <u>Le Secret</u>, votre esprit subconscient catalysera ses prodigieuses ressources de manière à se faire aimant pour votre cause, attirant vers vous tout ce qui serait supportant dans la visée escomptée, afin de littéralement et linéairement l'actualiser dans votre réalité. Rien de plus, rien de moins. Vous avez déjà très certainement entendu ce vieil adage anglais *'Be careful what you wish for, you might get it'*, que nous pouvons librement traduire par *'faite attention à ce que vous souhaitez voir se réaliser, car cela pourrait très bien survenir'*, ce qui caractérise on ne peut plus clairement le mode opérationnel du présent niveau. En effet, dès le moment où vous rêvez à quelque chose, où vous souhaitez de tout coeur voir se réaliser un vœu, déjà sans en prendre conscience vous vous concertez psychiquement, mettant ainsi en mouvement une impulsion initiale que votre subconscient attisera, puis décuplera, tel l'élargissement en croissance constante des cercles concentriques faisant suite à la chute d'un caillou à la surface de l'eau, et portant métaphoriquement à retentissement jusqu'à se perdre dans l'infini. Et si nous ajoutons à cette manière de faire un facteur de répétition exponentielle, une ferveur émotionnelle soutenue, une projection imaginaire actualisant oniriquement la réalité concrète et sentie du tout, nous intimons donc avec une foudroyance insoupçonnée déployée sur plusieurs plans une solide factualisation des choses, que l'espace subconscient déjà puissamment énergisé ne pourra à nouveau que contribuer à rendre plus authentiquement *réel*. Mais attention : nous ne pouvons absolument pas prétendre toutefois que ce *modus operandi* agit également, et d'une façon infaillible, à chaque reprise et pour tout le monde, puisque beaucoup en ce sens dépend hélas de l'étoffe et de la ferveur propres à l'individu concerné ; dans tous les cas, nous pouvons malgré cela affirmer hors de tout doute qu'il prédispose déjà les augures psychiques, de même que l'attitude, les perceptions, les énergies d'une personne, et ce tout entièrement dans cette même perspective de retentissement actualisant, dans les sphères supérieures de notre réalité.

Plusieurs chercheurs de différents horizons et de confessionnalités éclectiques ont par ricochet corroboré implicitement la présente avancée : le professeur Joseph Banks Rhine, le spiritualiste Léon Denis, le docteur Alexis Carrel, l'écrivain et homme d'affaires Charles Haanel, ont tous effectué à un moment ou à un autre de leurs recherches des constats probants sur l'authentique étendue de la pensée humaine, ainsi que son survoltage par cette couche psychique qui n'était alors pas encore identifiée comme étant le subconscient, et leurs conclusions se sont toutes avérées concluantes quant à cet état de fait.

Qui plus est, une étude informelle jamais diffusée de façon officielle, émanant du département de psychologie d'une grande université de recherche américaine, que nous soupçonnons être la Duke University de Caroline du Nord, et effectuée auprès d'un groupe-cible d'une centaine de personnes en proie à de constants émois de déprime, donc tendancieuses à constamment s'alimenter elles-mêmes dans cette idéation comme dans celle qu'elles seraient mieux mortes que vivantes, a clairement démontré que sur une période de trois à cinq ans, cet auto-conditionnement en venait à culminer au point de faire crouler les gens concernés sous une épouvantable oppression psychique, les saturant subconsciemment jusqu'à ce qu'elles en viennent sérieusement à vouloir.. s'enlever la vie. On comprend aisément que le directoire professoral en place à l'université ait convenu de ne point rendre publique cette étude, et a fortiori parce que les auteurs s'étaient formellement fait interdire au départ d'en dégager quelque conclusion que ce soit. Car ce qui s'impose ici comme déduction élémentaire, c'est que nous possédons viscéralement l'aptitude psychique de pleinement nous créer par ce que nous entretenons en nous-même à partir de nos perceptions et de nos attitudes, puis par ce qui nous obsède avec véhémence, ou ce à quoi nous demeurons trop longuement accrochés, trop souvent dans la négative, ce qui ne peut s'avérer au final que fort maléficiant pour notre être. D'où l'évidence qu'en apprenant à gérer ses états émotifs, en canalisant plus sainement ses pensées, chacun devient davantage apte à se modeler plus justement, et à s'entretenir ce faisant dans de meilleures prédispositions face aux choses en devenir de notre monde. Voilà la réalité de fonctionnement de cette zone primordiale de notre esprit, à quelque part entre la loi d'attraction de Rhonda Byrne, les lois de la prospérité de Catherine Ponder, et la puissance du subconscient de Joseph Murphy. Tous des auteurs qui n'ont assurément aucune considération en psychologie, en psychanalyse et bien entendu en psychiatrie, mais qui concourent unanimement à nous mettre devant l'évidence de cet état psychique des choses.

Si ce *modus operandi* vous apparaît encore un brin nébuleux à saisir, permettons-nous cette autre illustration : imaginez-vous un jardin, que vous êtes à cultiver. La terre dont vous bénéficiez à cette fin se veut justement l'équivalent du niveau subconscient, c'est-à-dire une matière vivante, fertile, dynamisante, dans le même temps que les pensées auxquelles vous vous arrêtez, ou desquelles vous êtes souvent captif, constitueront les graines que vous allez y ensemencer. Sans que vous en preniez pleinement conscience au départ, celles-ci sont potentiellement porteuses de pousses qui, dans ce sol hautement effervescent ne pourront que s'y développer, croître et devenir des récoltes ; pour le meilleur, comme pour le pire, se transformant en bonnes herbes ou en mauvaises, en fruits, en fleurs ou en une moisson sans valeur. Et le tout croîtra encore plus puissamment si vous y ajoutez un engrais adapté qui, en ce qui nous concerne, pourrait fort bien s'avérer une émotion concertée. Bien sûr, un fait se révélera toujours irréfragable : vous allez assurément recueillir le mûrissement de ce que vous aurez planté, puis entretenu. Tout comme des graines de citrouille n'écloront jamais en roses rougeoyantes, de la même manière que subconsciemment vous n'obtiendrez jamais quoi que ce soit d'épanouissant et de rassérénant en cultivant des pensées tordues et des émois troubles.

À notre humble sens, voici un enseignement que nous gagnerions tous à apprendre dès la petite école, pour justement diminuer les risques de devenir des adultes mal assurés, désabusés, déséquilibrés, en proie à des vagues à l'âme de tous les instants, en constant besoin d'adjuvants médicamentés, de supports alcoolisés ou d'hallucinogènes tempérants afin de simplement faire face au quotidien. Deux constats fondamentaux découlent de cet état de choses : le premier, que dans tous les sens de l'expression, nous sommes assurément nous-mêmes les premiers artisans de notre bonheur, comme de notre malheur, de par ce que nous refoulons et entretenons psychiquement. Le second, qu'un esprit dont les pensées sont dans l'ordre, entendu par là clair, assumé, prédisposé à gérer les aléas du jour, à assumer constructivement ses émotions, et à refouler en lui le moins de frustrations possible, sera de la sorte le premier catalyseur d'importance dans cette optique. Ce n'est qu'au prix de cet ajustement minime en terme d'effort, mais retentissant au niveau de sa portée, que nous pourrons initier de bonnes énergies, nous attirer par conséquent de bonnes choses, dans l'optique de vivre tout simplement de façon optimisée autant que plus optimiste, plus saine de même que plus zen. Mais d'effectuer la réalisation de ce triste état de faits ne doit point se confiner qu'à être encore et toujours une simple prise de conscience de plus : aussi, la cure métapsychanalytique proposée au chapitre dixième ambitionnera de promouvoir des éléments de solutionnement plus pénétrants, mettant mieux à profit le subconscient, dans le simple but de plus justement aider à opérer les correctifs qui s'imposent, et à ultimement mieux réorienter la rectitude de votre psychisme.

Déjà en ces quatre instances, nous trouvons un modèle parfaitement cohérent et synergique, proposant enfin une compréhension simplifiée mais non moins pertinente du fonctionnement de nos facultés psychiques, et implicitement du *modus vivendi* à observer pour en favoriser avantageusement les propriétés sur le cours de notre existence. Et comme tel, cet appareil psychique opère de la sorte dans le cas d'une forte majorité de gens *–tels ceux s'affirmant spirituellement croyants mais non pratiquants-*, composant tant bien que mal avec les prises de consciences du quotidien, sur lesquelles s'exercent l'inlassable influence des deux niveaux d'inconscient, plus ce que le subconscient attise au travers de cela.

Mais il se trouve davantage en arrière-plan : pour les personnes qui sont gagnées à, ainsi que plus ferventes envers, une certaine spiritualité ou même à un certain degré de foi religieuse, une cinquième instance prend alors force au sommet de notre appareil psychique, à savoir le **supraconscient**. Siège de ce que l'on pourrait qualifier de *divin* en nous, il serait l'esprit saint que le baptême judéo-chrétien fait descendre sur le nouveau-né, l'ange gardien sensément affecté à chacun d'entre nous, l'entité privilégiée guidant le médium et le channeler, le Nirvâna que le méditant d'expérience cherche à atteindre au cours de sa contemplation, bref cette part unique en soi, et en soi unique, dont nous sommes tous pourvue, mais assurément pas dans la même intensité de correspondance. Cela suggère par conséquent qu'une personne athée, n'ayant aucune espèce d'ouverture au transcendant, pourra assurément fonctionner au quotidien avec une structure psychique à quatre instances interactives, tandis qu'une autre qui y est sensible, bénéficiera d'une inspiration supplémentaire de cette cinquième instance ainsi puissamment avivée et attisée, donnant alors naissance à ce qui sera assimilable à de l'*intuition,* à des *éclairs de génie,* à de la *science infuse.* Des flashes donc que des athées peuvent occasionnellement expérimenter certes, mais jamais d'une façon aussi édifiante, que vivifiante.

À présent, si vous vous permettez de reconsidérer notre schéma de l'appareil psychique dans sa globalité, tel qu'esquissé au tout début du présent chapitre, vous constaterez que les espaces graphiquement dévolus à chacune des cinq instances représentées s'avèrent sensiblement équipollents entre eux. Précisons que cela constitue une licence poétique en quelque sorte, simplement pour nous accommoder dans l'établissement d'un visuel qui puisse être d'abord appréciable pour ses subdivisions claires. Dans les faits, les volumes ainsi départagés ne sont aucunement d'égale amplitude, et doivent plus justement être remis en perspective de la façon suivante : psychiquement parlant, le niveau conscient occupe environ 12% de l'espace en présence, tandis que les instances restantes totalisent le 88% résiduel. C'est par ce surprenant et paradoxal constat que notre conception de l'esprit humain va singulièrement s'avérer nécessaire à réévaluer.

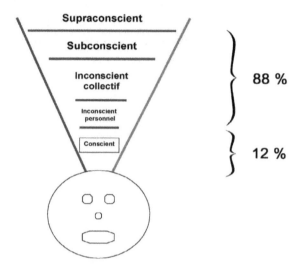

En effet, il a longtemps été prétendu qu'en se montrant raisonnable et rationnel, l'être humain était apte à convenablement gérer son existence, du moins selon les balises édictées par la société bien-pensante, ce qui suggérait par conséquent de fortement éluder tout facteur émotionnel dans la considération et l'assumance des épreuves du quotidien. Et cela n'avait pas de quoi étonner, puisque la logique du niveau conscient devait toujours prédominer pour mieux nous permettre d'effectuer des choix sensément éclairés en tout temps, lucides et sans survoltage émotionnel, pleins maîtres que nous étions ainsi de notre destinée. Du moins en apparence, dans la mentalité d'une certaine époque. La psychologie moderne nous a d'ailleurs toujours renforcé dans cette impression qu'en étant déclaré conscient, l'*homo sapiens* pouvait être du même coup déclaré en pleine possession de ses capacités et de ses moyens, tout entier et tout sentient qu'il était dans sa réalité. Vrai ?

Faux.

On comprendra que même en s'avérant *conscient* au plus haut degré possible qu'il lui est possible d'atteindre avec ce qui lui est consenti en ce sens, même dans un état d'éveil théoriquement tout azimut, le psychisme humain est plafonné à 12% dans son champ d'expansion maximal, restrictivement tenu dans un tel asservissement de tous les instants envers les instances supérieures qui le complètent et le gouvernent. À nouveau tel que Freud lui-même le préconisait, nous sommes en effet nettement plus 'agis' par la teneur de ces mêmes niveaux, que nous ne sommes véritablement aptes dans les faits à agir en toute liberté. En libre penseur. Car tout ce qui est stocké dans l'inconscient et susceptible d'être ravivé à chaque instant, tout ce qui est activé dans le subconscient et pesant toujours plus lourd psychiquement, nous influence inlassablement, systématiquement, dans nos choix que nous aurions pourtant juré être purement et entièrement conscients, tout comme dans notre façon de percevoir la vie. Voilà ce qui constitue à notre sens l'authentique point névralgique du psychisme. Et notre Ego étant ce qu'il est, nous nous berçons constamment de la douce illusion d'être en plein contrôle de notre existence, d'être de libres acteurs, alors que dans les faits nous ne le sommes point. Nous ne le sommes même jamais, tels que les développements des prochains chapitres vont achever de nous le démontrer.

Qui plus est, tout ceci nous permet de mieux saisir pourquoi il s'avère si difficile pour l'être humain de changer, pourquoi il est dit que l'enfer est pavé de bonnes intentions : **la volonté de faire étant un acte cognitif, cantonné donc à l'intérieur du 12% dit conscient, celle-ci ne pourra jamais venir rapidement à bout des patterns et des conditionnements qui se sont accumulés, qui s'accumulent, s'enracinent et s'alimentent encore depuis des années à l'intérieur du 88% résiduel ;** cela n'aura une chance d'être qu'à la suite d'un travail de plus longue haleine, d'où l'opinion répandue qu'une psychothérapie s'avère à juste titre une démarche assidue, laborieuse et interminable, où l'impression est qu'en fin de compte, seul le temps qui passe sera venu à bout du mal-être, reléguant ainsi la prise de conscience si chère aux psychologues à un statut de simple acquiescement des faits sans trop de retentissement, et jamais jamais d'outil pertinent de redressement, et encore moins de réhabilitation, puisque les racines profondes de ce qui est en présence se révèlent carrément inaccessibles à une approche aussi superficielle. Pragmatiquement, un travail psychanalytique ou hypnothérapique a plus de chance de pénétrer efficacement les couches profondes de l'esprit, pour traiter à sa source le mal-être d'origine et le résorber en une période raisonnable, et ce même si la psychanalyse s'est également fait reprocher de se répandre elle-même coûteusement dans le temps. Mais sans trop nous étendre ici sur ce point, permettons-nous de simplement corroborer qu'en définitive, lorsqu'une prise de position consciente va à l'encontre de tout ce qui a été stocké inconsciemment, et de tout ce qui est catalysé subconsciemment, il est hors de tout doute que pareille divergence ne puisse rien générer d'autre qu'un senti hautement malaisé et diffus d'impuissance, susceptible de lui-même dégénérer encore davantage selon la prédisposition d'esprit et de corps prévalant initialement.

Éclairons à ce moment-ci de façon encore plus explicite le fonctionnement que nous venons de détailler, par le biais d'un cas rencontré en milieu de carrière. En raison d'un problème d'érection plutôt gênant pour son âge, un étudiant de 22 ans vint nous trouver après avoir consulté en vain médecin, psychologue et psychiatre. Fiancé depuis peu avec une jeune femme bien, notre patient confia que ses relations sexuelles avec sa bien-aimée étaient pour le moins insatisfaisantes, aboutissant pratiquement une fois sur deux à une impossibilité chronique de maintenir la raideur de son membre inférieur lors de la pénétration, ce qui lui fit vite éprouver un manque de confiance en lui, et naître un doute chez sa compagne quant à la véracité de son amour. Le médecin qu'il rencontra en premier lieu lui fit passer une série de tests physiologiques, qui ne révélèrent rien de physiquement problématique : de ce point de vue donc, tout s'avérait parfaitement normal et fonctionnel, même si le problème persistait. La recommandation lui fut alors faite de consulter un psychologue, puisque la difficulté semblait s'avérer justement psychologique, plutôt que physique, ce à quoi notre jeune homme se prêta volontiers. Et après une douzaine de rencontres avec une professionnelle dûment accréditée et reconnue (…) en la matière, celle-ci émit un semi-diagnostic à l'effet qu'il souffrait d'une angoisse de performance face à sa future épouse, et chercha à le désensibiliser de cette croyance en lui faisant verbaliser son amour pour elle et répétitivement réaliser que tout était physiologiquement parfait chez lui, ce qui ne donna bien sûr aucun résultat concret, les prises de conscience ainsi effectuées ne touchant que 12% du niveau conscient, n'est-ce pas.. C'est à ce moment qu'un peu à court de solution, l'idée d'une médication tempérant cette angoisse fut proposée, occasionnant subséquemment une autre prise de rendez-vous, mais avec un psychiatre cette-fois-ci, ultime professionnel de la santé mentale, pourvu d'une licence double zéro pour prescrire. Ce dernier reçu le sujet une huitaine de minutes en consultation, réitérant qu'il se mettait peut-être lui-même beaucoup trop de pression dans cette visée, lui émettant en conclusion une ordonnance pour du Prozac et de l'Haldol, afin de relâcher ses tensions. Est-il besoin d'ajouter que ce traitement ne changea rien, et que c'est en extrême désespoir de cause, que le sujet se présenta à notre bureau.

Après avoir effectué donc un survol du vécu et des événements notoires de l'existence de notre patient, rien de particulièrement significatif ne s'en démarquait. Un détail apparemment anodin ressortit toutefois : durant son adolescence, et même ses années de jeune adulte, il reconnut avoir voué un culte presque obsessionnel à l'actrice Pamela Anderson, qu'il avait de son propre aveu tellement idéalisée autant que désirée, qu'elle lui était longtemps apparue comme étant LA femme totale, parfaite et suprême à ses yeux. Objet de fantasme, objet de fixation, objet de plaisir solitaire, son image l'avait passionnément obnubilé, l'imprégnant de la sorte puissamment, durablement, et bien au-delà de son entendement conscient, dans les sphères supérieures de son esprit.

Nous arrêtâmes dès lors le verbiage d'investigation puisque c'était précisément là que résidait la clé de la compréhension et du solutionnement de son mal-être.

Invité par la suite à élaborer davantage sur la teneur de ce dit culte obsessionnel, il raconta que sa chambre du temps était tapissée de posters de cette vedette, que le casier qui était le sien à l'école était jonchée des pages du calendrier officiel de celle-ci, et d'autres de magazines la mettant audacieusement en valeur, sans omettre le suivi attentif qu'il faisait dans ses temps libres de chacune de ses apparitions télévisuelles, de sa télésérie hebdomadaire aussi bien en anglais que dans sa version doublée, autant que de ses films et de ses autres activités publiques. Et pendant tout ce temps, sournoisement en parallèle, il ne cessait de s'intimer sub-consciemment de la sorte que Pamela Anderson s'avérait encore et toujours LA femme, que son corps était à ses yeux LE corps féminin référentiel, exerçant bien entendu largement du même coup son plaisir de se masturber en s'imaginant en compagnie de cette dernière, toujours plus engagés dans des ébats torrides et sentis. Il devint plus que jamais criant qu'au cours de toutes ces années où lui-même était sans amie de cœur, toute son attention s'était démesurément cristalliser sur cette actrice, lui imposant psychiquement un modèle archétypal absolument inégalable pour quelque jeune fille de son âge que soit, expliquant pourquoi il avait tant de mal à rencontrer quelqu'un de valable à ses yeux, dans sa réalité. Et même en commençant à fréquenter sa présente copine, son 88% d'inconscient et de subconscient était déjà tellement sursaturé des images et des conditionnements propres à l'idéalisation absolue de miss Anderson, que cela lui rendait psychiquement impossible la simple considération sérieuse d'une autre femme que celle-ci, et de pouvoir par le fait même simplement maintenir une érection pour une autre. Effectivement, il ne se trouvait aucun problème organique, neurologique, physique ou même superficiellement psychologique derrière cette situation, mais bien plutôt un facteur plus insidieux, plus subtil, ne portant toutefois pas moins à de sérieuses conséquences pour autant. Et ainsi biopsiée, cette problématique s'avérera donc soignable et même guérissable par un plan de thérapie incluant non pas que de mièvres prises de conscience, mais bien plus favorablement de l'hypnose, une psychanalyse des profondeurs, sans oublier des techniques de désensibilisation psychique, comme celles qui seront détaillées plus loin dans notre chapitre portant sur la *Cure Métapsychanalytique*. Voici comment en moins de cinq mois de traitements hebdomadaires son cas finit par se résorber, cédant ainsi le pas à une vie affective nettement plus saine.

Même trame, même *modus psicoterapia*, en ce qui concerne un autre cas, celui d'une jeune femme qui n'avait jamais été apte à retirer du plaisir des relations sexuelles qu'elle avait avec son conjoint de fait, principalement en raison de son éducation, des valeurs familiales qui lui avaient été inculquées à l'effet qu'il s'avérait inadmissible autant qu'impardonnable d'avoir de tels rapports à l'extérieur du saint sacrement du mariage, puisque cela revenait à carrément déshonorer les siens et manquer de respect à Dieu. Ainsi, pendant les dix années où elle vécut comme on dit communément 'dans le péché', jamais n'avait-elle été en mesure de se laisser authentiquement aller au cours de l'acte, se contentant de simplement s'y prêter de mièvre manière afin de satisfaire un tant soit peu son compagnon de vie. À vrai dire, ce n'est qu'après avoir décidé de convoler en justes noces pour commémorer leur dix années de vie commune, que notre patiente pu enfin sentir s'estomper le poids lourdement oppressif et subconscient de son système de croyances de toujours, topique que nous examinerons par ailleurs plus en détail dans le cours du chapitre huitième. Qu'il suffise de réitérer pour l'instant qu'à nouveau, **personne ne saurait sortir gagnant de l'antagonisme conflictuel sévissant entre ce qui a été inconsciemment conditionné, subconsciemment dynamisé, versus ce qui pourrait être consciemment espéré.**

Ces brèves incursions dans ces illustrations cliniques, appuyées par plusieurs centaines d'autres que nous avons jaugées et traitées au fil des vingt-six dernières années démontrent de façon péremptoire la nécessité de penser et d'interagir 'au-delà de la boîte' dans laquelle l'*establishment* nous astreint depuis toujours.. Comme s'il ne pouvait et devait y avoir qu'une seule et unique perspective de référentielle, c'est-à-dire celle strictement *psychiatrique* ou, à un niveau subalterne, *psychologique* des choses. Mais que le lecteur se rassure : comme cela a toujours été notre propos, l'idée n'est pas ici de critiquer pour le simple et sarcastique plaisir de nous faire voir brillant, comme de plutôt nous faire constructif et à quelque part même, édifiant pour le mieux-être de chacun.

Voilà pour l'anatomie du psychisme.

Chapitre deuxième
Le Langage des Niveaux psychiques
Instances, Pulsions, Instincts, Archétypes et Mécanismes de Défense

Aventurons-nous maintenant un peu plus loin sur le territoire des construits hypothétiques et des probabilités implicites mais scientifiquement non démontrées, ou pas toujours démontrables, en nous permettant d'explorer plus à fond ce que nous sommes susceptible de retrouver dans les eaux abstruses des profondeurs de notre psyché, à l'intérieur des instances que nous avons préliminairement délimitées ci-avant. Ce que nous allons donc proposer ici, au travers de chacune des rubriques de ce chapitre, sera de nature à développer et à prolonger l'armature doctrinale classique de la psychanalyse, qu'elle soit d'allégeance freudienne, jungienne ou dérivée, tout en la teintant au passage d'une relecture bien sûr plus métapsychanalytique, à laquelle s'ajoutera le fruit de nos propres travaux et recherches, à la base théorique certes mais pas moins articulé par la suite sur une minutieuse et assidue observation clinique dégagée du suivi et du traitement de quelque trois milles patients.

A. Les Instances de la Psyché

Nous nous attarderons sous ce libellé à simplement complémenter les instances psychiques primordiales détaillées dans la section précédente, dans l'optique plus spécifique de la présente topique.

Pour reprendre le mot de Freud, et dans une ironie presque paradoxale, nous avançons ici que le niveau *conscient* se conçoit comme la véritable *antichambre* de notre psychisme : il est en effet le portail d'entrée, saisi allégoriquement de tout le courrier qui lui est communiqué (*stimuli variés*), qu'il s'agisse de quelconques publicités ou de missives pertinentes (*stimuli de peu, de pas ou d'une certaine importance*), et qui en viendra à transiter au travers de, et à possiblement joncher, ses niveaux plus profonds, selon les préoccupations ainsi occasionnées et le bagage personnel en présence. Car en dépit du caractère fondamental dont la psychologie contemporaine le revêt, ce sera pourtant là sa principale fonction : être le seuil de réception préliminaire et de traitement initial des stimuli qui lui seront acheminés. Et néanmoins, tel que nous le verrons au chapitre quatrième, il n'en sera même pas l'exclusif point de réception, puisque d'autres stimuli seront susceptibles de parvenir à la psyché bien au-delà de ce seuil d'entrée. D'aucuns s'objecteront sûrement à l'outrancière simplification de cette faction qui passe plus que jamais en ce début du vingt et unième siècle pour être le centre névralgique omnipotent de notre activité mentale, sauf que comme nous avons déjà commencé à le suggérer à l'intérieur de la présente idéologie, son retentissement s'avère nettement plus mièvre dans les faits.

Ainsi, ce que nous sommes en mesure d'y retrouver intrinsèquement consistera justement en une kyrielle de stimuli de nature variable (*des sentis donc d'un registre visuel, auditif, tactile, olfactif et gustatif*) et d'une intensité relative, dont l'esprit vient tout juste d'accuser réception, qui y seront brièvement en amorce de traitement ou en attente suspendue du choc en retour de la réaction à venir. On comprendra de la sorte davantage la justification de notre appellation initiale d'*antichambre*, puisque ce niveau est en apparence celui duquel tout part, en même temps que c'est par son truchement que tout aussi apparemment, tout sera exprimé, ce qui n'aura certainement pas été sans contribuer à sa surestimation.

L'instance subséquente, soit celle de l'*inconscient personnel*, sera principalement dépositaire du matériel en état de stockage, donc des refoulements épars, accusés de réception mineurs et sublimés, souvenirs variés, épisodes de vie au contenu émotionnel maintenant en latence, histoires et anecdotes héritées, en même temps que des valeurs reçues et des tabous perçus en tant que tels. Comme nous l'avons établi dans le cours du chapitre premier, tous ces éléments sont ainsi stockés dans un mode de *force d'inertie* si l'on peut dire, plus ou moins singulièrement selon le moment où ils ont été expérimentés et l'intensité éprouvée, et en attente que quelque vecteur ne les ravive et les ramène à la surface de la conscience.

Le niveau concomitant de l'*inconscient collectif*, ce très vaste entrepôt donc consignataire des expériences réelles ou légendaires, séculaires ou millénaires, des scories autant que des croyances humaines planétaires, voire même cosmiques, tiendra à peu près en ceci : s'y retrouveront des éléments plus modélisés, référentiels, archétypaux, faisant par conséquent figures d'icônes, particulièrement à l'époque et dans le contexte géographique où le sujet évolue, mais sans y être exclusivement rivés pour autant. Car selon le principe universel de la loi d'attraction, les éléments de cette sphère se singulariseront en un écho concerté au diapason de l'individu, de ses besoins de cheminement, et de sa tessiture subliminale.

Le subconscient, en raison de sa propriété principale de haute effervescence énergétique mais comme toujours délestée de quelque discernement d'application que ce soit, sera en conséquence le siège de tout ce qui sera en besoin d'être maintenu constamment activé : les instincts ou les pulsions, les mécanismes de défense (*que nous détaillerons dans les deux cas au cours des dernières pages de ce chapitre*), les patterns de comportement et les archétypes *actifs*, les obsessions émotionnelles, les pensées obnubilantes, en constitueront les principaux tenants.

Enfin, le niveau supraconscient se positionne dans une classe en soi, étant donné qu'il recèle la spiritualité immanente et exclusive au sujet, ainsi que son intensité d'exaltation propre, et qu'il ne saurait dans cette veine être décrit ou catalogué, puisque selon la confessionnalité et la tradition spirituelle embrassée, il sera davantage question de *senti* indescriptible en mots, ou à la rigueur, de symbolisme sublimé, niché, inhérent à l'allégeance ou aux croyances intimement privilégiées.

B. Les Pulsions ou les Instincts

Nous naissons tous avec un indiscutable bagage de prédispositions innées et viscérales de différente nature, qui nous prédéfinissent d'ores et déjà quant à nos tendances maîtresses. Quelles soient par ailleurs le pur fruit de notre atavisme biologique ou encore d'une plus subtile incidence transcendante antérieure, ou pourquoi pas même d'une combinaison sublimée des deux, le fait demeure que tout un chacun ne voit manifestement pas le jour en s'avérant aussi égaux les uns les autres, qu'on s'évertue avec tant de véhémence à nous le faire croire. Ce dernier mythe est en fait possiblement l'œuvre de l'Ego collectif, qui ne cherche de la sorte que plus de mérite pour ses tenants et leur succès, puisqu'ainsi présenté, cela présuppose que nous sommes tous partis initialement de la même ligne de départ, et que seul le brio de certains leur a permis de se hisser loin au-dessus et en avant des autres, qui bénéficiaient pourtant en apparence d'une chance égale..

En conséquence, ce que nous désignons communément sous le vocable de *pulsion*, ou encore d'*instinct*, représentera très congrûment cette réalité. À savoir qu'à notre arrivée dans ce monde, il nous a déjà été psychiquement buriné des marqueurs *subconscients* de quatre caractères distincts : c'est-à-dire *Eros*, *Infinitum*, *Libido* et *Thanatos*. Et réitérons que même s'ils nous sont viscéralement immanents à tous, ils ne sont assurément pas également calibrés pour chacun, ceci dépendant à nouveau du facteur d'atavisme qui est en présence, tout autant que de *ce qui a été* et de *ce qui sera* dans l'existence pour la personne concernée, relativement à sa mission de vie ou encore à sa destinée.

Dans un premier temps, **Eros** se veut la pulsion de vie, ce qui sous-tend également l'instinct de survie, qui nous intime très tôt le droit d'*être*, le droit à occuper une place ici-bas, doublé d'un réflexe d'auto-préservation pour le défendre. Le terme n'est évidemment pas à prendre dans le présent contexte en tant qu'élément érogène ou encore propitiatoire à l'amour tel que la société l'a souvent édicté et dénaturé en cours d'évolution, mais bien plus comme étant cette énergie vitale, fondamentale, constituante de l'étincelle même de la vie, de l'amour de la Vie, de la volonté de vivre.

Infinitum, quant à elle, désigne la pulsion d'éternité, l'instinct spirituel. Là encore, son degré et son intensité intrinsèque varieront bien sûr en fonction de l'individu, et à plus forte raison à cause de sa nature si sensible ; elle prédisposera ainsi spontanément celui-ci à une certaine acuité perceptuelle, tout autant que réceptive, envers ce qui est spirituel, en ramifiant naturellement en sa psyché un canal de cet acabit. Notez bien que tel que mentionné précédemment, il sera question ici de *spiritualité*, et aucunement de *religion* : cette dernière se concevant davantage en tant que spiritualité dénaturée, et bêtement rabaissée à hauteur humaine lors de son asservissement par la civilisation, l'élément pulsionnel en présence à ce niveau ne pourra donc initialement s'avérer que pur et sans souillure sur cette question, même si en définitive des prédispositions y seront potentielles. Seule sa sensitivité immanente s'avérera distinctement individuée et caractérisée.

Tout comme dans sa compréhension populaire, la **Libido** constitue l'authentique pulsion sexuelle humaine, dans toute sa viscéralité brute et même parfois son amoralité, puisque la retenue tempérante fomentée par les interdits, les tabous et surtout l'éducation, n'aura pas encore pris force au stade initial, laissant celle-ci être dans sa pleine mesure, dans toute sa démesure, et sous tous ses azimuts. Et une fois de plus, ce qui prévaudra essentiellement en termes de différentiation personnalisée, ce sera le degré de vividité de celle-ci.

Enfin, **Thanatos** exprime la pulsion de mort dans son éclat et son retentissement tout freudien, traduisant la propension innée à l'autodestruction qui gouverne l'être humain dans ses profondeurs les plus sombrement abyssales. On peut même voir ici le filage du génocide, du suicide se tisser de lui-même au gré des extrêmes de l'espèce, en butte à sa quête d'affirmation poussée à la limite, donnant dans la domination et le pouvoir, passant rapidement au narcissisme le plus pathologique, puis à l'égocondrisme total, pour mieux culminer potentiellement en une apothéose où le flirt avec la mort devient une expérience implicitement souhaitée, et même exaltante.

Nous les qualifions plus haut de marqueurs **subconscients**, et non *inconscients*, de par leur omniscience filigranesque dans la réalité de notre personnalité, du fait qu'ils sont constamment activés, vingt-quatre/sept comme le langage populaire l'exprime si bien, teintant de la sorte notre activité diurne aussi bien que nocturne de leur inlassable retentissement primordial. Remarquez d'ailleurs au niveau nocturne, à quel point une quantité non négligeable de nos rêves oscille justement autour de ces quatre topiques.

C. Les Archétypes

Un archétype métapsychanalytique est une forme-pensée individuée ayant une existence psychique actualisée dans l'imaginaire collectif, et auréolée d'une résonnance telle qu'elle lui confère un statut de haut référentiel d'influence. À la manière d'un modèle de personnalité idolâtré caractérisé par un fort profil-type, porteur de certaines valeurs, de certains traits de caractère lui étant propres, et qui jouit d'un statut de phare d'une irradiance ne pouvant être restrictivement confinée à cette seule contenance, à cette seule consonance, puisque cette dite irradiance touchera forcément moult personnes, en séduira plusieurs autres, au point de les emmener à s'oublier pour elle, à en être habité, jusqu'à en imiter le *modus incarnationis* bien au-delà de leur entendement conscient. Il peut être encore comparable à un personnage de théâtre, auquel vous auriez sacrifié votre individualité pour mieux prendre ses traits caractériels, vous en investir totalement ; ainsi à chaque représentation, votre personnalité profonde est fortement amoindrie, passée sous silence, pour mieux laisser émerger celle du protagoniste que vous interprétez et qui a préséance dans le contexte de la pièce. Bien sûr, vous êtes au fait qu'il s'agit d'un rôle, se terminant à la fin de la représentation, vous permettant à cet instant de renouer avec votre *moi* réel. Imaginez à présent que dans le cas d'un archétype, la situation est similaire, à la seule différence que cette distanciation existe de moins en moins entre vous et le personnage, comme si celui-ci en venait à vous coller à la peau au point de se fusionner avec vous et de vous teinter de ses humeurs jusqu'à vous dépersonnaliser dans le fondement même de votre individualité.

Voilà ce qui distingue d'emblée un archétype d'une simple attitude du moment ou d'un problème d'*anamorphose*, tel que nous le détaillerons au chapitre septième : au risque de nous répéter, nous parlons dans le présent cas d'un costume dans lequel nous nous glissons et qui nous imprègne de ses énergies magnétisantes, au point d'avoir un réel mal à s'en extirper, subjuguant notre personnalité, tandis que le deuxième cas se conçoit davantage comme une introjection à laquelle nous souscrivons, et qui est certes susceptible de nous influencer mais sans nous dépersonnaliser unilatéralement dans les profondeurs de ce que nous sommes. Et ce pour un temps seulement donc, superficiellement, en tant que complément de ce que nous sommes, sans jamais faire réellement obstacle à l'expression de nos traits intimes.

D'intéressante façon, ces archétypes sont étrangement tous tributaires de l'Ego, en ce sens qu'ils en tissent fréquemment l'étoffe en alimentant sa superbe, exaltant ses possibilités, se transposant et s'actualisant peu à peu de l'inconscient collectif à l'inconscient personnel du sujet en y prenant puissamment racine en tant qu'aspiration et idéalisation de forte magnitude, sur laquelle celui-ci peut alors mieux mouler et redéfinir sa propre personnalité. Un peu comme une drogue exaltante. Et une fois subconscientisée, survoltée d'une façon incessante par l'énergie de ce niveau, cette forme-pensée tiendra subtilement sous sa coupe les mécanismes psychiques supérieurs de l'individu, exerçant sur le niveau conscient, cognitif, une subtile mais non moins oppressante influence de tous les instants.

Précisons toutefois que tous ne sont certes pas systématiquement sous un tel joug, pas plus que les gens touchés ne le sont pour toute la vie ; selon la qualité et la profondeur du cheminement effectué, tout autant qu'au gré des occurrences et des interactions du quotidien susceptibles de tester et de remettre psychiquement en question la profondeur de ce *pattern*, son ascendance pourra conséquemment en venir à se sublimer d'elle-même, et même à totalement s'estomper.

La liste des archétypes dominants de la Métapsychanalyse qui suit, ne se veut évidemment pas exhaustive, et n'aspirera probablement jamais à l'être, puisque le collectif humain étant ce qu'il est, c'est-à-dire en évolution constante ou en constante régression, mais dans n'importe quel cas dans une mouvance perpétuelle, ceux-ci s'exposent ainsi à être inlassablement redéfinis, remodelés, peaufinés, même si en définitive, leur substrat fondamental ne saurait en lui-même qu'éternellement demeurer. Et notons qu'indifféremment du masculin inhérent au substantif désignant chacun, ces archétypes s'appliquent aussi bien aux deux genres, hormis bien sûr ceux dits de la triade, comme vous allez le constater.

Voici donc ces modèles de hérauts subliminaux, de *personae* :

L'Alchimiste : Il cherche au propre comme au figuré à transmuter les métaux vils en métaux nobles, aspirant à réussir tout qu'il touche, tout ce qu'il entreprend, à partir souvent d'une matière première vulgaire, pour mieux s'arroger ce faisant une conviction de pouvoir parvenir à ses fins sur sa simple volonté, et avec peu, générant par ricochet prestige, richesse, succès, ce à quoi il finit par river la raison d'être de son existence, mais en continuant malgré tout de ne se sentir que très mièvrement satisfait en bout de compte, en dépit de réalisations parfois éclatantes. Sa quête s'avère mal définie dans son essence première, ce qui en fera quelqu'un d'inapte à un réel contentement puisqu'incertain de ce qu'il cherche au-delà des apparences, toujours désireux de vivre plus, de vivre mieux, comme s'il voulait inlassablement épuiser le champ du possible et accumuler simplement plus d'expériences de vie dans cette finalité d'éréthisme addictif. Fondamentalement, il est très souvent quelqu'un de vide et de creux derrière son image de marque. Exemple-type de la personne en apparence outrancièrement carriériste, obnubilée par ce besoin d'accomplissement au point d'encourir même le risque de s'y perdre, encore et toujours sans jamais atteindre la quintessence ultime espérée, en venant de la sorte à n'entrevoir aucune autre raison de croître que dans l'épanchement potentiel à dégager de chaque opportunité, de chaque situation, de chaque être humain.

Le Doppelgänger : Terme emprunté à l'allemand et désignant l'idée d'un double de soi que l'on regarde aller, il est ici le propre d'une personnalité profondément immature émotionnellement, psychologiquement, à la limite de l'irresponsabilité, marquée par une tendance omniprésente à mettre sur le compte des circonstances, du destin, des autres, et même de Dieu, la raison d'être de son inaptitude personnelle à s'individuer, à se réaliser. Il tire fréquemment profit d'une situation de disculpation du moment, afin d'en faire un tremplin pour bondir plus haut et plus loin dans sa justification détaillée et ostentatoirement expliquée de son manque de chance dans la vie, pratiquant de cette manière un tai-chi-chuan psychologique qui fait porter à des actants extérieurs le poids du blâme de sa condition d'inassumé. Ce que la notion de dédoublement suggère dans cet archétype, c'est le pâle reflet de lui-même auquel le sujet s'est malhabilement accroché, et appliqué à développer, à la manière d'un avatar très peu avantageux, et ce afin d'alléger sur lui la pression de devoir s'assumer et même performer, ce qui deviendra au fil du temps et de l'usage un réflexe malsain et grevant pour sa juste croissance. Cette dichotomie opiniâtre pourra même s'avérer préambulaire à un trouble dissociatif de la personnalité.

Ève : Premier stade archétypale de ce que nous appelons la Triade féminine, il tient et désigne une quantité non négligeable de femmes contemporaines, en adéquation avec ce que sa contrepartie de la genèse exprimait : une personnalité d'une certaine affirmation, capable d'audace et de dépassement des règles, mais en même temps gagnée à la réalité de sa condition et de son rôle parallèlement matriarcal, face à l'homme dont elle se sent également le complément, autant que la partenaire. Nous parlons donc de ce que la normalité standard de société peut promouvoir même actuellement, puisque cette *persona* n'est en aucun temps rabaissée ou humiliée, mais bien une égale de bon fonctionnement social du mâle de son espèce, engagée dans une actualisation favorisant justement son égalité, et même sa capacité à lui être potentiellement supérieure.

La Femme écarlate : Dernier archétype de la Triade, il reprend les lignes de force caractérisant Lilith, en y ajoutant un arrière-plan plus orienté néanmoins vers le mysticisme et même le sectarisme, ce qui sous-tend une certaine dimension de transfiguration : comme si la femme ainsi captive se sentait appelée à s'affirmer bien au-delà des normes courantes, à jouer par exemple un rôle de prédicatrice au sein d'un culte à consonance ésotérique ou religieux, souvent exclusivement féminin, en y exerçant un leadership digne d'un guide spirituel. La présente appellation forgée par le magiste et occultiste anglais Aleister Crowley, désignait dans son intention d'origine l'égérie qui officiait en tant que grande prêtresse à ses cérémonies, et à qui lui-même vouait une place singulière dans ses desseins. En vérité cependant, la femme ayant toujours été pourvue d'un statut d'une unicité suprême dans les arcanes d'une certaine spiritualité cultuelle, l'homme en a fréquemment eu peur au point de chercher à la diviniser, la servir, pour mieux s'en protéger : qu'on se souvienne de la culture de la terre-mère, de la persécution des sorcières et même des sages-femmes, du fait qu'on ne leur reconnaissait pas d'âme, du refus de l'église catholique d'ordonner celles-ci, et de plutôt les maintenir dans un état d'asservissement humiliant, pour mieux s'en convaincre.

Le Gourou : Éminence grise à la base en matière de religiosité, ou à tout le moins de ce que lui considère être les vérités supérieures dans cette optique, se percevant donc favorablement comme un authentique guide éclairé et éclairant sur ces questions, il pourra également selon l'intensité en présence se sentir foncièrement appelé, convaincu d'être investi d'une mission d'enseignant de haut niveau, aux abords du prophétisme. Il est effectivement porté sur les considérations plus métaphysiques de la Vie, sujet sur lequel il s'exprime avec ferveur, mais qu'il dénature souvent par sa compréhension distorsionnée pour mieux les présenter à son avantage à qui veut bien l'entendre, ce qui en fait ultimement un narcissique perverti dans l'âme, déçu que sa famille, ses amis, ses proches ne reconnaissent pas plus qu'il ne faut sa grandeur singulière, et ne lui prodiguent en ce sens un statut privilégié pleinement mérité, selon lui. Dans les faits, tout ce qu'il professe relève beaucoup plus de l'opinion personnelle, que de la vérité universelle.

Lilith : Archétype intermédiaire de la Triade entre *Ève* et la *Femme écarlate*, il fait écho à la tradition de la Kabbale l'ayant originellement sacrée toute première consorte d'Adam, laquelle aurait déçu Dieu par son orgueil et son indomptabilité, au point d'être expulsée d'Eden pour être remplacée par Ève. Elle a longtemps été assimilée à la déesse de la terre, et par extension de tout ce qui est physique, traduisant ainsi sa rébellion face à la vie ascétique, face à l'autorité de Dieu, et par conséquent de l'homme sur elle. Beaucoup plus qu'une simple figure de femme révoltée, elle exprime une transcendance naissante, immanente à sa condition, mais qu'elle découvre plus tardivement, elle qui met l'homme au monde, le nourrit, l'exalte, tout en lui demeurant terrestrement assujettie, tandis qu'à plus d'un égard, elle lui est pourtant outrancièrement supérieure. Cela rendra la femme ainsi tenue tendancieuse à embrasser des causes sociales, fréquemment à consonance féministe, à exercer un certain leadership auprès d'autrui en tant que guide, enseignante, directrice, engageant possiblement au passage une certaine spiritualité, ce qui en fera un archétype essentiellement de héros ici et essenciellement de héraut dans l'indicible.

Le Parangon : À la limite de l'ultracrépidarianisme, soit le propre de l'individu qui se croit fondé d'émettre des avis incessants sur tout et rien, avis non sollicités et principalement sans grande substance, mais que lui imagine puissamment éclairants pour autrui, comme s'il désirait absolument prouver qu'en dépit de son allure de citoyen anonyme, il possède une indéniable valeur, en se faisant singulièrement ostentatoire de ses opinions et même des accomplissements qui auraient pu être les siens s'il l'avait voulu. Il ne réalise point toutefois qu'en plus du côté marginal et détaché qu'il affiche souvent pour se montrer supérieur à l'establishment, ce dont il témoigne en agissant ainsi, c'est plutôt d'une jalousie d'autrui, d'une inassumance et d'une inacceptation totale de ce qu'il est et de ce qu'il vit, meurtri dans son amour-propre, envieux de la réalité de vie et du succès des gens qu'il côtoie, même s'il se garde bien de le laisser transparaître pour ne pas sembler faible ou encore plus maladivement convoiteux.

Le Lycanthrope : Métaphore psychique sur le thème du changement drastique de personnalité, véritable bipolarité des sphères supérieures, caractérisant un individu pourvu d'une nature alternativement diurne et nocturne, oscillant paradoxalement entre des extrêmes successivement débonnaire jusqu'à la faiblesse, puis vil jusqu'à l'os comme on dit communément, mais sans que cela ne touche publiquement l'intégrité de son fonctionnalisme en société. D'ordinaire chaque faction de cette personnalité est réservée à un auditoire distinct, faisant que ceux qui ne sont toujours qu'exclusivement familiers avec une seule d'entre elles, éprouvent énormément de mal à admettre la réalité de l'autre une fois mis devant l'évidence de la coexistence des deux, ce qui n'a pourtant à nouveau aucunement empêché le principal concerné de paraître tout-à-fait assumé au quotidien, fonctionnel et même apparemment à l'aise en société. Nous pourrions en parler comme étant un *explosif intermittent* métaphorique, tellement ses deux aspects antithétiques détonnent l'un de l'autre.

Le Spectre : Personnification de l'individu mort spirituellement, intellectuellement, bien avant son temps, et continuant pourtant à *être*, c'est-à-dire se contentant d'*exister*, plutôt que de *vivre*. D'une part, il peut se cantonner dans un état de zombie larvaire rompu à la classique routine du *boulot-métro-dodo*, se contentant de rencontrer ses obligations de vie mais de façon tout juste adéquate, réduisant au strict minimum ses interactions humaines et sociales, apprivoisant le monde et la Vie essentiellement par le biais de la télévision, du cinéma et d'internet, media qui en viendront à représenter à ses yeux la seule réalité référentielle, ce qui lui fera penser et même dire : *'Ils l'ont dit à la télévision, ou affiché sur les media sociaux, cela doit donc être vrai'*. D'autre part, il pourra davantage se faire désabusé, cynique, souvent dépourvu de tout enjouement réel, se masquant parfois sous une égide tranquille, taciturne, désengagée de la collectivité et même originale, pour mieux dissimuler sa profonde vacuité d'être, et continuer de sembler *socially correct* dans son apparente normalité. Dans le système de conventions prévalant actuellement à l'intérieur de toutes les grandes sociétés humaines, cet archétype représente celui qui est possiblement le plus caractéristique et, tristement, celui qui est souvent considéré *normal* en terme de critère d'évaluation psychologique ou psychiatrique.

L'Incube / La Succube : Allégorie d'une nature mi-sexuelle, mi-surnaturelle, exacerbée et dominant d'une manière déviante, hautement fantasmatique, l'imaginaire du sujet, lui intimant lui-même de changer, d'élever son esprit à un niveau différent, pour ensuite rechercher et exploiter le plaisir dans une optique tantrique, presque initiatique, passant d'un côté par le don totalement assujetti de soi, et de l'autre par une métaphorique prise de possession du partenaire, qui n'est pas sans similitude avec le *bondage* contemporain, à la seule exception qu'il ne se trouve pas nécessairement ici de ligotage, ou de séquestration apparemment forcée. Le rapport relationnel en présence en sera un de communion fusionnelle, dans un acquiescement mutuel, le tout sur un plan beaucoup plus allusif qu'explicite, érotique que pornographique. L'idéation d'acter ce fantasme sous une forme d'expérience sensorielle, sensuelle et plus significativement sexuelle en compagnie de / au travers de / aux dépends d'une personne volontairement soumise et dominée, qui se veut une sorte d'égérie de laquelle le sujet se nourrit sur tous les plans, pour mieux s'actualiser et atteindre un sentiment de majesté dans le champ de ses expériences. Le besoin viscéral de sortir de la monotonie banale et routinière du quotidien met encore davantage d'emphase sur cette quête, rendant le sujet plus sensible à la considération de ce dépassement, mais sans jamais être apte à clairement voir au-delà du littéral de ce qu'il ressent en ce sens.

Peut-être vous êtes-vous un tant soit peu reconnu ici, ou peut-être les présentes vous ont elles fait réfléchir à ce qui n'est possiblement pas entièrement de vous dans vos pensées, dans vos agissements, dans vos façons d'être. À ce dont vous avez pu hériter en tant que conditionnement, maléficier en tant qu'influence coercitive, en tant qu'écho d'un archétype bien défini. Nous avancerons des éléments de solutionnement en ce sens au chapitre dixième.

D. Les Mécanismes de Défense

De quoi en retourne-t-il lorsqu'il est question de ces mécanismes ? D'un point de vue pragmatique, nous parlerons d'un automatisme comportemental répondant à quelque occurrence inattendue ou dérangeante. Dans une tangente plus académique, nous dirons qu'il s'agit de structures réactionnelles *subconscientes* prédisposant l'individu à un palliatif spécifique, en apparence sécurisant, en guise de contre-balancement à une perception menaçante, ayant pour finalité d'aider l'individu à demeurer personnellement –et *extrinsèquement*- fonctionnel malgré cette dite oppression psychique.

Bien qu'à la base un mécanisme de défense ne saurait être foncièrement *positif,* on en distingue tout de même deux types en psychanalyse classique : ceux dont les conséquences peuvent s'avérer malgré tout *constructives*, et les autres engendrant plutôt des résultats *pathologiques*. Il en ira de même pour la Métapsychanalyse.

Enfin qu'il nous soit permis de préciser que même si la présentation de chacun de ces mécanismes ci-après vous semble un brin pédagogique au premier regard, retenez s'il-vous-plaît que le but escompté en est davantage un de clarté et de concision, que celui d'une visée purement didactique.

Psychanalytiques
I. Positifs

A. La Sublimation

La portée d'une pulsion donnée, nonobstant sa teneur intrinsèque, est rendue ici constructive, devenue *sublime*, en raison d'une perception et d'une vue différentes, lui accolant au final une résultante qui s'avère plus acceptable qu'il ne pouvait y sembler de prime abord, autant pour l'individu que la société.

Ex. : *En psychanalyse freudienne, l'énergie instinctuelle ayant un objet sexuel durant le stade phallique (3-6 ans) deviendra, durant la période de latence, un objet d'apprentissage scolaire, alors que la curiosité de découverte de la réalité du corps sera transposée à celle d'une réalité sociale nouvelle.*

Même chose pour une libido très forte, que l'on sublimera, par exemple, au travers de dessins ou de peintures érotiques, ou encore par la rédaction de récits osés.

Dans les deux cas, nous constatons qu'un réajustement de la finalité de la pulsion confère un toute autre senti à l'expression de cette dernière.

B. L'Identification

Véritable point d'intersection entre les mécanismes positifs **et** négatifs, pouvant aussi bien osciller d'un côté comme de l'autre, elle constitue le mode le plus ancien de relation à l'autre. Elle se veut positive lorsque l'identification pratiquée favorise la construction et l'émancipation de la personnalité, la stimule et l'exalte. Rappelons-nous en ce sens qu'Erickson avance que l'identité personnelle se veut la somme de toutes les identifications antérieures de notre existence : nos héros de jeunesse, nos idoles de l'adolescence, nos modèles de jeune adulte..

Elle est négative cependant quand elle devient littéralement une fusion du Moi avec le modèle d'identification, alors que la projection émotionnelle d'admiration initiale en vient à se perdre dans le processus, devenant plutôt une introjection de la figure idéalisée en le sujet qui l'admirait, au point de le dominer et d'en venir à le submerger.

Ex. : *Le cas classique de l'individu se prenant carrément pour, et en venant à se conduire carrément comme, Napoléon.*

(De là dérive le *Principe de relation symbiotique*, lorsqu'une telle fusion prend place, par exemple, entre la mère et son enfant, et que le tout est réciproque)

II.   Négatifs

C. Le Refoulement

Élément clé de la psychanalyse pour comprendre le développement des troubles de la personnalité, il se défini comme étant le maintien hors du champ de la conscience d'une pulsion ou d'un besoin inavouable, ou encore apparemment impossible à combler pour le sujet. À l'instar du fait de prendre sur soi, et de ravaler comme on dit dans le langage populaire, cet acte ne sera jamais réussi, et même dans les profondeurs les plus abyssales de la psyché, il continuera d'exercer une ascendance malsaine sur le cours des opérations mentales de la personne.

Ex. : *Une adolescente issue d'une famille hautement religieuse et fondamentaliste, éprouvant énormément de mal à se plier aux traditions et aux aléas d'une existence réglée en fonction de ces valeurs paternelles et maternelles qu'elle s'est faite enseignées et répétitivement brandir en tant que principes de vie absolus, versus les croyances indifférentes et désengagées de ses amies d'école, ce qui la poussera à garder pour elle et à ravaler tout ce qui risquerait de la faire voir comme étant moins délurée que celles-ci ne le croient.*

Comme nous l'avons souligné dans le cours du chapitre précédent, lorsqu'une volonté consciente va à l'encontre du matériel sévissant dans l'inconscient, la première ne saurait en aucun temps aspirer à tenir tête au second, d'où une sensation malaisée et diffuse face à cette confrontation.

D. Le Dénie

Il s'agit du refus ferme de consciemment reconnaître la présence d'une pulsion après qu'elle ait été pourtant clairement démontrée et identifiée ; cela fait souvent suite à une tentative d'interprétation du refoulement.

Ex. : *De par son attention toute hébétée à son égard, Nadia est manifestement en amour avec Guy, sans vouloir l'admettre ; son amie Julie le lui souligne, mais Nadia réfute le tout avec véhémence, en dépit de ce qu'elle fait montre en ce sens dans son expression non-verbale.*

E. La Projection

Nous parlons ici d'un mécanisme plus sophistiqué, impliquant une disculpation personnelle obtenue en faisant porter à une autre personne, puis en reconnaissant ostentatoirement chez elle, le blâme d'une pulsion qui émane pourtant de, et qui existe en, soi-même.

Ex. : *Comme il est parfois compromettant d'admettre un préjugé racial, Anthony sera tenté de projeter son propre malaise sur quelqu'un d'une autre nationalité, en prétextant que c'est cette personne qui lui a cherché noise, et que c'est uniquement pour cette raison qu'il est ainsi animé d'un sentiment antagoniste envers elle et son ethnie.*

Les cas célèbres de chasse aux sorcières traduisent aussi fort bien l'inaptitude des hommes du temps à assumer avec maturité leurs desseins extraconjugaux, leur besoin inassouvi de sexualité, préférant accuser les femmes qu'ils avaient eux-mêmes séduites, d'être des démones de tentation les ayant ensorcelés, projetant ainsi carrément sur celles-ci leurs inhibitions inassumées.

F. L'Introjection

Complément de la projection, il est à l'origine du développement du *Surmoi* ; il s'agit cette fois-ci d'une intériorisation littérale des pulsions d'un autre individu en soi. Son côté négatif est on ne peut plus clair, puisqu'il revient à littéralement absorber des traits pulsionnels extérieurs pour mieux les faire siens. Cela se révèle particulièrement néfaste lorsque le matériel introjeté va carrément à l'encontre des besoins et des tendances du sujet.

Ex. : *Un enfant se faisant introjeter les rêves de carrière que ses parents nourrissent à son égard ; lui, préférant le dessin et les arts, et eux, l'exhortant à opter davantage pour une carrière scientifique, plus libérale autant que plus lucrative.*

G. La Formation réactionnelle

Réaction fort expressive d'une pulsion qui recouvre l'opposé de ce qui est en apparence. C'est l'illustration classique de la personnalité où quelque démonstration d'émotivité que ce soit a été bloquée, maintenue réprimée, de plus en plus profondément, de plus en plus souvent, au prix même d'un effort psychique se faisant toujours plus demandant, tandis que les traits du visage et l'expression corporelle demeurent extrinsèquement doucereux.

Ex. : *Un père de famille, en apparence calme et exemplaire aux yeux de sa communauté, qui en vient un jour à tuer ses enfants et son épouse, puis à prendre sa propre vie, à la surprise générale de son entourage, qui ne peut croire qu'une telle chose soit arrivée, tellement il semblait pourtant aimant et incapable d'un tel acte.*

Dans un autre contexte, qui n'a pas déjà ressenti un fou-rire intenable dans des circonstances tragiques, dramatiques, où pareille réaction est pourtant impropre, voire même absolument inacceptable ?

H. La Régression

Tel que le terme le suggère de lui-même, il s'agit d'un retour à un stade antérieur du développement de la personne, d'une fixation à un épisode de vie dont le retentissement n'a apparemment pas été correctement assumé à l'intérieur du juste cheminement de la personne.

Ex. : *Une jeune personne ayant été témoin involontaire d'ébats l'ayant fascinée, puis excitée, et ayant parallèlement atteint un premier plaisir sexuel, intense et bouleversant, sera susceptible dans sa sexualité adulte de ne pouvoir pleinement atteindre un degré comparable de* *jouissance qu'en régressant à ce stade occurenciel, pour mieux recréer psychiquement les conditions l'ayant amenée à pareil paroxysme. Ce stade, cette occurrence, deviennent alors une fixation l'empêchant de développer une évolution plus mature de son assouvissement et de sa considération du plaisir allant de pair avec son âge d'alors.*

Voilà qui cerne cette partie plus traditionnelle de la chose psychanalytique, et prépare le terrain en vue d'une appréciation différente des horizons défrichés pour notre propre perspective.

<u>Métapsychanalytiques</u>
I. Positifs

A. L'Annulation rétroactive

Principe de souche ancestrale dérivé des lois officieuses du temps voulant que pour chaque faute commise devait obligatoirement correspondre un prix à payer, traduisant de la sorte une volonté de justice à rendre, autant qu'un réflexe humain inconscient de chercher à faire amende honorable pour mieux racheter ce qui aura été répréhensible, et se réconcilier de la sorte avec le parti lésé, avec la loi des hommes. Dans une symbolique plus métaphysique, on voit clairement l'idée du choc en retour karmique se profiler en filigrane de ce mécanisme, de par le principe de cause à effet, d'action, de provocation et de réaction en sous-jacence, et se répercutant sur le cours supérieur de la destinée de la personne concernée.

Ex. : *Quelqu'un trompant son conjoint, et se sentant tellement fautif à son égard, propose de lui offrir une semaine de vacances dans un endroit qui lui est cher, sous le prétexte fallacieux d'une gâterie méritée, alors que dans les faits, ce sera bien davantage afin de rédimer son manquement.*

Ou encore, piquer une colère violente et excessive à un proche, puis se montrer par après exagérément doux et attentionné, en lui parlant avec un timbre de voix excessivement aimable, en apportant un souci exagéré à l'exaucement de chacune de ses requêtes, et cela sans nécessairement s'excuser formellement de sa propre faute.

B. La Sublimation altruiste

Tout comme la sublimation freudienne, elle consistera en la reconnaissance en soi d'une pulsion potentiellement malsaine, mais que l'on s'éverturera à tourner positivement, ou à tout le moins constructivement, dans une visée conjurée de façon bénéficiable à autrui.

Ex. : *Un homme de tempérament violent et renfermé qui se fera vigilante de quartier, afin de soi-disant aider les personnes victimes de violence ou de persécution injustifiée, en se portant à leur défense ou en les vengeant sous le noble motif de rendre justice.*

Nous constatons que dans une certaine mesure, l'idée de fond de *Payez au Suivant* est ici elle-même récupérée en une sorte de *Sublimer en faveur du Suivant*, dans l'intention toute aussi équivoque d'ainsi se décharger d'un trop-plein pulsionnel, à nouveau sous un prétexte en apparence louable et presque philanthropique même.

C. Le Repli introspectif

Automatisme consistant à battre spontanément en retraite d'une situation tendancieusement conflictuelle ou confrontante, pour mieux se réfugier dans le calme, le recul, ou le cas échéant la méditation, la prière, le mûrissement inspiré, sensément dans le but d'éviter que ladite situation ne dégénère certes, mais davantage afin de se donner une impression de réaction sage, mature, donc propice à désamorcer la tension naissante. À l'extrême, répétitivement utilisée, cette habitude sera susceptible de potentiellement dégénérer en un désengagement unilatéral de la réalité humaine, à la limite du trouble de la *personnalité évitante.*

Ex. : *Sarah s'est isolée à trois reprises dans son bureau aujourd'hui, afin de se recueillir en elle-même, à la suite de discussions à haut potentiel d'affrontement avec des collègues.*

II. Négatifs

D. La Justification karmique

Prédisposition marquée à mettre sur le compte de la loi du *karma* tout ce qui arrive, particulièrement en guise de disculpation personnelle bien sûr, et ce de façon à ce qu'il n'y ait en plus jamais entrave à la fonctionnalité du sujet dans son cadre de vie.

Ex. : *Marié à Jeanne, Simon se dit pourtant en amour avec Judith, qu'il se met même à courtiser ouvertement, affirmant sincèrement à qui veut l'entendre que même s'il ne le devrait pas, il n'y peut rien, que cela est résolument dans le cours normal de ce qu'il a à vivre selon la destinée qui est la sienne, ajoutant que s'il avait pu en être autrement, leur amour ne se serait jamais concrétisé aussi facilement, que leur karma ne l'aurait en aucun temps permis. C'est donc assurément là que son cheminement de vie devait l'amener.*

E. L'Exclusion élitiste

Refrènement péremptoire et inlassable à consentir à côtoyer certaines gens sous prétexte que ceux-ci ne sont pas suffisamment évolués spirituellement, qu'ils pourraient même en venir à induire un impact par trop néfaste sur le principal concerné.

Ex. : *Frédérique ne veut carrément pas aller à une fête dans sa belle-famille, sous prétexte que sa belle-sœur y sera présente, avec son réputé négativisme, sa tendance bien à elle à tout déprécier, et qu'elle-même n'a aucunement à maléficier de sa présence, étant elle-même bien au-dessus de ses propos creux et de sa vision platement terre à terre de la Vie.*

F. L'Abnégation extrême

Lâcher-prise unilatéral caractérisé par une volonté ferme d'inaction outrancière face aux éléments pratiques de sa réalité de vie, que le sujet pourrait –*selon les termes classiques de la prière de la sérénité*- changer, mais qu'il préférera laisser aller sous prétexte de servir ainsi supérieurement les intérêts de sa collectivité selon le Grand Œuvre Universel. Ce sera toutefois bien davantage par laxisme et irresponsabilité, que par réelle soumission à un dessein altruiste transcendant.

Ex. : *Jean vit sur le bien-être social afin d'avoir tout son temps pour méditer, parce qu'il affirme sentir en lui que c'est là le seul et unique but de son existence, et qu'à sa façon il aide ses proches, sa communauté, dans l'invisible, affirmant du même souffle que c'est un appel réservé à de rares élus, et qu'il faut s'en montrer absolument digne.*

Ce mécanisme peut également se traduire par une perception exagérément positive, à la limite du mystique, des événements de la vie, au point de devenir fréquemment nettement extrapolée.

Ex. : *Échapper quelques gouttes de café sur un vêtement, et affirmer que c'est là un signe absolument divin, ou issu du destin, qu'il ne fallait point porter cette pièce aujourd'hui, que c'était assurément un choix motivé par un orgueil déplacé, malvenu, qui vient ainsi d'être justement remis à sa place.*

Ou encore, se faire frapper au visage et réagir indifféremment en tendant l'autre joue.

G. Le Palliatif apostasique

Réaction compensatoire à une vive déception spirituelle ou religieuse, que le sujet se refuse à vivre, à accepter, au point de s'en défendre en adoptant une attitude et des valeurs souvent détonantes, se traduisant par des jugements dénonciateurs ou des actes blessants à l'endroit des institutions ou des représentants concernés, visant ainsi à solidement ébranler la foi et l'armature doctrinale en présence.

Ex. : *Un prêtre chassé de l'Église, et devenant sataniste.*

Un apprenti mystique déçu par son groupuscule de méditation, et qui fera tout dorénavant pour les discréditer auprès du grand public.

H. L'Idéalisation

Perception démesurément avantageuse de la valeur d'une personne, érigeant celle-ci en tant que mentor ou gourou instantané, à qui le sujet est pratiquement disposé à se soumettre corps et âme afin de poursuivre son propre cheminement sous sa guidance, et envers laquelle il devient de plus en plus dépendant pour simplement vivre ou prendre des décisions simples. Le recours à ce mécanisme peut découler d'une conviction personnelle d'inaptitude à simplement 'être' au quotidien, d'un besoin d'être soulagé de la pression de ses devoirs et obligations, d'une solitude affective lourde et émotionnellement grevante, ou encore d'une authentique quête d'un maître à penser, ou d'un directeur de conscience, pour mieux lui faire porter le poids de son vague à l'âme.

Ex.: *Suivre un cours à consonance de cheminement personnel avec un enseignant à l'allure inspirante, entremêlée de mysticisme, et ressentir rapidement qu'il s'agit là du guide éclairé dont on a assurément besoin afin de se dépasser dans ses limites personnelles, au point même d'en venir à se sentir prêt à se sacrifier dans cette visée.*

Tel que nous l'avons souligné à la fin de la rubrique portant sur les archétypes, il est intéressant et révélateur de voir si vous vous reconnaissez un ou plusieurs des présents mécanismes. Gardez toutefois à l'esprit que cela ne se veut aucunement préjudiciable, ou susceptible de vous étiqueter 'sujet à un trouble du comportement', ou encore 'atteint d'une maladie mentale'. Loin de là ! Tout au plus cela démontre-t-il que vous êtes captif d'une habitude réactionnelle, que vous avez possiblement développée face à un contexte ou à un type d'individu, et qui est psychiquement devenue pour vous un *pattern*.

Comme si vous n'étiez pas ainsi suffisamment influencé, conditionné, modelé, remodelé, dénaturé, dépersonnalisé, à l'intérieur de votre individuation, qui tente à grand-peine de tout simplement être, et croître..

Chapitre troisième
Le Nerf moteur de l'Existence

D'entrée de jeu, une petite devinette pour vérifier si vous êtes tout entier d'esprit dans la présente lecture : qu'ont en commun une dame atteinte du cancer, une personne abonnée aux antidépresseurs depuis des années, un couple éprouvant une incapacité marquée à communiquer, un homme consultant un professionnel afin de venir à bout de son explosivité intermittente, et une adolescente en proie à de vives crises récurrentes d'anxiété ? Quel est le dénominateur commun en filigrane ?

Avant de donner la réponse, portons tout d'abord notre attention sur ces quelques points d'intérêt :

* Un nombre grandissant de recherches sur les causes du cancer, qui demeuraient jusqu'ici en sérieux manque de renouvellement inspiré quant au pourquoi de sa recrudescence actuelle, ont maintenant tendance à mettre de plus en plus en exergue une origine surprenamment *émotionnelle* à ce mal sournois. En effet, des émotions par trop souvent ravalées trop vitement ou refoulées répétitivement, au lieu d'être simplement exprimées, finiraient par peser lourd sur le métabolisme, selon l'incidence psychosomatique de l'esprit sur le corps, exerçant une oppression vicieuse sur les cellules de l'organisme, qui en viennent par voie de conséquence à se dupliquer de façon anucléique, donnant ainsi naissance à des métastases ;

* Un antidépresseur, un anxiolytique, un adaptogène sont des médicaments psychotropiques qui ciblent principalement dans l'ordre la dépression, l'anxiété, et ce que l'on appelle les 'swing moods' (*c'est-à-dire les humeurs en dents de scie, aux confins de la maniaco-dépression, que l'on traite ici en les modulant à être moins vivides pour mieux tempérer sa sentience*), Là encore en nous attardant à

vouloir toucher ces états, nous cherchons à agir sur la composante affective en présence ;

* La difficulté à communiquer provient dans les faits très fréquemment d'une inaptitude à pouvoir plutôt traduire ses émotions en mots, d'une incapacité à les transposer adéquatement d'un stade de *senti intime* à un autre de *partage extime* ;

* Il en est sensiblement de même d'un sujet dit explosif intermittent, incapable de gérer son émoi intempestif, alternant en des temps courts d'un air de surface doucereux à un autre intensément plus féroce ;

* Sur l'échelle de l'émoi anxiogène, après l'*appréhension*, et avant l'*angoisse* et la *crise de panique*, l'*anxiété* peut être jusqu'à un certain point appariée à un mécanisme de défense grevant, particulièrement présent chez les gens mal assurés devant leur existence et leur avenir, dont les adolescents en recherche d'eux-mêmes et les jeunes adultes en instance d'établissement dans la Vie.

Dans tous ces cas, nous remarquons que le point consensuel en présence est l'émotion.

Qu'elle soit puissamment ressentie ou expéditivement refoulée, doucement assumée ou douloureusement exprimée, brutalement expurgée quand elle ne sera pas plutôt carrément déniée, l'émotion constituera donc LA raison d'être de notre existence terrestre, l'authentique clé de voûte de notre santé, tout autant que le pont littéral nous menant vers une édification plus éthérée, dépassant considérablement le cadre pragmatiquement littéral du 'day to day' dans lequel nous nous laissons si insidieusement capturer, tout autant que captiver : en clair, cela signifie que nous sommes fondamentalement ici-bas afin de vivre des expériences émotionnelles dans toute leur amplitude, au travers des occurrences de chaque jour, des interactions de chaque instant, et **jamais** pour les éviter, même si cela nous semble être parfois la seule réaction valable à nos yeux. Et cela ne saurait nous être étranger, puisque dans notre monde contemporain les émotions sont trop fréquemment synonymes d'intensité déplacée, de manque de contrôle de soi, ainsi que d'hystérie potentielle. Bref, rien de très souhaitable pour quiconque cherche à cultiver une image de personne équilibrée, en maîtrise d'elle-même, réussissante dans *la* Vie, au lieu de simplement s'appliquer à être réussissante de *sa* vie.

Et pour quelle raison en serait-il possiblement ainsi ? nous demandera-t-on. Parce que sans donner dans la métaphysique pure, si nous admettons un tant soit peu ce que toutes les grandes traditions spirituelles reconnaissent –*à part bien sûr l'unique et inénarrable christianisme*-, à savoir le cycle de la naissance et de la renaissance, soit le principe du Saṃsāra, ce serait ainsi afin de justement nous perfectionner, de nous dépasser dans nos faiblesses caractérielles, que nous serions amenés à vivre et à revivre des émotions de façon édifiante via ce que seule une condition d'incarnation physique à l'intérieur d'une dynamique multidimensionnelle comme la nôtre peut permettre. Nous avons écrit '*de façon édifiante*' car il ne saurait véritablement, autant qu'exclusivement, y avoir de façon impérativement *positive* ou *négative* de percevoir le cours de notre réalité : autrement formulé, il n'y aurait par conséquent *ni bien ni mal, ni Dieu ni diable, ni blanc ni noir*. Chaque assomption du quotidien sera plutôt à être perçue en camaïeu de gris, d'une façon résolument *constructive*, dans le sens premier de justement nous *construire*, nous *édifier* donc, toujours dans l'optique de nous rendre ce faisant plus actualisé et plus épanoui. Grandi donc.

Et dans la même concomitance, cela contribuerait également à expliquer la réalité de l'incidence fondamentale du psychosomatisme sur notre qualité de vie terrestre, de même que sur notre santé : ainsi va l'esprit dans sa perception et son assumance des émotions ressenties, ainsi ira le corps. D'ailleurs, de plus en plus de faits et d'études (*pour ne citer que les avancées et les conclusions de O. Carl Simonton, Larry Dossey, Deepak Chopra, et plus près de nous au Québec, le professeur Ghislain Devroede*) abondent dans cette même finalité : le corps est résolument un pantin entre les mains du psychisme. *Mens sana in corpore sano* clamaient les latins de l'antiquité ; *mens zen-a in corpore sano* pourrions-nous plus justement reformuler.

À partir de ces développements, il importe à présent de mieux définir et nuancer ce qu'est une **émotion**, par rapport à un *sentiment*, ou même à un *émoi*. Car chaque terme n'est et ne sera jamais à prendre en tant que synonyme littéral l'un de l'autre, biunivoquement ou 'triunivoquement', n'en déplaise aux soi-disant fins penseurs de la santé mentale : étymologiquement, le terme *émotion* dérive de deux éléments latins, 'ex' qui signifie *en émergence de*, et 'motio' qui traduit l'idée de *ce qui est en mouvance*. De là l'intéressante image d'une effervescence faisant irruption à partir d'un point d'origine intérieur. En conséquence, nous la définirons comme étant un flux affectif d'origine viscérale, et exerçant une incidence de magnitude et de retentissement variable, mais dans tous les cas *vivide*, sur le cours des activités psychiques et, par ricochet, physiques de l'individu. L'expérimentation du senti et du ressenti émotionnel, dans son saisissement le plus intense, se révélera à la base puissamment tonifiante ou malencontreusement anémiante pour notre personne humaine : au point de potentiellement la survolter dans un grandiose état de quintessence, ou de l'atrophier au contraire dans une consternante prostration. Une formidable énergie donc, aussi vitale et *sine qua non* à notre santé tout azimut et à notre évolution, que l'oxygène et la nourriture peuvent également l'être sur un plan biologique des choses.

Notre définition dit 'flux affectif d'origine viscérale', parce que le point de naissance de l'émotion demeure officiellement abstrus et méconnu, qu'il en soit fait physiologiquement, psychologiquement, ou psychiquement état. Notre avancée en ce sens se révèle toutefois sans équivoque aucune : c'est du *hara* qu'elle émerge, c'est-à-dire de ce point de l'anatomie parallèle de l'être humain, se situant à peu près à mi-chemin entre le nombril et les gonades. Et sur quoi, nous demandera-t-on, articulons-nous cette hypothèse ? Sur les constats suivants :

- Quand ils font l'expérience de vives émotions d'anxiété ou de stress, les gens éprouvent très spontanément un malaise à cette même hauteur, le bas du ventre comme on dit communément, généralement apparié à un fébrile besoin d'aller vitement à la salle de bain, parce que quelque chose les tenaille de façon particulièrement active justement à cet endroit, particulièrement vulnérable à tout stresseur ;

- En arts martiaux, le soin rigoureux que l'adepte est invité à apporter à l'abdomen, zone que l'on considère être dépositaire de notre force vitale immanente, n'est pas non plus fortuite, tout autant que le disciplinement des émotions que l'on enseigne en parallèle de ce même soin à lui prodiguer ;

- Lorsque les samouraïs féodaux du Japon cherchaient à neutraliser l'émotion de honte qu'ils ressentaient après avoir failli au champ d'honneur, déshonoré leur clan, ils se faisaient invariablement *hara-kiri* en s'enfonçant un sabre dans le bas-ventre, convaincus qu'ils l'étaient de disposer de la sorte de l'émoi en question, avant même qu'il ne se répande hors de son point d'émergence ;

- Par extension, une certaine tradition japonaise en fait le point d'émergence du souffle vital : le 気, *qi* ou encore *ki*, qui se veut l'expression de la sensibilité la plus subtile de l'être, et qui irrigue toute la ligne harique d'une énergie qui n'est pas sans rappeler la formidable *kundalini* primordiale du Yoga ;

- Dans leur pratique de sortie hors du corps, les mystiques s'exécutent en projetant leur corps astral au-dessus de leur corps physique, mais en y demeurant arrimé par ce que l'on désigne comme étant le cordon d'argent, justement établi à peu près à partir du point harique physique jusqu'à son pendant astral, ce dernier corps étant du même coup qualifié d'intéressante façon de *corps des émotions* ;

- Lors de toute maternité, le cordon ombilical rattache obligatoirement le fœtus au placenta, joignant ainsi mère et nourrisson d'une manière indispensable à la vie, physiologiquement et même énergétiquement, et ce sensiblement à cette même hauteur. Comme si cette zone, ce lien, alimentait le bébé bien au-delà de la nourriture solide qui y transite. Comme s'il s'agissait là d'un lieu hautement névralgique, porteur d'une grande et singulière effervescence ;

- Les travaux et théories du docteur Ghislain Devroede, spécialiste de chirurgie colorectale que nous avons cité ci-avant et sur qui nous reviendrons ci-après, tendent à démontrer que ce qui est fréquemment à la base de ce type d'opération, ce sont précisément des débordements d'émotions refoulées, découlant selon lui d'abus et de traumatismes, et qui n'ont jamais été correctement expurgées à partir du psychisme, au point de psychosomatiquement déborder sur cette très sensible partie du corps, et de provoquer à ce stade la nécessité d'une intervention chirurgicale.

Bien entendu, la présente théorie repose sur une colligation d'incidences éparses certes, mais pourvues d'un même et fascinant dénominateur commun. Et à défaut d'avoir une explication autre, et autrement plus pertinente, nous opterons donc pour celle-ci puisqu'elle fait grandement sens dans le cadre de nos avancées.

Après l'émotion, place au **sentiment**. Il se concevra en tant qu'un flux également affectif, mais d'une intensité nettement moindre, d'origine *mentale* cette fois-ci, et exerçant là aussi une indéniable mais nettement moins prenante incidence sur le cours de nos activités psychiques, puis physiques.

Pour mieux saisir d'ailleurs l'importante distinction à effectuer entre l'**émotion** et le **sentiment**, utilisons une illustration plus concrète tirée du quotidien : imaginons un homme qui, la nuit tombée, doit emprunter une ruelle sordide et mal éclairée, afin de se rendre en moins de temps vers une certaine destination.

Précisons également que notre protagoniste ne s'engage pas de gaieté de cœur dans ce même raccourci, spontanément mal assuré qu'il est en présence de l'inconnu et de la noirceur grandissante. Imaginons maintenant qu'à une cinquantaine de mètres droit devant lui, il entrevoit un individu de fort gabarit, d'allure austère, menaçante même, qui s'en vient apparemment à sa rencontre. Dès ce constat effectué, notre homme se sentira donc mal à l'aise, et même un brin appréhensif. Au point de ressentir peu à peu de la sueur dégouliner de ses tempes, autant qu'une lourdeur croissante dans l'estomac. Tellement même qu'il se demandera s'il ne vaudrait pas mieux rebrousser chemin, avant de laisser à celui qu'il pressent être un possible danger, l'opportunité de lui faire les poches ou pire encore, de le rosser ! Son imagination s'emballant toujours plus dans cette veine, il commencera alors à éprouver une certaine incontinence, et un frisson glacial descendre tout le long de son échine. Et au moment où il arrivera à la hauteur de son vis-à-vis, en une fraction de seconde l'appréhension montera d'un cran et deviendra anxiété, puis angoisse, et culminera même potentiellement en panique. Le nouveau venu dévisagera alors sévèrement notre ami qui, lui, préférera garder son regard rivé au sol, tout en continuant cependant d'observer discrètement l'autre du coin de l'œil. Après coup, au fur et à mesure où une certaine distance s'établira avec son opposant, notre homme sentira aussitôt la pression tomber, son stress diminuer significativement, respirant à ce moment d'une façon nettement moins haletante. Voilà un exemple type d'un authentique vécu d'émotions, pressenti, senti et ressenti dans toute sa viscéralité, et accompagné de tous les effets psychologiques autant que physiologiques afférents.

Maintenant, poursuivons la même illustration, mais dans l'optique cette fois-ci du **sentiment**, et de sa différenciation intrinsèque fondamentale. Supposons ainsi que l'homme dont nous venons de narrer l'aventure, raconte le tout au bureau, à ses collègues au cours d'une pause. Imaginons bien sûr que ceux-ci rient de bon cœur en l'entendant faire le récit de sa trouille maintenant invalidée, mais non moins prenante sur le moment. Et imaginons encore que par un hasard proverbial, l'un d'entre eux se retrouve peu de temps après sensiblement dans la même situation, c'est-à-dire contraint d'emprunter une ruelle sombre et mal famée pour atteindre plus rapidement une destination donnée. Comme cet individu a en mémoire l'anecdote de son ami du travail, il est indéniable que ce souvenir générera une sensation d'expectative, d'appréhension, qui l'animera à l'instant où il s'engagera dans le couloir exigu. Et si par ricochet dès lors, un personnage plus ou moins douteux émerge du fond de la ruelle, à une cinquantaine de mètres droit devant lui, force est d'admettre que notre 'héros' sera susceptiblement apte à ressentir le même genre d'émotion que son collègue, n'est-ce pas ?

Non.

Non, parce qu'en ayant été préalablement saisi du récit d'une situation similaire, notre homme aura déjà une certaine expectative *mentale* de ce qui pourrait survenir dans le contexte où il se retrouve, ce qui amoindri déjà sensiblement le littéral émotionnel potentiellement en présence. Qui plus est, toute cette occurrence survenant au niveau dudit mental, soit du 12% d'entendement conscient, plutôt que dans le viscéral humain, il est donc là encore indéniable que le senti de cette expérience relèvera davantage d'un re-senti ainsi moindrement ressenti, un réchauffé édulcoré en quelque sorte, ce qui nous amène à utiliser le mot **sentiment** pour la décrire. Et pour rendre la présente distinction encore plus limpide, si nous nous livrons à une analogie sémantique, le qualificatif *sentimental* qui en dérive, ne contient-il pas deux radicaux fort éloquents dans le présent sens : à savoir *senti* et *mental*, soit l'idée d'un apprivoisement affectif qui s'effectue spécifiquement au niveau cartésien, à l'intérieur du conscient.. Rappelons-nous d'ailleurs qu'autrefois, lorsqu'une personne confiait à une autre qu'elle nourrissait des *sentiments* à son égard, cela n'était certes pas un aveu d'amour fervent, mais bien plus un constat en faveur d'un engagement motivé par le bon sens, à la manière d'un mariage de *raison*, d'un couple se formant potentiellement à partir de la simple communauté harmonieuse des affinités et des qualités de chacun, et non d'une passion consumante.

Enfin, quant à ce qui se dira d'un **émoi**, nous opterons en faveur de ce qui caractérise de façon générale tout état affectif, qu'il soit propre à une *émotion,* un *sentiment,* ou même une *humeur* ou un *affect,* et ce peu importe son point d'origine ou encore son intensité intrinsèque. Car la dite *humeur* relève bien davantage d'un ressenti mental du moment pouvant certes s'échelonner sur un certain laps de temps, mais dont la teneur s'avère relativement mièvre et sans lendemain une fois qu'elle a été exprimée et a fait son temps, alors que l'*affect* se conçoit davantage en tant qu'éclatement libérateur d'un émoi qui était maintenu en latence. Voilà à notre humble avis comment les choses doivent être départagées à ce niveau.

Qu'il nous soit permis de proposer par ailleurs dans cette même causalité une avancée clinique complémentaire : nous avons à plusieurs reprises au cours de nos 26 années de pratique privée été témoin de manifestations singulièrement vives de ce que l'on désigne comme étant le *choc vagal,* aussi appelé le *malaise vagal,* et qui dans la réalité pratique est dit s'apparier d'ordinaire à une simple (…) perte de conscience d'un moment, ou à un évanouissement commun, donc dépourvue de réelle gravité, même si sous une forme plus sévère, il peut occasionnellement dégénérer en syncope. Sans entrer dans des considérations outrancièrement médicales, disons qu'il serait basiquement dû à une activité excessive du système nerveux parasympathique ou à une baisse d'activité du système nerveux sympathique, conséquence d'un ralentissement du rythme cardiaque parfois assorti d'une chute de pression artérielle, aboutissant à une hypoperfusion cérébrale, c'est-à-dire une irrigation déficiente du cerveau en composés chimiques. Voilà pour la version scientifique officiellement admise. En ce qui a trait à une version plus officieuse, tel que nous l'avons au chapitre premier, le subconscient humain est constitué de cette haute effervescence énergétique qui est plus qu'habilitée à matérialiser les rêves et les pensées récurrentes, obsessionnelles. Si nous lui adjoignons en plus une dose non négligeable d'émotions fébriles, hyperactivées, à la limite justement de l'hypoperfusion que nous venons de citer, déferlant tel un raz de marée sur le cerveau de manière à le surtaxer et à l'anémier, les probabilités s'avèrent donc très grandes pour que cette somme puissamment drainante provoque le même genre de blackout au niveau de notre esprit. Et ce à partir non plus d'une quelconque somme de réactions chimiques, mais bien plutôt de ce flot d'énergie plus subtil, plus éthéré et moins quantifiable qui a nom *émotion*.

Dans la continuité de ce départage et de ces précisions, qu'il nous soit loisible de proposer à présent notre propre vue de ce que nous considérons être les émotions fondamentales de la nature humaine. D'entrée de jeu, la grille qui suit, et que nous avons déjà proposée sous une forme abrégée et sans autre précision dans notre opus précédent Psychanalysez-vous vous-même (2010), fera bien entendu monter certaines critiques, peut-être même jusqu'aux barricades, mais c'est là le cadet de nos soucis, puisqu'elle se révèle celle qui, selon notre humble expérience clinique, colle le mieux à la réalité qui est la nôtre. Plusieurs professionnels dans le domaine se sont bien sûr déjà essayés à adresser le sujet, au travers de propositions suggérant cinq émotions basiques, certains sept, dans d'autres cas deux-cents-cinquante-six, lorsque ce n'était pas pour conclure qu'il était impensable de les quantifier, puisque le champ des expériences humaines se veut théoriquement incommensurable. Toutefois, en nous fondant sur un certain bon sens clinique ainsi que sur l'observation psychothérapique, nous nous sommes permis de plutôt arrêter un total de trente émotions que nous avons qualifié de fondamentales, parmi lesquelles nous en retrouvons six plus extrêmes si l'on peut dire, d'une nature on ne peut plus métapsychanalytique, et équipollement réparties en trois plus singulièrement hautement positives et en trois autres plus singulièrement bassement négatives, au-dessus bien sûr et au-dessous de la grille qui figure ci-après.

Vous aurez manifestement compris que si vous ne retrouvez possiblement pas certaines d'entre elles nommément répertoriées ici, c'est qu'elles sont fort probablement synonymes d'autres figurant dans notre listing. Et là comme ailleurs dans le présent ouvrage, tel que nous l'avons déjà souligné, nous n'aspirons aucunement à nous faire péremptoire ou absolu dans notre compréhension, comme à simplement suggérer des perspectives que nous nous efforçons de maintenir finement pesées et réalistement attributaires.

Comme toujours, assumez-en une première sentience plus littérale avant de vous intéresser au détail.

Listing et Calibrage des Émotions fondamentales

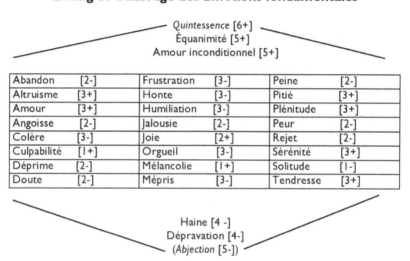

Abandon	[2-]	Frustration	[3-]	Peine	[2-]
Altruisme	[3+]	Honte	[3-]	Pitié	[3+]
Amour	[3+]	Humiliation	[3-]	Plénitude	[3+]
Angoisse	[2-]	Jalousie	[2-]	Peur	[2-]
Colère	[3-]	Joie	[2+]	Rejet	[2-]
Culpabilité	[1+]	Orgueil	[3-]	Sérénité	[3+]
Déprime	[2-]	Mélancolie	[1+]	Solitude	[1-]
Doute	[2-]	Mépris	[3-]	Tendresse	[3+]

Émotions de la normalité courante

Abandon : État d'esseulement souvent lourd et affligeant d'une personne qui a été laissée à elle-même, apparemment en raison de motifs circonstanciels ou d'une volonté malintentionnée.

Altruisme : Disposition bienveillante consistant à spontanément accepter, apprécier et aider son prochain, sans calcul d'intérêt personnel ou de notoriété à gagner.

Amour : Plénitude euphoriquement marquée, essentiellement due à une présence qui s'avère chère et complémentaire, et/ou à un senti d'harmonie exaltante avec tout ce qui est.

Angoisse : Expectative lancinante devant un développement anticipé, qu'il soit virtuel ou factuel, tardant à se manifester et que l'imagination présente sous un jour extrapolé, souvent bien pire que ce qui est potentiellement en présence.

Colère : Émoi vif et primitif empreint de frustration et d'animosité, qui s'extériorise d'ordinaire spontanément, autant que fort vivement.

Culpabilité : Impression par trop excessive d'être singulièrement et intimement en faute, fréquemment attisée par des facteurs desservant du vécu personnel, ou en provenance d'individus perfides.

Déprime : Abattement moral et émotionnel senti durant une période moyennement longue, à la suite d'une perception décevante ou consternante, ou d'une accumulation de celles-ci.

Doute : Méfiance prenante envers quelqu'un ou encore le développement d'une situation, laissant pressentir un sérieux ébranlement de la confiance implicitement en arrière-plan.

Frustration : Senti sévèrement éprouvant, faisant souvent suite à une impossibilité de se faire valoir à sa juste mesure, ou encore à une situation ne tournant pas à son avantage, fréquemment doublé d'une impression d'impuissance forcée, astreignant à devoir garder son émoi pour soi.

Honte : Inconfort d'avoir mal agi ou mal pensé au cours d'une interaction humaine comportant d'ordinaire un élément de jugement moral, lequel s'est ensuite vu exposé publiquement au corps défendant du principal concerné.

Humiliation : Rabaissement douloureusement sentie de son estime et/ou de sa valeur personnelle, survenant fréquemment dans un contexte où plusieurs personnes extérieures sont prises à témoin.

Jalousie : Envie morbide de ce qui est prétendument l'exclusivité ou le mérite de quelqu'un d'autre.

Joie : Sensation de légèreté de l'être et de plaisance euphorique, permettant un regard plus lumineux sur la Vie.

Orgueil : Amour-propre particulièrement à vif, tout autant que singulièrement vulnérable à l'opinion et à la réaction d'autrui à son endroit.

Mélancolie : Nostalgie empreinte de vague à l'âme favorisant le ressassement de souvenirs souvent doux-amers, menant la plupart du temps à un état de prostration.

Mépris : Hautaine supériorité, imbue, déplacée et parfois teintée de sarcasme.

Peine : État d'accablement et/ou de tristesse marquée.

Pitié : Sympathie exceptionnellement empathique, et se traduisant souvent par un geste de compassion.

Plénitude : État de sereine euphorie, d'accomplissement et de bien-être, durable et édifiant.

Peur : Anticipation malsaine et anxiogène d'un happening qui est pressenti comme étant potentiellement menaçant

Rejet : Délaissement abrupt et expéditif faisant pourtant suite à une impression initialement commune d'acceptation mutuelle.

Sérénité : Senti de paix, d'optimisme et d'harmonie face à la vie.

Solitude : Isolation fréquemment prenante et parfois hautement émotive, perçue occasionnellement comme un manque de valeur ou d'intérêt personnel aux yeux des autres.

Tendresse : Expression marquée de gentillesse et de délicate considération.

Émotions métapsychanalytiques supérieures

Amour inconditionnel : Capacité extraordinairement altruiste à se faire acceptant et même appréciatif en toute circonstance, en toutes choses et auprès de tout ce qui est vivant.

Équanimité : Faculté à demeurer d'humeur stable, sereine et ouverte en tout temps.

Quintessence : État de contentement suprême, de bonheur ressenti dans une harmonie souverainement assumée, à la fois physiquement et émotionnellement.

Émotions métapsychanalytiques inférieures

Haine : Aversion profonde, âpre, et trop souvent lourdement exprimée, envers autrui, sans qu'il y ait nécessairement un élément rationnellement justificatif à la base.

Dépravation : Qui se situe dans une optique immorale, amorale, faisant abstraction de considération, de respect et de décence, obnubilé par la satisfaction sans barrière de toute pulsion susceptible d'étayer une jouissance essentiellement personnelle.

Abjection : État d'influence avilissante et pernicieuse envers ce qui est dit pur, innocent ou à tout le moins sans malice, et prenant plaisir à la perversion et à la dénaturation dans cette finalité.

Ces six dernières émotions figurent en aparté de celles de la grille centrale que nous rencontrons communément au quotidien, non pas en raison de leur rareté ou de leur inatteignabilité, car elles sont hélas ! plus que jamais présentes dans notre réalité de ce début de millénaire, mais davantage en raison de ce qu'elles trônent en groupuscules aux pôles opposés de notre grille à 180° l'un de l'autre, ce qui en fait l'apanage des gens souvent extrêmes, profondément exaltés, à la limite d'une certaine transfiguration même, dans leur allégeance respective.

Maintenant, pour clore ce chapitre de théorie sur une note plus pratique, permettez-vous d'effectuer le petit exercice qui suit, de manière à mieux identifier le type d'émotion qui vous étreint le plus à l'intérieur d'une semaine jugée courante pour vous, et par conséquent le genre d'énergie que vous alimentez, et dans lequel votre psychisme, autant que votre hara, évoluent.

Ainsi, pour les sept journées à venir, voici ce que nous vous proposons :

- Idéalement à la fin de chacune, alors que vos activités et que vos implications sociales tirent à leur fin, prenez un moment de recul et consignez dans votre agenda, une fiche de papier ou un dossier de votre ordinateur, l'émotion qui a caractérisé chacune des trois des périodes que vous avez vécue en ce jour : matinée, après-midi et soirée, en vous référant au tableau que nous avons dressé ci-avant. Advenant bien sûr qu'il y ait eu plus d'effervescence ou de tourmente au cours de celui-ci, vous pouvez choisir une deuxième émotion pour mieux en résumer la teneur, mais s'il-vous-plaît guère plus. Le but ici n'est pas de circonscrire exhaustivement ou parfaitement le vécu d'un bloc, comme de simplement en capter l'essence ;

- Appliquez-vous ensuite à considérer la notation entre crochets au côté de ces mêmes émotions que vous avez sélectionnées, puis faites-en le total, de manière à obtenir un score, et par ricochet une charge, pour la journée. Par exemple, si vous avez opté pour l'émotion *joie* aussi bien en matinée qu'en après-midi, puis pour celle de l'*abandon* en soirée, vous calculerez ainsi (2+) + (2+) + (2-) pour un total de 2+. Le score est donc de 2, et la charge, positive ;

- Le lendemain, et pour chaque autre journée à venir de la semaine, livrez-vous au même exercice, en en effectuant à chaque reprise la somme des trois périodes, et en notant toujours le résultat au même endroit ;

- Une fois la semaine écoulée, permettez-vous ultimement de faire le total de vos scores pour les sept jours encourus. Ainsi, toujours à titre de démonstration, des notes de (2+), (2+), (3-), (4+) et (3-) pour les jours ouvrables, additionnés à celles du weekend [(3-) et (2+)] cumuleraient de la sorte un total de 1+.

- Maintenant, comment peut-on interpréter le chiffre final obtenu ? Tout d'abord, rappelons que cet exercice n'a aucune prétention scientifique (*et de toute manière, doit-on obligatoirement tout restreindre en tout temps et en tous lieux dans cette seule et unique présomption que la science est l'exclusive dépositaire de ce qui est dit sérieux et crédible ?*), s'en remettant davantage au senti intuitif de chacun.
Ensuite, utilisons une simple règle de bon sens commun : le côté positif sera certes mieux séant que le négatif, et bien entendu plus votre score y sera élevé, plus vous serez dans une effervescence bénéfique et bénévolente, donc dans des énergies émotionnelles et psychiques tonifiantes. Tandis que le cas échéant, plus votre pointage sera bas dans le sens contraire, moins enclin à l'exaltation serez-vous, étant plutôt captif d'un vortex à la fois desservant et grevant.

Les mauvais jours et les mauvaises semaines étant à l'évidence toujours dans le champ du possible, pour vous donner authentiquement un meilleur angle quant à ce que vous entretenez dans la présente optique, efforcez-vous de plutôt répartir sa pratique sur un terme d'environ un mois, de manière à plus justement nuancer l'incidence de ces facteurs. Et ce qu'il importe surtout de dégager, c'est cet indice nous donnant une idée du degré et de la teneur de votre aura émotionnelle au quotidien.

Chapitre quatrième
Comment notre Esprit traite ce que nous percevons littéralement

Dans l'enchaînement de ce que nous commençons à établir de la compréhension de la vie psychique humaine, affairons-nous à présent à désarticuler dans un premier temps, puis à commenter dans un second, le *modus operandi* présidant à la réception consciente et basiquement toute cognitive, des stimuli auxquels nous sommes littéralement exposés au quotidien. Puis dans le temps suivant, nous nous attarderons plus particulièrement au traitement qui leur est réservé dans les sphères supérieures de notre psychisme, tout cela au gré des innombrables interactions humaines, occurrences circonstancielles et sentis émotionnels émaillant notre implication dans cette vie qui est la nôtre.

Dès leurs premiers balbutiements donc, la psychologie tout autant que la psychiatrie ne se sont guère attardés aux détails et aux subtilités régissant l'esprit humain : '*Je pense, donc je suis*' avait philosophiquement conclu Descartes, de même en sera-t-il alors de la compréhension des processus en présence dans notre psyché : en état d'éveil, nous sommes littéralement 'existant', implicitement 'pensant', et conséquemment 'sentient' aux stimuli nous sollicitant en émanence de notre réalité ambiante et environnante. De là découle le cœur de ce que la psychothérapie psychologique applique encore de nos jours en consultation, soit la *prise de conscience*. De la même manière que la psychiatrie semble ne jurer que par la pharmacothérapie pour résoudre tous les maux de l'esprit, la psychologie ne demeure de la sorte aucunement en reste en privilégiant sa propre armature doctrinale en matière d'intervention. Et l'inconscient dans tout cela ? Avant Freud, nous pourrions dire que sa notion se résumait à peu près à caractériser… l'évanouissement et l'endormissement ! En effet, en ces temps-là, ces états traduisaient simplement une évidence de non-conscience, et forcément de non-éveil, et c'est là tout ce qu'il y avait à peu près à en dire. Point à la ligne. Il aura fallu attendre le père de la psychanalyse pour qu'enfin les sciences (...) du comportement et de la santé mentale se sensibilisent à ce qui existe au-delà de l'entendement rationnel et bien-pensant, et à ne point se cantonner dans la croyance voulant que si on ne peut considérer pragmatiquement l'inexpliqué, c'est qu'il ne se trouve justement rien à considérer, donc rien à expliquer, tout devenant alors une question de délire perceptuel individuel.

À la page qui suit figure un schéma de notre crû, représentant l'expérience de la réception d'un stimulus par notre entendement rationnel, ainsi que le cheminement linéaire encouru à 360 degrés, soit du point d'accueil jusqu'au point de retour à la conscience. Nous vous proposons ainsi tout d'abord de le considérer tel quel - *sans prendre tout de suite connaissance de nos propos explicatifs en adjacence*- dans ce que sa spontanéité toute littérale aura à vous communiquer, histoire de simplement voir ce que vous en saisirez intuitivement par vous-même. Vous serez à même de retrouver là les concepts-clés que nous avons déclinés au chapitre premier (*notamment l'inconscient de Freud, le subconscient de Murphy et le supraconscient de Masters*), dans une orchestration autre que celle proposée alors, et qui ne manquera très certainement pas d'approfondir la compréhension que vous pouviez en avoir, ou mêmement de la clarifier davantage.

N'ayez crainte toutefois : s'il peut vous paraître un brin complexe au premier regard, ce ne sera là qu'une impression du moment, puisque les chiffres apparaissant à son bas vont vous renvoyer à des notes plus étoffées sur chacune des étapes de la sorte relatées.

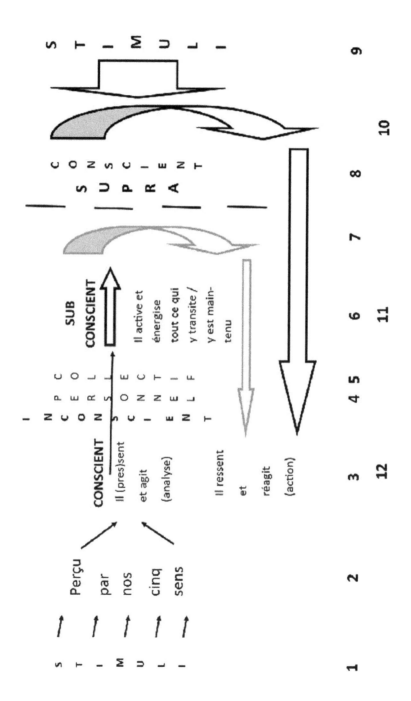

Décortiquons dès lors les étapes en présence, ainsi que les niveaux propres à celles-ci par le biais d'une illustration des plus pragmatiques : à savoir, le voyage d'un simple stimulus commun au travers de notre champ psychique. De gauche à droite donc, en respectant l'ordre numérique :

Au point 1, un stimulus ou plusieurs stimuli (*un son, une parole, une odeur, une image, un toucher..*) pénètre(nt) ainsi dans le champ perceptuel (2) d'une personne donnée. Cela nous arrive tous moult fois à chaque instant, souvent même à notre insu, puisque nous sommes multisensoriellement et extraordinairement sollicités, pour ne pas dire démesurément accaparés, en ce sens à partir du moment où nous nous rendons accessibles, donc en éveil, au vaste monde dans lequel nous évoluons. Et selon la nature intrinsèque de celui/ceux-ci, le ou les sens concerné(s) parmi les cinq que nous admettons communément (*ouïe, odorat, vue, goûter, toucher*) en accusera(ont) subséquemment une juste réception, pour ensuite le(s) reconduire au niveau *conscient* de l'esprit du sujet. Ce dernier niveau va de cette façon pressentir —et *authentiquement 'pressentir'*- la littéralité puis la teneur intrinsèque de ce qui lui est acheminé, et cela parce qu'à ce stade-ci peu ou pas d'information étant authentiquement connu dudit stimulus (*ou des stimuli*), il ne saura donc être question que d'un simple accusé de réception du flux retransmis. En parallèle, le niveau conscient s'essayera à une exploration de surface (3) de cette même occurrence, histoire de valider sur le vif de la perception, si quelque identification compréhensive préliminaire peut lui être spontanément adjointe : voilà complété un premier traitement, disons 'rationnel', de la communication perçue.

Illustrons le tout par l'exemple d'un homme anodinement assis sur un banc, en bordure de la promenade d'un grand centre commercial, perdu dans ses pensées, en ne faisant apparemment que relaxer dans le moment présent. Survient alors à une certaine distance derrière lui, un son de pas (1) lourd et rapide qu'il entend dans le même temps qu'il remarque à une vingtaine de mètres devant lui, un petit enfant commençant à pleurer à chaudes larmes en tergiversant sur la promenade (1), comme s'il était perdu.

Clairement ici, les stimuli sonore (*bruit de pas*) et visuel (*image de l'enfant*) viennent saisir l'entendement perceptuel de notre sujet (2), attirant ce faisant son attention, ce qui constitue à cette phase-ci un accusé de réception de ces états de fait, sans aucune compréhension ou analyse que ce soit (*amorce de la phase 3*).

Mettons cependant pour le moment cette illustration en pause, pour mieux enchaîner avec l'explication du schéma. Par la suite, dans la même concomitance psychique, le flux reçu transitera au travers de l'inconscient personnel de l'individu (4), puis dans la part d'inconscient collectif (5) qui lui est dévolue selon son entendement, de manière à y attirer un écho réminiscent susceptible d'en éclairer le substrat autant que la valeur, quant à son retentissement potentiel dans l'existence du sujet.

Si nous revenons à l'exemple esquissé, le son de la lourde démarche pourrait ici trouver association dans le souvenir (4) de notre homme assis, d'un père par exemple marchant de la sorte lorsque le temps était venu de punir les enfants. L'appariement donc de ce son au souvenir toujours empreint d'une douloureuse émotivité associera par conséquent une charge semblable au stimulus d'origine, charge qui s'en trouvera elle-même attisée, puis décuplée subséquemment, par le traitement hautement énergétique issu du subconscient (6 et 7). À cet effet, le lecteur aura noté sur le schéma que les flèches parallélisant le parcours du stimulus se font justement plus marquées aux points 6 et 7, que ce qui était présent initialement (en 2, 3 et 4). Remarquez bien toutefois que si aucun écho personnel de réminiscence émotionnelle n'est adjoint en cours de processus, le stimulus poursuivra malgré tout sa route dans l'appareil psychique, mais de façon nettement moins galvanisée, donc sans trop provoquer de remous.

À ce stade-ci, tel que graphiquement suggéré, deux scenarii peuvent être envisagés pour la suite des événements, selon que le sujet soit ouvert ou non à une certaine spiritualité :

- Sans arrière-plan spirituel, le flux ne s'aventure pas plus loin dans l'appareil psychique, effectuant plutôt un virage à 180°

pour mieux revenir vers le champ perceptuel conscient où il sera *ressenti*, puis catalyseur d'une réaction;

- Avec une toile de fond empreinte de spiritualité, donc avec la présence d'un niveau supraconscient 'activé', le stimulus prolongera bien entendu son incursion jusque dans cette zone, soumettant de la sorte sa teneur intrinsèque à l'énergie finement inspirée, subtilement remodelante, y prévalant, ce qui remettra radicalement en perspective la perception d'origine dans toute son amplitude émotionnelle, contribuant ainsi à la relativiser, à l'assainir tout autant qu'à en rendre l'acquiescement plus *zen*. Et passé ce stade, le même virage que mentionné ci-haut va s'opérer, mais avec une teneur nettement plus nuancée, remise en perspective, que dans cette dernière tangente.

Ce qui se traduira *ipso facto* pour notre témoin du centre commercial par une alternative de réaction de même aloi : dans le premier cas, ce qui remontera à sa conscience en provenance du subconscient, ce sera une impulsion de terreur appréhensive, alors qu'il projettera sur la situation qu'il observe sa propre crainte d'antan d'être puni, ce qui *—compte tenu de l'âge et de l'impuissance inhérents à l'enfant—* fera dégénérer en panique son émoi du moment, l'amenant possiblement à vouloir s'interposer au milieu de la scène, ou encore à demander de l'aide pour éviter ce qu'il pressent être le pire. Dans le second cas, sous l'effet relativisant, a-zen-nissant et même constructif du supraconscient, le stimulus se fera nettement moins saisissant qu'à sa sortie du subconscient, de telle sorte qu'en regagnant le champ de conscience de notre sujet, ce sera davantage pour lui souffler à l'oreille de lâcher prise sur la situation, de se rappeler que ce n'est pas son vécu qui est rejoué, de faire confiance au cours normal des événements, en conformité avec ce qu'une certaine spiritualité sera susceptible d'inspirer en ce sens.

Dans les deux conjectures néanmoins, il importe de constater que le choc en retour aura généré une prise de position consciente réactionnelle, même si diamétralement opposée, et le tout à fulgurante vitesse, puisque le processus décrit ici s'effectue entre 250 et 300 millisecondes, ou si vous préférez environ un quart de seconde, pour littéralement entendre ce qui est ressenti, et ce, bien que le prix Nobel Daniel Kahneman ajoute que cette même vitesse de perception initiale et de ressenti final peut varier davantage, de par l'intensité des émotions vécues et la capacité du niveau conscient du sujet à faire *in per se* minimalement du sens du matériel retourné, ressenti.

Voilà à notre humble avis qui nous permet d'apprécier d'une façon vulgarisée et succincte les processus psychiques en arrière-plan du fonctionnement de notre esprit, à partir du moment où il est sollicité par les stimuli ambiants, par une réflexion ou une illumination spontanément intrinsèque, jusqu'à l'instant où il esquissera une réaction en conséquence, teintée d'émotions et tempérée, autant que parfois temporisée par la raison. Mais peu importe l'avenue, le développement s'articulera vraisemblablement tel qu'avancé ici.

En guise d'achèvement pour cette partie, profitons du schéma que nous venons d'annoter pour apporter un peaufinement final à une assertion que nous avons laissée en suspens un peu plus tôt, à l'effet que nous n'accusons pas uniquement réception de stimuli à partir de notre portail conscient et de nos cinq sens dits conventionnels ; peut-être l'avez-vous déjà deviné, mais lorsqu'il est fait allusion au sixième sens, dans les faits c'est au niveau du supraconscient que celui-ci prend force, relayant de là, donc du centre intérieur de notre psychisme (9), et toujours selon l'ouverture immanente qui est existante, des stimuli (*voir l'imposante flèche positionnée entre les points 9 et 10, en marquant la source d'émergence*) s'apparentant à des éléments de révélation, d'*insights*, supérieurement inspirés. Et vous aurez compris qu'à cette hauteur, le trajet de ce qui est ainsi communiqué s'effectue en sens inverse de ce qui est communément perçu et acheminé, transcendant -*dans toutes les acceptions du terme*- et court-circuitant même le processus cartésien traditionnel dans cette finalité. Car ce singulier type de stimulus n'est assurément pas du même registre que ce dont nous accusons d'ordinaire réception quotidiennement, n'est-ce pas..

Ceci précisé, permettons-nous maintenant d'augmenter la magnification de notre regard, de façon à dégager un schéma moins perspectuel et plus pragmatique quant au littéral de ce qui entre principalement en jeu au quotidien, toujours dans l'application la plus stricte de ce même processus. Mais auparavant, mettons-nous en situation pour mieux saisir et nuancer ce qui s'en vient : figurez-vous que vous êtes en train de simplement profiter de l'instant actuel sur un banc de parc par un bel après-midi ensoleillé. Subrepticement, deux hommes, un dans la jeune trentaine, l'autre sexagénaire, surviennent à l'horizon, manifestement engagés dans une conversation animée, mais dépourvue de tout antagonisme. Arrivés à quelques mètres de votre hauteur, ils s'immobilisent en continuant d'argumenter sur un ton où la moquerie et la raillerie semblent s'entremêler inégalement. À cet instant, l'aîné sourit d'ambiguë manière en tournant la tête, ce à quoi l'autre répond sans attendre en le frappant énergiquement au visage. Vous êtes aussitôt saisi de stupeur en assistant à la scène, visiblement très surpris de ce geste que rien ne laissait présager. Et votre étonnement ne fait que s'accroître lorsque vous constatez que la victime a encaissé le coup sans chercher à se dérober ou à riposter, se frottant seulement la joue gauche du bout d'une main, et qu'ultimement les deux hommes ricanent même de façon on ne peut plus imprévisible. Mais dans votre esprit, ce qui vient de se dérouler sous vos yeux demeure pourtant sans équivoque ; tellement même que vous en venez à vous interroger sur l'acuité et la validité de vos sens, autant que sur l'apparente anormalité comportementale des protagonistes..

Et tel quel, qu'est-ce que cet exemple vous permet de déduire ?

Que les deux hommes forment un couple sadomasochiste mal assorti ? Qu'il s'agit d'une dispute fils-père, où le premier se permet de corriger physiquement le second, qui lui semble accepter le tout avec une certaine moquerie ? À moins que ce ne soit là une répétition théâtrale en plein air, ou mieux encore un fragment de télé-réalité visant à provoquer, ou à tester l'auditoire. Et nous n'esquissons ici que quelques hypothèses explicatives spontanées ; d'autres pourraient également s'avérer toutes aussi pertinentes à considérer. Néanmoins, au lieu de désarticuler le tout selon le schéma proposé ci-avant ce que nous venons d'exposer, tel qu'annoncé nous allons plutôt porter notre attention sur un segment magnifié, soit selon le schéma ci-après :

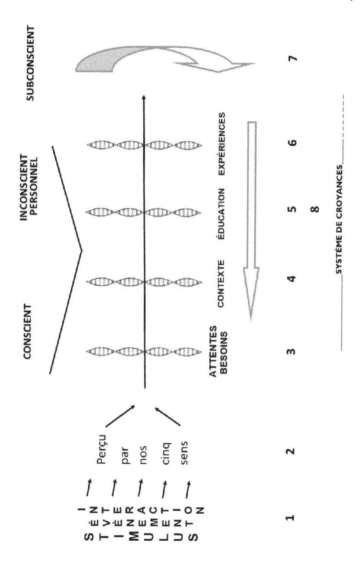

Première constatation : nous allons nous borner ici à l'immédiateté de la perception, en nous attardant de la sorte aux détails de traitement en sous-jacence des niveaux psychiques *inférieurs* ;

Deuxième constatation : chevauchant le conscient et l'inconscient à un degré d'intensité variable selon la viviscence des occurrences et des interactions expérimentées, nous remarquons l'interférence occasionnée par quatre filtres d'influence, colorant vivement au passage tout stimulus les traversant ;

Troisième constatation : les mêmes filtres formeront en fait la trame de base de ce que nous appellerons le **système de croyances** propre à chaque individu, et constitué justement à partir de la tessiture même de ces dits filtres. À savoir ;

- les *attentes et besoins* propres à la personne dans ce qu'elle espère combler et voir être comblé pour aspirer à une certaine satisfaction, et susceptibles d'être inconsciemment projetés sur les gens et/ou les interactions ;

- le *contexte* relatif au setting physique ainsi qu'au 'mood' prévalant durant une situation donnée, à l'intérieur d'une aura particulière, et par trop fréquemment prédisposant à une façon d'interpréter et à une façon de se comporter justement motivées par ces circonstances péculières ;

- l'*éducation* reçue à la maison, aussi bien qu'à la petite école, ou en émanescence directe de l'environnement social dans lequel vit et se développe le sujet au quotidien, qu'elle consiste en interdits, tabous, préceptes moraux, ou même religieux ;

- les *expériences* vécues, ressenties et dégagées lors d'occurrences ou d'une introspection, et desquelles seront apprises certaines leçons de vie, certaines façons de comprendre et de réagir, un vécu donc forgeant en soi l'étoffe même des assises de la personnalité.

Nous développerons de façon plus extensive cette matrice influentielle dans un cadre qui lui siéra encore mieux, dans le cours du chapitre huitième. Qu'il suffise pour l'instant d'admettre ces quatre constituantes, que nous allons par ailleurs illustrer immédiatement ci-après, et de constater que plus elles s'étoffent, plus elles deviennent *pattern* de comportement, louchant vers une pleine actualisation dans le niveau subconscient. Mais poursuivons l'exemple amorcé.

Au premier regard, si l'on fait fi de l'apparente familiarité dont les deux personnages font montre, il semblerait que nous avons été témoin d'une agression physique. C'est en tout cas ce qui s'impose le plus plausiblement et le plus spontanément à notre esprit, selon ce que notre acuité perceptuelle nous a normalement retransmis. Initialement donc, des stimuli sollicitent les sens de notre observateur, sied sur son banc : ceux-ci s'avèrent essentiellement visuel et auditif, et même amplifiés, lorsque les deux passants se positionnent à proximité de ce dernier (*points 1 et 2 sur le schéma*). L'accusé de réception d'usage est ainsi effectué au niveau du conscient, qui en est instinctivement saisi, sauf qu'avant de s'acheminer plus en profondeur dans la psyché, il fait tout d'abord l'objet d'un traitement préliminaire, ayant essentiellement lieu en, et autour de, ce même niveau, et touchant plus singulièrement ce que nous appellerons une série de filtres littéraux, véritable conscience parangonale en titre : ceux déjà déclinés donc des *attentes et besoins*, du *contexte*, de l'*éducation* puis des *expériences*. Et au travers de sa traversée de ceux-ci, il étoffera sa texture d'éléments de valeur glanés dans chacun de ces mêmes filtres (3, 4, 5 et 6), selon les édits de son vécu, de son bagage de vie, pour mieux alimenter l'évaluation intrinsèque dont il fait l'objet, et prédisposer à une réaction conséquente et souvent extrinsèque, ce que le niveau subconscient contribuera à catalyser en activant énergétiquement le tout (7) par la suite, en vue d'un retour (8) au seuil de la conscience afin d'ultimement concrétiser ladite réaction.

Cette vue plus microscopée de ce que nous avons détaillé auparavant dans ce même chapitre ne s'avérera toutefois point redondante, puisqu'elle va plutôt mettre l'emphase, autant que l'exergue, sur ce qui sera plus finement en filigrane des niveaux déjà cités, puis de ces filtres, se réclamant d'eux dans le même temps qu'il en émergera en tant qu'un tout nettement plus retentissant et typiquement caractérisé, que chacun de ceux-ci pris isolément. Mais vous aurez déjà soupçonné que cette topique trouvera sa pleine signifiance au chapitre huitième !

Pour l'instant, histoire de clore la boucle de l'illustration amorcée, en admettant que notre observateur, témoin passif de la scène, évalue ce qu'il vient de percevoir via son premier filtre personnel, soit celui des *attentes et* des *besoins*, fort est à parier que s'il est lui-même par exemple dans l'espérance d'établir un dialogue de réconciliation avec son propre père, et bien cela teintera hors de tout doute sa façon de recevoir la présente scène, et ce d'une manière avantageusement douce et bien prédisposée, puisqu'il se projettera possiblement beaucoup lui-même dans l'interaction qu'il voit. Dans un second temps, en franchissant le filtre suivant qui est celui du *contexte*, il ne peut que se renforcer dans cette même impression étant donné que le cadre physique et naturel du parc quiet commande en soi une tranquillité et une atmosphère ne rendant le tout qu'encore plus propice à un échange justement calme et même authentique, et plus particulièrement puisqu'il s'agit d'un lieu public, à une heure d'affluence. S'en suit un teintement émanant du filtre de l'*éducation* personnelle du sujet, lequel va colorer d'une aura encore plus tamisée l'interaction dont il est le spectateur, attendu qu'ici, ce sera le respect et la manière très courtoise avec laquelle il lui aura été montrée de devoir s'adresser à un aîné, qui ressurgira en lui. Et si en plus, le dernier filtre qui est celui des *expériences* de vie ressasse par exemple son bagage militaire, ainsi que plus spécialement cette haute déférence avec laquelle il convenait alors de considérer ses supérieurs et officiers, nous comprendrons que sa perception de l'interaction initialement relatée ait de la sorte été grandement colorée d'une expectative d'événement dans cette même concomitance feutrée, d'où sa réaction d'incroyable surprise face à la gifle administrée. Et ce, de par tout ce qui a pu préalablement aseptiser le stimulus brut dans son traitement au travers de ces filtres.

Là encore, nous constatons qu'en dépit des innombrables balises collectives de bonne compréhension qui sont posées, du langage commun sous-tendant toute communication, et qui est agréé, tout ceci encadrant notre monde contemporain pour simplement faciliter les échanges inhérents à nos interactions courantes ; hé bien, force est de reconnaître qu'en dépit de ces efforts de conciliation, toute perception et toute interprétation de la réalité ne sauraient cependant jamais aller au-delà de ce que l'expérience subjective propre à chacun permet de configurer.

La vérité est que nos sens, nos perceptions, s'avèrent trop souvent déroutés par ce que ces filtres peuvent exercer en tant que distorsion sensorielle, perceptuelle, puis interprétative : ainsi, quelqu'un dont le filtre des *attentes et des besoins* sera carencé affectivement sera susceptible d'interpréter un regard gentil, un compliment aimable, comme une avance potentielle. De la même façon qu'un individu pourra en plus comprendre une aventure d'une nuit possiblement en tant que début d'une authentique histoire d'amour s'il perçoit le tout via un filtre *contextuel* biaisé et totalement dénaturé. Tout autant qu'une tierce gens s'avérera peut-être tendancieuse à se faire soumise et tolérante à l'extrême envers la personne qui partage sa vie, en raison du filtre de son *éducation* qui l'a prédisposée à concevoir ce qu'elle vit sous un angle d'abnégation et d'assujettissement, allant de soi avec ce type de relation. Et nous ne parlons dans cette optique que d'éléments littéraux de perception !

Au risque de nous répéter, ce que cette magnification particulière vise à mettre en évidence, et qui va s'avérer déterminant pour la suite de notre propos, c'est la présence et le retentissement de ces filtres à la base du processus psychique de traitement des stimuli, et qui constituera une base non négligeable du *système de croyances* personnel, lui-même à l'origine de nos malheurs, comme de notre bonheur, de par le puissant référentiel qu'il imposera dans l'appréciation de tout ce qui sera perçu, expérimenté et jaugé au quotidien.

Mais à nouveau, nous nous appliquerons plus à fond dans ces développements lors du chapitre huitième, entièrement consacré à cette question.

En ce qui nous concerne ici, à l'instar de ce comparatif que nous avons établi au chapitre troisième entre le subconscient et le jardin que vous cultivez, limitons-nous simplement à constater là encore que rien n'est résolument laissé au hasard dans la mécanique de notre esprit et par ricochet de notre existence : le tout est réglé avec une extraordinaire acuité optimale, en une série d'imbriquements exceptionnellement subtils, interagissant incessamment les uns avec les autres, d'une façon littérale autant que viscérale, dans une conjoncture toute aussi mentale que subliminale, nous rendant de la sorte parfaitement autonomes en puissance, dans notre faculté à être et à croître, à nous faire heureux ou à nous rendre malheureux. Voilà pour l'être humain dans son individuation, de même que dans son incarnation.

Si l'équation s'arrêtait ici, nous pourrions alors affirmer que c'est dans notre rapport intimiste, extimiste et sentient avec nous-même, puis avec la Source / Dieu / l'Intelligence infinie, que va se définir notre personnalité et notre rayonnement extrinsèque. Néanmoins, tel n'est pas le cas puisque ce sera plutôt dans la qualité de notre correspondance biunivoque avec les intermédiaires en présence, à savoir notre prochain, la société humaine, la faune et la Nature environnante, que va d'abord se roder, s'éroder ou se corroder l'étoffe dont nous sommes constituée. C'est pourquoi que, sans donner dans une dialectique vertement religieuse, spirituelle ou transcendante, il devient évident que l'architecture même de notre réalité pragmatique exercera une influence fondamentale dans cette finalité, et devra conséquemment faire en elle-même l'objet d'un regard nettement plus pénétrant et éclairé, que la considération qui lui a été consacrée à ce jour.

C'est ce que le chapitre subséquent nous permettra d'ausculter et de biopsier.

Chapitre cinquième
Le Sens de votre Vie
Signes du Quotidien, Prédestination et Aspirations

À la lumière de ce dont nous avons discuté jusqu'ici, plusieurs questions, plusieurs remises en question, peuvent assurément être soulevées. Toutefois, à notre idée, une s'impose prioritairement d'elle-même : est-ce que tout ce qui s'exerce sur nous au quotidien, aussi subtil ou vulgaire cela puisse-t-il s'avérer, est le fruit d'un hasard vacillant et imprécis ? Ou est-ce que ces innombrables stimuli qui nous sollicitent et nous imprègnent sont plutôt des éléments édificateurs faisant partie d'une destinée déjà arrêtée pour, et propre à, chacun d'entre nous ?

Avant d'aborder à proprement parler le vif de ce sujet, permettons-nous en premier lieu de mûrir sentiemment les deux courts récits qui suivent, ce qui n'en étoffera que mieux nos propositions en la matière, tout en vous offrant du même coup un intermède apparemment digressif de notre dialectique.

Il était une fois deux anges : l'un âgé et naturellement plus enclin à la sagesse, et l'autre jeune, et par conséquent nettement plus prompt à réagir. Les deux étaient sur terre sous forme humaine afin d'accomplir différentes tâches pour Dieu. Une nuit, alors qu'un violent orage les avait surpris en rase campagne, ils s'arrêtèrent au luxueux domaine d'une famille aisée, pour leur demander bien simplement l'hospitalité.

Cependant, les habitants des lieux n'étaient guère compatissants, se révélant plutôt excessivement axés sur le matérialisme, le statut social et la réussite. Voyant les étrangers tout détrempés et habillés de haillons, ils refusèrent de leur consentir un lit à l'intérieur bien au chaud, leur permettant tout juste de dormir dans la chambre froide adjacente, au milieu d'immondices et de décombres.

Pendant que le jeune ange grommelait quant à l'inconfort que cette situation occasionnait à son corps physique, son aîné remarqua une brèche particulièrement profonde au bas d'un mur. Après l'avoir minutieusement examinée, il y posa sa main droite, puis ferma les yeux ; la brèche se colmata aussitôt d'elle-même, comme si le mur avait toujours été intact. Intrigué, son cadet lui demanda: 'Pourquoi vous affairez-vous à réparer les murs de gens qui ne sont même pas portés envers vous ?', ce à quoi l'autre répliqua : 'Les choses ne sont pas toujours ce qu'elles paraissent être. Ne te fie pas aux apparences, mon jeune ami'. Et sur ce, ils s'endormirent.

Le lendemain, toujours en mission dans la campagne, les deux anges s'arrêtèrent en fin de journée dans une petite ferme tombant en ruine pour y demander asile. Les gens y habitant étaient très pauvres, mais toutefois très affables. Après avoir partagé le peu de nourriture qu'ils avaient, le couple insista même pour que les anges dorment dans leur propre lit, afin qu'ils aient une bonne nuit de sommeil, se contentant pour eux-mêmes d'un amas de paille près de la chaumière..

Lorsque l'aube se pointa quelques heures plus tard, les deux anges trouvèrent le fermier et sa femme en larmes. Et pour cause: leur unique vache, de laquelle le lait s'avérait leur principale source de survie, gisait morte sur le sol. Pour toute réaction, le plus vieux des anges s'inclina alors en signe de respect, remercia pour la nuit passée, puis prit congé. Derrière lui à ses trousses son benjamin était on ne peut plus furieux. 'Quelque chose ne va pas ?' lui demanda-t-il. 'Oui, quelque chose ne va pas, rétorqua son compagnon non sans ironie. Comment pouvez-vous lever le nez sur la misère de ces pauvres gens, humains et accueillants, dont l'existence dépendait largement de cette bête décédée, tandis que la nuit d'avant, vous gaspilliez vos énergies à refaire la lézarde d'une maison où nous n'étions même pas les bienvenus ! Vraiment, je ne vous comprends pas !'

Sans hausser le ton, toujours très posé, le vieil ange murmura: 'Les choses ne sont pas toujours ce qu'elles paraissent être; ne te fie pas à ce qui te saute aux yeux, car ce ne sont là que les yeux d'un corps physique, des yeux qui perdent de vue l'essentiel..'. 'Mais qu'ai-je donc perdu de vue ici qui soit essentiel ?' demanda l'autre. 'Deux détails d'une grande importance : en premier lieu, la brèche que j'ai réparée dans la chambre froide de l'autre nuit donnait sur un incroyable gisement d'or et de métaux précieux, à proximité de la maison de nos hôtes. *Comme ceux-ci disposaient de leurs avoirs avec tellement d'égoïsme et d'indifférence, j'ai cru bon de soustraire à leur orgueil cette richesse-là, pour qu'elle puisse servir, je l'espère, à un éventuel prospecteur qui la découvrira et en fera sans aucun doute un bien meilleur usage'.*

'Quant à ce pauvre fermier que nous venons de quitter, ce que tu n'as pas vu dans ton sommeil, c'est le fait que la dernière heure de sa femme était arrivée.. L'ange de la mort en était presque à cueillir son âme -ce qui aurait achevé du même souffle son mari-, lorsque je me suis interposé. J'ai négocié avec lui pour qu'il se satisfasse de leur vache si précieuse, et épargne en échange la bonne dame. Au moins, ils seront encore ensemble pour un moment..'

Voilà pour cette première matière à réflexion. Prenez, si vous le désirez, un moment pour la mûrir, puis gardez à l'esprit vos impressions pour un peu plus tard.

Imaginez à présent l'histoire d'un homme commun, ayant mené une existence justement tout ce qu'il y a de plus commune, entremêlée d'erreurs d'adolescence, de manque de jugement de jeune adulte, d'excès de vie de toute sorte, l'ayant même mené en prison pendant plusieurs années. Une expérience des plus éprouvantes d'ailleurs, que le principal concerné lui-même a fortement réprouvée après coup, et souhaiter pouvoir éradiquer de son vécu, tellement ce qu'il y avait traversé l'avait endurci, déshumanisé, dépourvu de toute émotivité, et même rendu enclin à risquer gros, à jouer le tout pour le tout, serait-ce sa vie, sur un simple coup de dé : 'Je ne sais pas ce que j'aurais donné pour racheter cette période-là de ma vie.. J'en étais si honteux, j'étais si consterné de l'homme que j'y étais devenu..'

Des années plus tard, notre homme qui était initialement pilote de ligne, et qui avait contre toute attente pu reprendre son métier après avoir purgé sa peine, se retrouva un jour dans une situation digne d'un scénario de film hollywoodien : alors qu'il survolait les Açores, avec à son bord près de 300 personnes civiles, quelle ne fut pas sa stupeur de constater qu'une importante fuite de carburant venait de forcer l'arrêt d'un, puis des deux moteurs de son appareil, dépourvoyant ainsi outrancièrement les moyens du système de navigation, et grevant fort dramatiquement leur sécurité. À cet instant, au lieu de céder à la panique comme cela aurait été le cas pour la très grande majorité d'entre nous, notre homme se livra à un véritable gambling, effectuant un vol plané entre les nuages avec son avion, effectuant littéralement de la voltige de haut niveau au travers des poches d'air atmosphériques, de manière à atténuer de son mieux la descente vertigineuse qui s'amorçait pour eux. Béni des dieux, touché par la chance, ou ayant bénéficié de réflexes d'une acuité incroyable dans son temps de réaction autant que dans son plan spontané d'action, le fait est que le commandant réussit alors de façon quasi miraculeuse à poser son appareil, et à sauver ce faisant tous les gens dont il avait la responsabilité. Pertes humaines : zéro ! Tout un sujet cinématographique, n'est-ce pas ? Et pourtant..

Pourtant, comme plusieurs d'entre vous l'ont peut-être déjà deviné, ce récit n'est pas une œuvre de fiction, mais bel et bien celui d'une réalité : soit celle du commandant Robert Piché, survenue le 24 août 2001, et dont l'exploit héroïque a fait l'objet d'une médiatisation planétaire, ainsi que d'un livre et un film. Un fait d'arme qui mérite assurément d'être souligné, pour la bravoure certes. Pour l'exceptionnel mérite en présence, assurément. Mais en ce qui nous concerne dans la présente topique, cette anecdote possède également un tout autre filigrane.

Toutefois avant de développer celle-ci plus à fond, revenons à notre premier récit. Que dégagez-vous de sa lecture ? Qu'en comprenez-vous ?

Disons qu'en interpellant son cadet en ces termes *'Ne te fie pas à ce qui te saute aux yeux, car ce ne sont là que les yeux d'un corps physique, des yeux qui perdent de vue l'essentiel'*, le vieil ange suggère déjà un élément important de la leçon à en retirer : à savoir, d'éviter de sauter trop rapidement à une conclusion empreinte de jugement, basée sur l'impression d'un moment, puisqu'en définitive nous ne considérons alors que la surface de ce qui nous est présenté, soit cette même première impression, et justement pas ce qui est implicite. Un vieil aphorisme affirme d'ailleurs qu'il ne se ferme aucune porte, sans qu'une fenêtre ne s'ouvre dans le même temps : aussi, cette vive tendance de notre nature humaine à spontanément expédier les choses via un jugement par trop souvent hâtif, s'avère-t-elle outrancièrement maléficiante pour nous-même, comme pour autrui. Car à hauteur humaine, chaque vue ne peut être que cruellement limitée par le 12% d'entendement conscient, autant que par les paramètres excessivement cartésiens constituant la normalité officieuse d'apprivoisement des choses. Si donc en plus nous précipitons l'appréciation de ce dont nous sommes témoins, il y a conséquemment de très fortes probabilités pour que nous manquions effectivement l'essentiel de ce qui est en présence, et sur tous les plans. Mais cela ne paraît guère troubler notre organon de société puisqu'un autre dicton également fort populaire présentement affirme que *nous n'avons jamais une deuxième chance de produire une bonne première impression*, ce qui ne fait que maintenir cette mièvre perception d'un instant comme étant suffisante pour évaluer et juger, puisque le sujet y aura apparemment tout mis pour faire bon effet, ce qui esquive ainsi la nécessité de connaître celui-ci, ou le relief de ses aptitudes, plus à fond.

La seconde historiette se veut quant à elle, on ne peut plus singulière. Lors d'une entrevue qu'il a donnée par la suite, au fil d'une rétrospective de sa vie visant à mieux le faire connaître auprès du grand public, le commandant Piché avait alors effectué une remarque des plus intéressantes : à savoir que, tel que nous l'avons mentionné un peu plus haut, autant son séjour en prison avait jusqu'à maintenant constitué à ses yeux une tâche grevante et lourde à porter, autant à présent cet épisode honteux de sa vie revêtait une toute autre signification. Comme si ces difficiles années de son existence avaient absolument été obligées d'*être*, pour mieux le préparer à ce qu'il devait avoir à affronter le jour que l'on sait. Comme si la déshumanisation qu'il avait vécue en étant incarcéré, le réflexe de masquer ses émotions, de toujours se montrer en contrôle de ses humeurs, cette tendance même à jouer constamment le tout pour le tout même au prix de sa vie, avaient nécessairement eu à être, et ce afin de préparer Piché en vue de cet épisode du 24 août.

Cet acquiescement à un genre de prédestination planant au-dessus de nos existences, régissant le sens de nos interactions humaines autant que des occurrences du quotidien, ne reçoit bien entendu pas l'aval tacite de tout le monde. En effet, moult gens ne se préoccupent guère de ces questionnements, et à plus forte raison lorsqu'il s'agit de considérations un brin métaphysiques, dans le style *Si la prédestination prédomine véritablement, quelle est donc alors la part de libre-arbitre qui nous serait dévolue ?* Comme de juste, l'interrogation s'avère pertinente : car comment pourrait-on autrement effectuer des choix de vie, se culpabiliser de certains d'entre eux, se féliciter pour d'autres, et ce dans un contexte où tout serait fixé d'avance ?

À notre sens toutefois, ces deux concepts ne sont pourtant pas inconciliables. Imaginons ainsi, de façon métaphorique, une personne qui, au tout début de sa vie, verrait le jour à Montréal, tout en étant, disons, prédestinée à devoir éventuellement terminer celle-ci à Québec. Comment peut-on donc à partir d'une telle prémisse, insérer l'idée d'un libre-arbitre ? Supposons que la finalité de l'existence en présence soit en effet d'ultimement aboutir dans la vieille capitale : cela serait donc fixé, prédestiné. Cet arrêté n'empêche cependant pas la personne concernée d'avoir justement le choix du moyen d'évolution, de locomotion, dans le but de se rendre là-bas : via l'autoroute numéro 20, ou celle numéro 40 par exemple, ou en ayant même recours à de petites routes campagnardes pour ce faire, sans omettre en plus la possibilité d'effectuer le trajet en avion, en hélicoptère ou en bateau. En vérité, nous pourrions avancer que les possibilités en ce sens s'avèrent multiples, et sans porter quelque entrave que ce soit à la finalité ultime du sens de cette existence. De la même façon qu'il a été donné à Robert Piché des choix de vie circonscrits à l'intérieur d'une prédestination clairement arrêtée, et qui l'ont exactement amené à aboutir là où il le devait. Et même si nous ignorons qu'elles étaient les options dont il bénéficiait en marge de ce qu'il a arrêté pour lui-même en cours de vie, chances sont que celles-ci l'auraient mené à la même résultante au final, si ce n'est que par des chemins différents.

Cela nous contraint à envisager que d'un point de vue collectif, communautaire, nous pouvons à l'évidence être 'agis' comme disait Freud, régis par des aspirations de même aloi, animant nos tendances, nos inclinations, nos besoins, selon un schème psychiquement supérieur à notre entendement et prédominant sur celui-ci.

Ainsi, au tout début des années '70, le psychologue humaniste Abraham Maslow proposa de justement circonscrire la finalité sous-jacente, mais non moins pragmatique, du sens de l'existence, en proposant d'en établir justement les besoins, les aspirations, dans le cadre de ce qui est devenu la pyramide de Maslow, c'est-à-dire l'organisation de ces mêmes éléments en une hiérarchie graduée et fondamentale à notre nature. Cursivement esquissé, cela va comme suit :

Réalisation de Soi

Estime

Affection / Appartenance

Sécurité

Besoins physiologiques

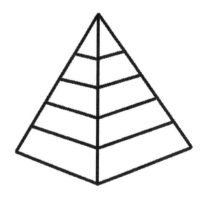

Sans reprendre le fin détail de tout ce qui est entendu ici par l'un des idéateurs de la psychologie transpersonnelle, octroyons-nous tout de même la latitude d'en rappeler les grandes caractéristiques afin de se rafraîchir la mémoire certes, mais surtout dans le but avoué de mieux préparer la voie aux extensions métapsychanalytiques que nous porterons à votre attention après-coup. Il convient également de garder en tête que ces cinq paliers sont essentiellement représentatifs du milieu du vingtième siècle, et conséquemment des besoins fondamentaux que chacun cherchait à combler en concomitance avec les valeurs fondamentales de la société du temps, et de toute autre similairement évoluée. Non pas que nous soyons maintenant à des années lumières de là, mais force est tout de même d'admettre que notre mode de vie a changé, générant par ricochet certains réajustements, tel que nous allons les constater.

À la base donc de cette figure, les *besoins physiologiques*, tel que cette appellation le laisse littéralement présager, font allusion à tout ce qui se révèle basiquement élémentaire de satisfaire afin de pouvoir simplement *être* dans une réalité humaine : à savoir la sustentation physique (*manger et boire*) et le bon fonctionnement physiologique (*pouvoir simplement respirer, s'expurger, exprimer une certaine sexualité, dormir..*). Va ensuite suivre le *besoin de sécurité*, soit de bénéficier d'un environnement un tant soit peu stable et sécurisant, d'un toit au-dessus de sa tête, d'un espace pour se reposer, de chaleur ou de fraîcheur selon le contexte.

Voici deux paliers qui répondent à, et encadrent minimalement, nos nécessités physiques. Faisant figure transitionelle, le plan médian ajoute un encadrement supplémentaire, mais plus psychologique et affectif celui-là, suggérant le rattachement à un clan, à une famille, autant que l'attachement plus exclusif envers une personne aimée, comblant de la sorte nos besoins intrinsèques d'appartenance puis d'amour. Vient subséquemment la satisfaction de l'estime personnelle, c'est-à-dire la juste considération de sa personne, de la foi en ses moyens, autant en émanescence de soi, que des gens de son environnement. Enfin, au sommet de cette pyramide, le besoin de se réaliser, de s'accomplir, que cela soit via un dépassement personnel, ou un quelconque héritage que nous léguons à la postérité, de par nos actions et nos gestes.

Précisons qu'Abraham Maslow n'a jamais entendu par cette hiérarchie, que chacun des besoins en présence se devait d'être parfaitement comblé : si une des nécessités déjà contentée en venait par exemple à redevenir carencée tandis que vous êtes à travailler l'actualisation d'un niveau supérieur, selon la gravité de ladite carence, vous seriez alors ramené à combler celle-ci prioritairement. De la même manière que personne n'atteint un score de satisfaction parfait pour chacun d'entre eux. Et si l'on s'en remet à des données informelles grappillées au fil d'échanges entre des professionnels dans le domaine, les choses iraient approximativement comme suit pour le citoyen moyen du début du 21ème siècle : dans ses besoins physiologiques, il se considère satisfait à 75%. Quant à bénéficier d'une certaine sécurité, il se dit comblé à 60% ; dans ses besoins d'affection et d'amour à 55%, en ce qui a trait à son estime, à 40%, et finalement à peine à 10 % dans son senti d'humain accompli. Et bien entendu, au-delà de la perception et des valeurs propres à l'individu, le contexte de société et d'époque ne sera évidemment pas à mésestimer quant à l'assouvissement aisé ou non de ces éléments : en effet certaines époques plus pastorales, axées sur des modes de vie simples et sans paraître factice, ne pouvaient conséquemment qu'induire une idéation de bonheur du même acabit, perçue comme étant davantage à la portée de toutes bonnes gens, ce qui n'est pas vraiment le cas au 21ème siècle.

Qui plus est, Maslow insistait sur le fait qu'une insatisfaction répétée et particulièrement ressentie d'un ou de plusieurs besoins pouvait mener au développement d'un trouble du comportement ou d'un problème émotionnel plus sérieux. Car en adéquation avec l'étoffe dont chacun est constituée, la façon de composer avec l'insécurité ou l'esseulement s'avérera bien sûr grandement variable d'une personne à l'autre. Voilà pour le rappel de cette pyramide bien connue.

Sur ces derniers points, il en ira sensiblement de même pour chacune des deux pyramides métapsychanalytiques que nous allons à présent vous proposer, si ce n'est qu'elles s'inscrivent bien sûr dans un registre un brin plus éthéré que ce que nous venons de voir. Car tel que nous l'avons laissé entendre dans la première partie de ce chapitre, rien n'est jamais le fruit de l'aléatoire dans cette existence-ci, et les aspirations supérieures que vous allez découvrir dans ce qui suit constitueront assurément les balises encadrant le véritable travail de cheminement qu'il nous faut considérer par-delà ce qui est dit être les besoins fondamentaux, c'est-à-dire dans une réalité admissive du subliminal et de la transcendance filigranesque de toute chose.

À présent, nous vous invitons à tout d'abord considérer la représentation d'ensemble de la première pyramide de ces aspirations supérieures de notre nature :

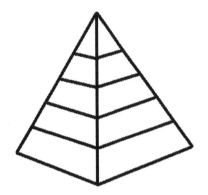

Amour inconditionnel

Humilité

Don de Soi

Foi

Acceptation

Au premier niveau, l'*acceptation* se veut une invitation à justement accueillir ce qui nous arrive, de même que les gens qui se présentent à nous, d'une manière qui se veut ouverte et malléable. Un peu comme agit un caméléon ; soit en faisant spontanément et intrinsèquement sienne la couleur de son environnement, pour mieux s'y fondre et s'y amalgamer, au lieu de s'en faire âprement détonnant. Ou encore à l'instar d'un judoka utilisant l'énergie d'un assaillant en sa propre faveur, en répartie même contre ce dernier ; face à quelqu'un qui le pousse, il convient de tirer en même temps cette personne vers soi pour mieux profiter de sa force, et la surprendre en ne lui résistant point. Au même titre que devant un autre type qui s'évertuerait plutôt à vous tirer, il serait alors plutôt de mise de le pousser aussi dans le même sens, à nouveau de manière à tourner son attaque à plus force raison contre lui. Bien sûr, de façon moins métaphorique, cela ne signifie pas pour autant de sauter de joie à l'annonce, par exemple, d'une mauvaise nouvelle, mais de davantage la faire sienne en tant qu'élément de continuité de vie avec lequel nous nous devons de transiger, pour mieux nous édifier. Accuser réception donc, dans un état d'esprit souple.

À l'échelon suivant, l'élément *foi* ajoute à ce que nous venons de détailler une espérance en des perspectives subséquentes qui soient heureuses et positives, ou à tout le moins constructives. Qu'elle soit en effet canalisée envers une divinité particulière, la destinée, la Vie ou simplement en une loi de la moyenne faisant que tout ne saurait être constamment consternant, cette foi élargira ainsi l'acceptation initiale en projetant au-devant de celle-ci une expectative claire de potentialité édifiante.

C'est maintenant que la tangente va devenir un peu plus teintée de spiritualité ou si vous préférez, d'humanisme fortement empreint d'altruisme, tandis que l'aspiration au *don de soi* se fera conséquente. Conséquente et à prendre au pied de la lettre, puisqu'il sera question de sortir de soi-même, de sa zone de confort personnelle, dans le but d'aller vers autrui, préférablement des gens qui nous sont étrangers et dans le besoin, en pratiquant une activité de bénévolat, ou encore en se portant tout simplement spontanément volontaire pour aider, dès qu'une situation en ce sens se présente. Le grand mérite de cette aspiration réside dans la marginalisation momentanée de son orgueil et de son Ego pour vivre davantage en fonction de la réalité d'autres personnes, derrière lesquelles nous nous effaçons pour leur céder la première place et acquiescer à ce qui leur fait défaut. Nous conviendrons que ce niveau pourrait, dans une certaine mesure, s'apparenter à celui de l'actualisation, au sommet de la pyramide de Maslow, à la seule nuance que le présent accomplissement permet un senti beaucoup plus axé sur un embrassement humanitaire désintéressé de tout calcul personnel, alors que le précédent pouvait certes inclure la prémisse de celui-ci, mais adjoint d'un calcul plus égocentriquement positionné de réalisation.

De là découle tout naturellement l'aspiration à l'*humilité* qui s'en suit, et à plus fort motif en conséquence directe des trois premiers paliers : en effet, l'*acceptation*, la *foi* et le *don de soi* ne constituent-ils pas en eux-mêmes les pierres angulaires du présent niveau ? L'acceptation oblige à prendre sur soi, à ravaler son amour-propre pour mieux agréer au cours des événements, ce que la foi concourt à compléter ensuite par l'ajout d'une espérance de finalité heureuse pour ce même cours, que le don de soi aspire à concrètement favoriser en payant à quelque sorte au suivant pour le développement espéré. Dans un tel contexte, l'humilité revient à dire que l'on a cultivé au travers de ce processus l'attitude d'abnégation qu'il convenait, en en ayant prisé l'état d'esprit, posé les gestes conséquents, au terme de quoi la modestie devient la sagesse par laquelle nous demeurons dans la respectueuse expectative du dénouement ultime de ce qui est manifestement du ressort de l'ordre naturel, et supérieur, des choses.

Et implicitement, étape par étape, le présent cursus culmine en un *amour inconditionnel* pour tout ce qui est, pour tout ce qui vit, sans aucun relent cartésien de jugement ou de mérite, de bémolisation ou de nuance. Qu'il suffise d'accepter unilatéralement les gens, les animaux, la Nature, en étant considérant d'eux, en faisant preuve de bonté à leur égard ou en appréciant la justesse de leur présence pour mieux en faire preuve et mieux s'en édifier. L'altruisme, le végétarisme, le véganisme, l'animaltruisme plus entièrement assumés et plus tangiblement exprimés au sein de notre *modus vivendi* en constitueront des signes supérieurs d'évolution.

Voilà qui, à notre sens, synthétise assez justement la dimension proprement métapsychanalytique des aspirations humaines supérieures, en arrière-plan de la pyramide d'Abraham Maslow, les deux dotant l'existence humaine d'un sens à *être*, d'aspirations recelant une certaine prédestination, d'une destinée discernable au travers des lignes de force de celles-ci. Et en soi, nous pouvons très certainement affirmer que ce que nous proposons dans la continuité de celle-ci, se révèle justement dans le parallèle finement transcendant qu'il est permis d'esquisser, ce que les gens qui sont férus de spiritualité corroborent volontiers en admettant que la présente hiérarchie des aspirations se veut très certainement représentative d'un cheminement modèle dans le genre. Un cheminement équilibré et même réussi.

En revanche néanmoins, toute spiritualité n'est pas pour autant à faire aveuglément sienne en lui concédant machinalement, comme on dit populairement, le bon Dieu sans confession, et ce même si elle semble proposer l'idée de vous amener plus loin dans votre existence, de même que dans l'élévation de votre esprit. À titre d'illustration concrète, considérez la pyramide suivante, dite des aspirations métapsychanalytiques ascétiques :

Amour de l'Un

Soumission

Don de sa Vie

Lâcher prise

Reconnaissance

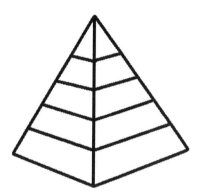

Il se trouve à ce niveau des extrêmes d'une singularité qui seront à adresser avec prudence et discernement, à nouveau en dépit de leur façade apparemment louable. Des extrêmes même pourvus d'un indéniable filigrane psychopathologique. Mais avant de développer davantage notre pensée dans cette optique, attardons-nous plutôt à cette nouvelle mouture des aspirations.

Au départ, la fondation de cette autre hiérarchie repose sur la *reconnaissance* à témoigner face à toute occurrence événementielle, à toute interaction humaine, survenant dans notre quotidien. Il ne s'agira donc plus de simplement accepter ce qui arrive, tel que suggéré précédemment, mais bien ici d'exprimer spontanément et entièrement sa pleine appréciation pour cela, nonobstant que son retentissement s'avère éprouvant, malsain ou carrément consternant à notre perception. À ce stade-ci, le sujet poursuit l'idée d'inconditionnalité du sommet de la dernière pyramide, en se montrant justement acceptant ET en même temps reconnaissant de vivre tout ce qui se présente à son entendement. Comme si la finalité de chaque *happening* nous arrivant ne pouvait que se révéler édifiante, donc en toute chose et sous toute perspective digne d'être unilatéralement vécue, et ce nonobstant ce que l'entendement aura pu en déduire. Cette façon de concevoir la Vie exige certes énormément d'ouverture d'esprit et de concertation de volonté pour ainsi se prémunir de tout senti potentiellement négatif, aussi minime puisse-t-il être. Oui, ceci est humainement assumable, mais certainement pas du ressort commun et courant de la multitude humaine.

Il en va de même du *lâcher-prise* du niveau subséquent, invitant à laisser aller le cours naturel des choses une fois que nous avons accusé réception d'une occurrence, puis exprimer de la reconnaissance pour sa survenance. Ceci s'avère dans les faits nettement plus laborieux qu'il n'y paraît, puisque l'orgueil humain étant ce qu'il est, la tentation est d'emblée fort grande d'intervenir sur le déroulement des événements, afin d'en infléchir l'issue ultime dans une visée personnellement favorable. Le désintéressement calculateur et le détachement émotionnel sont ainsi fortement mis à l'épreuve à l'intérieur de cette manière de voir et de concevoir. Mais notons malgré tout qu'à ce stade, en dépit de l'effort requis, il est quand même à nouveau humainement possible de satisfaire à ce dessein.

Là toutefois où le coefficient de difficulté grimpe en flèche, c'est au niveau suivant, alors qu'il est question de rien de moins que du *don de sa vie*. Le don de VOTRE vie. Dans cette optique, rappelons-nous que dans l'évangile de Mathieu, le Christ enseignait à ses ouailles qu'il n'y avait pas de plus grand amour que de donner sa vie pour ses amis : cette considération, que le principal concerné a lui-même étayé de sa propre immolation, devient de la sorte pour le croyant éclairé une exhortation à élever le *don de soi* suggéré dans la hiérarchie précédente à un niveau ultime, sans reconsidération aucune, duquel on ne revient pas, et à travers lequel le sacrifié atteint une sorte de transfiguration, selon que la cause est jugée méritoire et bénéficiable de ce geste. Réitérons que seules des gens pourvus d'une ferveur incroyablement véhémente, à la limite d'une abnégation fanatique, sont en mesure d'envisager pareille action et d'y consentir sciemment. D'aucuns jugeront extrême et inhumaine même cette prérogative, sauf qu'il convient de garder à l'esprit le volet fortement *éthéré* des aspirations ascétiques de la présente pyramide.

Et coiffant le sommet de cette dernière, englobant psychiquement le relief de tout ce qui y est proposé, l'*amour de l'un* met de l'avant tel un commandement absolu, une incitation sans équivoque à se vouer tout entier à, à embrasser en un inconditionnel existentiel, ce qui s'avère selon ses croyances le suprême référentiel de l'existence, qu'il s'agisse de Bouddha, l'Intelligence infinie, Jéhovah, la Source, Yahvé, en vivant en tout temps et en toute chose en adéquation avec cet idéal paroxystique, quitte à abandonner et même à mépriser toute autre considération que ce soit, et particulièrement ce qui est bassement terre-à-terre. Citons à cet effet cette autre exhortation du judéo-christianisme dans cette concomitance, tel que Jésus de Nazareth le clamait, pour bien saisir ce qui est ici en sous-jacence :

> *Il dit à un autre: Suis-moi. Et il répondit: Seigneur, permets-moi d'aller d'abord ensevelir mon père. Mais Jésus lui dit: Laisse les morts ensevelir leurs morts; et toi, va annoncer le royaume de Dieu. Un autre dit: Je te suivrai, Seigneur, mais permets-moi d'aller d'abord prendre congé de ceux de ma maison. Jésus lui répondit: Quiconque met la main à la charrue, et regarde en arrière, n'est pas propre au royaume de Dieu (Luc 9:59-62)*

Rien n'est ainsi plus primordial dans l'esprit du tenant que cet assujettissement sans réserve, cette dévotion totale, qui n'admet aucun compromis, aucune demi-mesure, qui s'impose alors en tant que raison d'être unique, exaltante et unilatérale du sujet. Personne, ni parent, ni ami, ni amoureux, pas plus qu'aucune responsabilité ou obligation, ne saurait de la sorte être simplement considéré, même en tant que mièvre aparté de cette exigence. À ce stade, aucun Ego ne saurait avoir quelque réalité, de quelque nature : l'individu s'oublie complètement dans son propre continuum existentiel, n' 'étant' strictement que pour servir et rendre hommage, se rabaisser pour mieux rehausser l'Un.

De façon plus générale, à partir des besoins et aspirations esquissés ici, nous constatons que notre nature viscérale se veut beaucoup plus en butte à ce qui se profile dans le filigrane de ce qui nous appelle subtilement, que ce que notre entendement courant nous permet d'entrevoir. Nous reconnaissons certes une certaine validité *consciente* à chacun des niveaux de ces pyramides, mais ne sommes pas habilités à en déterminer l'exacte teneur, ni la profondeur, pas plus que le degré d'intensité nous concernant. Disons que ceux-ci s'avèrent être des *guidelines* généraux, mais à nouveau pas moins caractéristiques de ce à quoi nous sommes déjà prédestinés potentiellement : seul le détail et la définition de chacun restera à individuer plus personnellement en fonction de ce que nous sommes en puissance, et qui ne demeurera pas moins en ombrage incessant de notre façon de nous commettre dans notre vie, tout autant que dans la Vie.

Chapitre sixième
Organisation de l'Existence
Tripartialité existentielle et Mode relationnel pathologique

Malgré ce que la société s'évertue à nous vendre, en dépit de ce que le système de santé admet formellement et s'acharne maladivement *–beau paradoxe en vérité !-* à vouloir nous faire accepter coûte que coûte, l'être humain n'est PAS qu'un vague esprit irrémédiablement symbiosé avec le cerveau matériel qu'il investit, et ce dans les limites restrictives d'un corps physique que l'on nous présente constamment en tant que finalité ultime et absolue de notre existence sur terre. Méprisant dès lors toute vue de choses qui ne serait pas enracinée dans ce que l'homme a arrêté être scientifique, donc socialement correct, et ce de par son jugement sûr, éclairé et humanitaire (!), notre perspective de la santé et de la réalité d'être s'avère par conséquent lourdement contingentée en une compréhension des plus primitives, voire même insultante pour l'essence grandiose dont nous nous avérons constitués. Et tout cela au nom de quoi ? Plus que probablement d'un édit béatement né d'un souci justement digne d'un motif de sécurité nationale, s'évertuant à vouloir conserver les choses simples, voire même stupides (*selon la formule KISS populairement propagée, 'Keep It Simple and Stupid'*), pour la soi-disant bonne compréhension de monsieur et de madame tout-le-monde ! Ou est-ce davantage dans le but de mieux maintenir ces mêmes gens dans un asservissement *zombiesque* envers, par exemple, la pharmacothérapie, ou plus simplement les préoccupations platement terre-à-terre du boulot-métro-dodo, dans la très philanthropique finalité de capitaliser sur cette industrie de milliards de dollars dévouée officiellement (…) à notre seul et unique bien-être, tout en alimentant la plèbe dans un système de croyances creux, controuvé et contrôlé ?

Pourtant, dès le début du vingtième siècle, un éminent prix Nobel de médecine, le docteur Alexis Carrel avançait dans son monumental ouvrage L'Homme cet inconnu, que l'être humain n'est JAMAIS exclusivement restreint au corps physique qu'il occupe, qu'il en déborde au contraire largement, ce qui suggère que l'essence nous animant ne se borne en aucun temps à être exclusivement contenue et traitée par le truchement du corps physique qu'elle habite, dans une tangente de société bien-pensante toujours primordialement médicale. Pas plus qu'on ne doit lui consentir un statut d'esprit au-delà de la réalité matérielle du cerveau pour mieux ainsi l'engourdir à grand coup de psychotropes. Et outre le corps et l'esprit, quelle place octroyons-nous de même à l'âme, à l'intérieur de l'équation existentielle qui est la nôtre ? Car s'il se révèle relativement simple (…) pour le commun des mortels de départager le corps de l'esprit, qu'en est-il cependant de l'esprit et de l'âme ? Sont-ils simplement des synonymes l'un de l'autre, ou est-ce qu'il s'y trouve plus ? Voilà qui ne fait que rendre encore plus complexe notre compréhension des constituantes dont nous sommes prétendument faits, ainsi que de leur fonctionnement intrinsèque puisque, par ricochet, cela revient à dire qu'il vaut ainsi mieux laisser le grand public dans l'ignorance de cette connaissance, afin d'éviter de sa part toute émancipation, toute autonomie menaçante pour la haute caste dirigeante..

Essayons donc à présent, selon ce qui est plus hermétiquement admis en ce sens, de voir un brin plus clairement au travers de ce qui paraît être une inextricable mais fondamentale aspiration humaine.

Si nous partons de notre croyance traditionnelle faisant de l'être humain une entité psycho-physique, c'est-à-dire existant limitativement en tant qu'**esprit** dans un **corps** charnel, donc rompue à deux plans d'existence ; afin de plus justement entrevoir l'extraordinaire profondeur de ce que nous sommes, force est de proposer la présente *tripartialité*, complétant hérétiquement cette dernière dualité par une tierce dimension, pas moins importante, pas moins *essencielle*, à savoir celle incommensurable de l'**âme**. Transcendant autant le temps que l'espace, ne pouvant cohabiter également sur Terre de par sa nature hautement éthérée et immensément supérieure, elle se veut l'authentique base de ce que nous sommes, le point d'où origine l'esprit, en conformité avec la croyance répandue en le *karma* et le *saṃsāra*, croyance que la très grande majorité des traditions spirituelles acceptent, à l'exception notoire, autant que notable, du judéo-christianisme. L'âme serait corollairement positionnée à une hauteur psychique vibrationnellement incommensurable, sur un plan insondable de la réalité, et n'aurait d'existence sur Terre que par l'intermédiaire de l'esprit qu'elle a extensionné dans le but de s'y parfaire via le vécu émotionnel caractérisant le *modus vivendi* de notre condition, de manière à ainsi se purger, et réacquérir sa pureté, autant que son irradiance originelle.

Dans cette perspective, introduisons à ce moment-ci le schéma suivant :

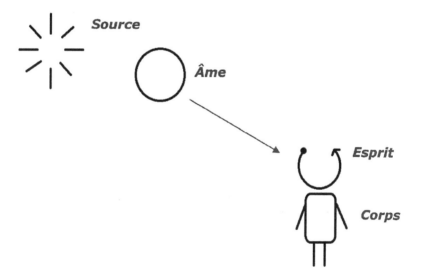

En adéquation donc avec ce qui est communément admis par l'ensemble des grandes traditions spirituelles, le fil de compréhension se concevrait comme suit : suprêmement positionnée au confluent des plans *atmique* et *bouddhique*, est ce que l'on appelle communément la *Source*, la Présence Divine Universelle, ou selon vos allégeances, le point d'origine cosmique de toute chose. Parfois confondu à tort avec la *Gouve*, c'est-à-dire ce bassin concomitant d'où seraient justement issues les *âmes*

originelles, desquelles découleraient les incarnations que nous sommes aujourd'hui, ce continuum d'une magnitude indéfinissable trônerait suprêmement sur un espace où ces mêmes âmes auraient toute leur réalité. À l'origine, il est prétendu que l'irradiance et la quintessence les plus totales caractérisaient ces dernières, jusqu'à ce qu'une sentience de conscience plus marquée ne fasse son apparition, louchant vers une affirmation autonome, revendicatrice, les pervertissant et les dénaturant, au point de les contraindre après ce flétrissement désorientant à devoir œuvrer à la reconquête de leur pureté perdue, au travers du cycle de la naissance et des renaissances, pour ainsi vivre une catharsis expurgative indispensable à leur évolution, à leur retour vers la lumière. Et tel que nous l'avons mentionné ci-haut, en raison de leur nature grandiose et devenant de plus en plus évoluée au gré du temps, et constituant la fibre subtile dont est tissée l'étoffe de tout ce dont nous sommes investis sur un plan éthéré d'évolution, les âmes ne sauraient ainsi exister à notre niveau, sur notre plan primitivement terrestre, où l'empreinte de la violence et du manque consternant d'évolution s'avère puissamment flétrissante. De là l'obligation d'extensionner un esprit d'une certaine autonomie à partir de l'âme, pour animer un corps physique, et conséquemment donner naissance à une incarnation assumant alors la responsabilité du cheminement à poursuivre. Et comme une vie à l'intérieur d'une réalité aussi rustrement humaine se veut brève et souvent redondante, la nécessité de revenir et de se réincarner afin de poursuivre la démarche s'impose d'elle-même. C'est ainsi que, sous l'identité propre à l'incarnation en présence, l'âme va se projeter dans l'esprit assumant une vie complète sur Terre, avec tout ce que cela comporte, traversant à chaque reprise maints événements, entrant en relation avec moult gens, et surtout expérimentant une quantité non négligeable d'émotions qui, tel que nous l'avons déjà vu, constitue le nerf moteur du protocole cathartique à observer. Et une fois le cycle de cette vie accompli et dûment complété, lorsque la mort physique se manifeste, à cet instant l'esprit propre à cette incarnation est rapatrié à son âme, dans le but d'effectuer le bilan existentiel qui s'impose, nourrissant de cette manière celle-ci de la richesse de son expérience et du grandissement récolté de la profonde sentience de ses émotions, ce qui contribuera une science de sagesse non négligeable à l'évolution de l'âme susmentionnée. Puis, selon les leçons qui auront été dégagées et justement, ou moins justement, sublimées, la nécessité d'extensionner un nouvel esprit pour animer une autre incarnation visant à poursuivre toujours plus loin l'évolution de l'âme, sera alors considérée.

Qu'il soit d'ailleurs entendu que nous ne nous aventurons pas plus loin pour l'instant dans cette avenue explicative un brin nichée. Disons que nous nous bornons simplement à peindre ici les contours et les clairs-obscurs nécessaires au relief de la topique du présent chapitre, toujours selon ce qui est très largement admis dans cette optique.

Car cette fine façon de voir et d'expliquer la nature filigranesque de ce que nous sommes, peut en elle seule prêter déjà à argumentation et même à controverse, selon la nature intime de vos croyances et de votre confessionnalité. En contrepartie, et au risque de nous répéter, devant la tendance marquée des grandes spiritualités à convenir à l'unisson de cet état de choses, nous ne pouvons à tout le moins que considérer le tout favorablement puisqu'en plus, cette argumentation étaye pertinemment le fruit de nos propres travaux et recherche sur le sujet. Que cette ouverture d'esprit nous soit ainsi consentie, ne serait-ce que pour nous permettre de continuer l'exposition et l'édification de notre armature doctrinale.

Élargissons à présent ces mêmes prolégomènes, de manière à y inclure et à en illustrer le mode interactionnel caractérisant l'être humain à l'intérieur de la dynamique relationnelle qui est contextuellement et métapsychanalytiquement en présence dans son existence. Et pour ce faire, précisons au préalable les éléments constitutifs des deux modèles sur lesquels nous allons nous pencher.

Nous avons déjà entrevu les trois premiers ; les subséquents seront détaillés en cours de développement :

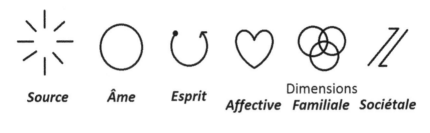

Source	Âme	Esprit		Dimensions	
			Affective	*Familiale*	*Sociétale*

Émotions

Tel que nous l'avons mis en exergue lors du chapitre troisième, la principale raison d'être de notre incarnation dans la réalité que nous connaissons, est de cheminer au travers d'expériences nous permettant de générer, de vivre et de croître au travers des **émotions**. Pour les besoins des modèles subséquents, celles-ci seront symbolisées par l'image d'un *éclair*, de par l'énergie effervescente et omniprésente qui les accompagnent. Il ne sera ainsi point étonnant de les retrouver au cœur de toutes nos interactions, notamment au confluent des topiques avec lesquelles nous sommes les plus foncièrement appelés à composer : à savoir, celles dites **affective**, **familiale** et **sociétale**. Et en concomitance, nous représenterons ces dernières par les icônes d'un *cœur*, de *trois cercles se recoupant*, et de *deux flèches parallèles* complémentaires.

Ces paramètres étant arrêtés, esquissons donc le schéma du ***mode relationnel fonctionnel*** allant de pair avec les avancées proposées, et mettant bien sûr en interrelation ces mêmes éléments :

La première constatation qui se présente à nous, c'est la parfaite intégration des trois instances du sommet : en effet, l'*esprit* s'y présente parfaitement aligné avec son *âme*, tout comme celle-ci l'est avec la *Source*, ce qui suggère immédiatement que l'individu ainsi typé est animé d'une spiritualité certes sentie, mais aussi dans une juste rectitude, ouverte à percevoir et à recevoir un sens plus subliminal au littéral de son quotidien, donc disposé à porter attention à son intuition ou à une guidance plus fine, pour mieux saisir les subtilités de sa routine d'existence. Voilà qui déjà procure à l'entendement communément cartésien qui est le nôtre une plus solide perspective sensitive et compréhensive.

Au niveau médian, nous retrouvons bien entendu les interactions nécessairement empreintes d'émotion, que l'esprit va ensuite nouer avec chacune des dimensions que nous avons mentionnées précédemment, et figurant juste en dessous. Nous dirons de cette représentation qu'elle dépeint des modes relationnels fonctionnels et sains, parce que chaque instance est ici fortifiée de sa syntonie à l'unisson avec les autres (*l'esprit avec son âme, l'âme avec la Source*), ce qui ne peut que contribuer un senti plus juste et plus inspiré au sujet dans sa façon de s'accorder avec les émotions centrales qui surgiront lors de ses interactions. On remarquera du même coup que cedit sujet est ici bien équilibré, en égale relation qu'il est avec chaque constituante de son monde, sans jamais être exclusivement centré sur l'unique réalité de sa personne. Voilà pourquoi le cheminement en sous-jacence ne pourra que s'avérer épanouissant, ou du moins prometteur dans cette avenue, puisque même si des expériences hautement négatives en venaient à l'éprouver, ou encore à se répéter à l'excès, la présente façon d'être ainsi centré, appuyé et stable sur ses assises se révélerait précieusement supportante, inspirante même, dans sa manière de composer avec la teneur des événements, et de mieux réagir à celle-ci. Voilà pourquoi nous dirons de ce modèle qu'il représente possiblement la meilleure intégration possible de la réalité humaine et sociale, dans tout ce qu'elle peut être.

Maintenant, qu'est-ce qui peut amener une dynamique au départ fonctionnelle et bien orientée, à plutôt se flétrir en une autre, dysfonctionnelle et pathogène ? Pour quelle raison une tangente d'origine saine se dénature-t-elle au point de virer à 180° ? Le premier élément de réponse réside très certainement dans la *prise de conscience* de l'individu de pouvoir se faire autonome à part entière, de se doter d'une indépendance de penser, de vouloir et d'être, d'une volonté de puissance, se traduisant subséquemment par une remise en question sévère, autant qu'un désengagement radical, des valeurs et des traditions usuelles, faisant ainsi *tabula rasa* pour mieux imposer son libre-arbitre, sa capacité à choisir pour lui-même, à établir ses propres choix de vie, selon ce que sa conscience d'être entier lui dicte, d'où l'exaltation de l'Ego. Un deuxième élément de compréhension, un brin plus candide celui-là, peut découler d'une simple envie d'expérimenter quelque chose de différent, de s'essayer à tester la dynamique interactionnelle classique dans une réorganisation tout bonnement autre.

Examinons donc la version dénaturée de notre schéma :

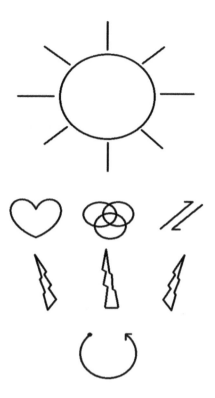

Premier constat : l'esprit individuel en présence, aspire de toute évidence à se faire péremptoirement individué, s'étant ici volontairement affranchi du joug d'inspiration de son âme et de la Source, et de son juste alignement avec celles-ci, s'érigeant dorénavant comme le seul centre de son univers, s'essayant à faire fi de toute inspiration extérieure, qu'elle soit saine ou non, qu'il perçoit plutôt en tant qu'un contrôle subtil de sa liberté de penser, un contingentement manipulateur de sa liberté d'être, cherchant de la sorte à atteindre une omniscience, tout autant qu'une omnipotence dans l'assumance de la réalité qui est sienne. Et ceci deviendra galvanisé au tournant des années '70 par le courant de psychologie populaire prônant haut et fort la nécessité pour chaque être humain de s'affirmer, et de prendre de plein droit la place qu'il veut au sein de la société, pas seulement la sienne de juste droit, mais celle qu'il estime digne de sa personne, nonobstant que cela implique de piétiner son prochain au passage, ou pire encore, de l'évacuer abruptement de l'espace convoité. Voilà qui explique bien, à notre humble point de vue, le triste état actuel de notre monde soi-disant civilisé ; prédominance outrancière, voire même extrême, du culte de l'Ego, et de tous ses produits dérivés (*culte de l'image, culte de la réussite, culte de l'avoir*..). Est-ce donc si surprenant que nos sociétés se révèlent si déshumanisées, si axées sur les performances et la rentabilité de toute chose, si enclines à vitement engourdir les émois de l'être par maintes prescription de psychotropes ?

Mais nous digressons ; revenons plutôt à notre schéma.

Deuxième constat : en se coupant volontairement de toute forme de transcendance ou de spiritualité, le sujet se limite cruellement à ce que son seul entendement conscient peut lui prodiguer en tant que perspective de perception et d'interprétation des occurrences et des interactions qu'il sera appelé à vivre, ce qui le confine presqu'exclusivement à sa seule vision littérale de ce qui est. À lui-même, et exclusivement à lui-même. Nous sentons donc naître ici une autarcie psychologique pleine d'elle-même, pavant ainsi la voie à de l'égoïsme, du narcissisme, et plus pathologiquement de l'égocondrie. Ce sera de cette manière que naîtra, et se développera, le culte du Moi, soit l'affirmation par trop souvent vindicative de sa personnalité.

Troisième constat : ce faisant, le sujet en viendra par conséquent à réduire la place de ses émotions à leur plus simple expression lors de ses prises de décision, préférant s'en remettre davantage à sa logique toute personnelle ainsi que toute valorisée par la société, pour composer avec les aléas du quotidien, ce qui amenuisera d'une façon ostensible la profondeur autant que la valeur de son cheminement de vie, puisqu'il aura choisi de faire carrément abstraction de ce fondement capital afin de ne favoriser que le processus mental de surface d'apprivoisement de la réalité.

Cela ne ressemble-t-il pas déjà à ce que notre beau monde contemporain prise, prône et valorise en tant que comportement statistiquement normal ?

Comme si besoin était, nous corroborons que la personnalité humaine se définit et se redéfinit constamment, inlassablement même, à partir de ses interactions de tous les instants, ce qui motive et réoriente similairement sa manière de réagir aux occurrences de vie qui se présentent à elle. C'est du moins ce qu'une psychologie élémentaire du comportement dégagerait *a priori* comme constat. Toutefois, il y a davantage : si nous admettons un tant soit peu l'influence du karma et du samsara sur la tessiture même de notre destinée, combinée à l'incidence d'un indéniable conditionnement chronogéocentrique principalement véhiculé par les mass media, sans omettre la plus subtile subconscience collective propre à une société donnée et à ses valeurs immanentes, ou même le retentissement omniscient des ondes et des vibrations en constante mouvance dans les aires psychiques environnantes, et qui ne seront pas sans exercer un réel impact —*allant de la générescence de fébrilité nerveuse, jusqu'à l'anxiété gratuite et injustifiée, en passant par l'irritabilité psychologique, ou la non moins frugale explosivité à fleur de peau*- sur notre métabolisme, nécessité est donc d'admettre que le processus d'individuation du 21ème siècle n'en sera pas un aussi compris et maîtrisé qu'on veut bien nous le laisser croire. Pas plus qu'il ne sera dans les faits véritablement bien encadré et proprement adressé par les soi-disant professionnels de haut niveau, qui en discourent de long en large fort savamment sans pourtant en saisir l'authentique amplitude. De la même façon qu'il s'avère malséant de traiter tout mal-être découlant de ces prémisses, en les engourdissant à grand coup de psychotrope pour la vie, ou en en faisant prendre conscience à répétition à la personne en souffrance au cours d'une série interminable de consultations coûteuses et de portée limitée, en croyant que cela va miraculeusement guérir les blessures émotionnelles !

À vrai dire, bien malin le professionnel de service qui saura évaluer et justement traiter le type de mal-être de souche métapsychanalytique, puisqu'il s'avérera difficilement classifiable sous l'égide de l'un ou de l'autre de ceux qui sont communément admis, et socialement prisés. Qu'on y pense : la sacro-sainte *médecine* diagnostique et traite exclusivement, pour ne pas dire restrictivement, le corps physique, en sous-estimant grandement l'influence de l'esprit sur celui-ci, tout autant que celles des différentes instances le constituant, d'où une sévère mésinterprétation de ses réelles propriétés. C'est pourquoi sa sous-spécialité en la matière qu'est la *psychiatrie* s'essayera à considérer plus subtilement les choses de l'esprit, mais en se cantonnant toutefois grossièrement à vouloir atteindre celui-ci par le truchement de son avatar physique, c'est-à-dire le cerveau, cherchant donc à traiter l'immatériel par la voie du matériel, et ce de manière presqu'exclusivement pharmacothérapique. Là encore, au risque de nous faire répétitif, l'engourdissement émotionnel et réactionnel propre à ces médications souvent puissantes et mal jaugées ne fait que tempérer l'intensité du senti éprouvé, et ne guérit dans les faits absolument *rien* de la cause profonde de ce qui est vécu : tout au plus la transira-t-elle pour un temps. Bien sûr pareille procédure pourrait se justifier dans la mesure où elle permet au patient d'aller ainsi suffisamment bien pour effectuer comme il se doit le travail de thérapie qui s'impose ; mais telle n'est pas l'issue réelle, puisque dans la très grande majorité des cas, les sujets préfèrent s'en remettre exclusivement à ce traitement expédié et expéditif, les dispensant de devoir travailler plus profondément sur eux, et de revivre de la sorte maints épisodes douloureux de leur existence, donnant de la sorte sa pleine raison d'être à l'aphorisme populaire prétendant qu'*avant d'aller mieux, il faut souvent accepter d'aller pire*. Et parions qu'avec toutes les accointances qui sont siennes envers les grandes compagnies pharmaceutiques, le psychiatre prescripteur ne fera certainement pas grand-chose pour infléchir cette position laxiste n'est-ce pas..

De son côté, la *psychologie*, qui devrait ironiquement avoir la pole position parmi les disciplines dans le domaine, mais qui se retrouve plutôt dans l'ombre et à la remorque de la psychiatrie, lobbying obligeant, considère les troubles de l'esprit dans une finalité dite de *hic et nunc*, soit du 'ici, maintenant', en modulant principalement son *modus operandi* sur les prises de conscience déjà soulignées, et effectuées par le sujet lors des consultations, en croyant à nouveau béatement que de prendre connaissance des différents facteurs en sous-jacence du mal-être vécu et de les rationnaliser suffit pour désinhiber de façon assumée et presque sublimée le fondement de ce que l'on vit, pour mieux aboutir ensuite à un certain rétablissement. Nul doute que cela s'avère théoriquement sensé, mais humainement moins évident à réaliser, puisque les couches supérieures de notre psyché ne s'avèrent jamais aussi simples à aborder, puis à investir d'un processus de désamorçage. Voilà pourquoi les 'traitements' psychologiques prennent autant de temps, s'échafaudent principalement autour de 'talking cure', et ne donnent au final que de forts mièvres résultats en comparaison de l'effort exigé, du temps consacré, de l'argent engagé.

Sur ce dernier point, d'aucuns s'empresseront d'ailleurs d'ajouter qu'il en va de même de la *psychanalyse classique*, celle-là même initiée par Freud, et dont les cures sont toujours réputées se répandre, pour ne pas écrire 'se perdre', allègrement dans le temps et dans l'espace avant de donner quelque réel dénouement. Tellement même que ses plus fervents détracteurs ont fréquemment pointé du doigt qu'après quatre ou cinq années de psychanalyse intensive, il se pouvait en effet que le problème initial ait pu s'édulcorer en cours de route ! En contrepartie toutefois, force est d'avouer que le territoire d'auscultation et de traitement de cette dernière se révèle en soi nettement plus probant à investir que le simple et superficiel niveau conscient propre aux prises de conscience, propre à l'engourdissement psychotropique, ne serait-ce que pour authentiquement débusquer la souche première des refoulements qui sont à la base du mal-être expérimenté. Et ce ne sera pas là en plus un mince avantage lorsque viendra le temps d'esquisser une compréhension plus exhaustive de la personnalité humaine, plus représentative de ses tréfonds psychiques abyssaux. Qui plus est, si nous élargissons la présente discipline freudienne afin d'y jouxter la *psychanalyse* dite *jungienne*, la perspective ainsi créée nous ouvre un filigrane déjà plus finement spirituel, permettant d'apprécier la nature plus éthérée de nos interactions humaines, de même que des occurrences que nous sommes amenés à adresser. Dans une tangente plus cliniquement définie, vous aurez deviné que ces avancées aboutiront aux fondations de la Métapsychanalyse, telles qu'elles sont proposées dans ce livre. Bien sûr sous l'égide des *thérapies alternatives*, des *médecines douces* et de la *naturothérapie*, il existe toute une kyrielle de soins pouvant soulager ou même procurer un réel mieux-être à une personne en souffrance ; toutefois, puisque ces approches s'avèrent trop fréquemment mal définies, peu crédibles en heures de formation, sans authentique *modus operandi* cliniquement arrêté, nous pouvons dire qu'elles valent ce que les intervenants qui les pratiquent valent en eux-mêmes, ce qui les limitent malheureusement beaucoup trop pour être considérés en tant que soins éprouvés et dignes de confiance.

Reste la *religion*, que l'on présentait autrefois comme étant la science du salut de l'homme, celle qui veillait sur l'âme ainsi que sur les maux inhérents à cette dernière. C'est du moins ce qui en était formellement dit, étant donné que dans les faits, lesdits maux de l'âme étaient davantage ramenés à ce qui se vivait dans la foi du quotidien, donc au travers de la vacillance, de l'aveuglement, de la véhémence et de l'assujettissement exigés du croyant modèle. Rien d'étonnant ici, puisque le catholicisme n'a jamais possédé quelque réelle expertise que ce soit quant aux méandres de l'après-vie et aux lois régissant l'au-delà, ce qui se révèle tout de même incroyable puisque c'est elle qui affirmait péremptoirement qu'il fallait voir à sauver à tout prix son âme, même si cela signifiait d'y perdre son esprit et sa vie terrestre ! Et oui, elle sévit toujours en dépit d'une vertigineuse baisse du nombre de ses ouailles et croyants qui l'ont apparemment délaissée au profit d'une *spiritualité* plus libre, moins encline à terroriser ses fidèles avec les feux de la géhenne, ce qui la laisse dans la coercitive exhortation à, ainsi que dans la non moins coercitive exploitation de, ses suppôts, ainsi toujours plus conviés à prier, toujours plus incités à garder le silence sur les abus, toujours plus contraints à payer la dîme, toujours plus ostracisés à croire sans voir. Et tout ceci, lorsque ce n'est pas simplement pour se faire athées..

L'admission donc de cette tripartialité et de ses schémas afférents force la révision et un plus juste décloisonnement des champs d'intervention spécifique des disciplines traditionnellement rompues au diagnostic officiel et au traitement formel des problèmes de la santé humaine, de par la nouvelle configuration des composantes subtilement inhérentes à celle-ci, découlant de paramètres différenciés, et plus éthérés. Et paradoxalement, ironiquement même, ce seront alors les médecines douces, les thérapies alternatives, les naturothérapies diverses qui risquent d'offrir la considération, l'ouverture d'esprit ainsi que les soins qui se révéleront les plus probants et les mieux adaptés à ce nouveau paradigme. Bien entendu tout cela ne pourra point s'envisager sans heurter des susceptibilités et susciter de la controverse, mais cela est assurément en devenir à quelque part au-dessus de nos têtes, donc à être adressé en juste temps et au juste lieu.

Chapitre septième
Des Maux de l'Esprit aux Maux de l'Âme, aux Phases involutives

Suivant la logique des avancées des chapitres précédents, il nous incombe de conséquemment établir et définir les problématiques fondamentales qui constitueront le canon des tares de l'*âme*, soit celles clairement appariées à la Métapsychanalyse, au même titre d'équipollence que les troubles du comportement et les maladies psychiatriques formant l'organon communément connu et reconnu des désordres de l'*esprit* ; à la suite de cette psychopathologie admise s'articulera donc une *psychépathologie* si l'on peut se permettre un néologisme, dans une indispensable continuité, complémentarité certes, mais de propriété et de portée bien entendu résolument autres. Car en dépit de ce que les esprits fards (sic) en penseront, ce dernier néologisme ne se veut pas un caprice linguistique de notre part, mais bien plus une volonté de présenter adéquatement libellé le champ de connaissance en présence, en nous dotant même de la sorte du droit sacrilège d'émettre un *diagnostic parascientifique*. En effet, si la psychopathologie concerne justement de manière particulière lesdits maux de l'esprit, même si souvent on se réfère à ceux-ci également à tort comme étant les maux de l'*âme*, ce seront avant tout, et très authentiquement, les troubles littéraux de cette dernière essence qui nous préoccuperont ici. Pourquoi ? Parce que tel que nous l'avons mentionné, notre actuelle topique touche plus particulièrement ce qui dérive du **subconscient** et du **supraconscient**, ce qui ne constitue en aucun temps la toile de fond interventionniste ou même considérante de la psychiatrie, de la psychologie et même de la psychanalyse conventionnelle, ne serait-ce que d'un point de vue superficiellement intéressé.

Est-il nécessaire donc à partir de là, de préciser que rien de ce qui suit n'aspirera à se vouloir péremptoire, ou même exhaustif.. Dans la continuité de, et également ici en guise de propédeutique intermédiaire à, plusieurs auteurs et chercheurs d'une certaine notoriété dans le domaine tels Anne et Daniel Meurois-Givaudan, Ingrid Vallières, Dre Edith Fiore, Dr Bruce Goldberg, Dr John E. Mack, et alimenté par nos propres travaux et recherches incluant *–est-il besoin de le repréciser–* notre solide expérience psychothérapique en pratique privée et thérapie de groupe, nous nous éverturons bien humblement à proposer ici les construits hypothétiques les plus susceptibles de caractériser les troubles psychiques qui ne trouvent aucun écho dans le DSM V ou encore le CIM 10. Bien entendu, nous nous sommes efforcés de synthétiser la présente nosologie inhérente à chacune, en nous basant fondamentalement sur une observation clinique appliquée et rigoureuse du vécu de nos patients présentant de tels problèmes, une telle symptomatologie, en ayant évidemment toujours tenté de donner la préséance diagnostique aux catégories psychopathologiques déjà existantes. Certains vont assurément, avant même d'avoir pris connaissance de nos propositions, s'objecter aux présents développements et aux extrapolations les sous-tendant, puisqu'une telle attitude leur donne l'impression que nous sommes scientifiquement (…) pervers, mais rappelons que notre objectif ici est d'humblement suggérer une extension à la pensée freudienne, et sur plusieurs points à celle plus purement jungienne, le tout dans une tangente intégralement élargie de notre réalité d'existence, dans le réel tout pragmatique que nous connaissons, comme dans le surréel tout éthérique que nous pré-connaissons, en ce premier quart du vingt et unième siècle.

Voici donc le fondement basique de ce qu'est à la Métapsychanalyse, ce que la psychopathologie est à la psychiatrie, ce que les troubles du comportement sont à la psychologie, soit les véritables maux dits de l'âme, ou encore *psychépathologie* :

Acatalepsie
Dans son acceptation philosophique commune, il s'agit d'un état d'insaisissabilité de la réalité dans ce que l'on présuppose socialement que celle-ci doit être, d'incapacité à y souscrire et à en dégager une reconnaissance rejoignant ce que la multitude croit

y discerner en tant que cadre subjectif de normalité. D'où l'idée de la normalité dite statistique alors que le comportement couramment admis de la majorité s'érige en tant que référentiel de véracité behaviorale. D'un point de vue plus adapté à notre propos cette fois, nous parlerons d'une obnubilation de l'individu à l'intérieur de ce que l'on pourrait appeler sa bulle personnelle, dont l'armature est celle de son système de croyance, ainsi alimentée par les mythes et les valeurs issues de son éducation et de ses expériences de vie, et de laquelle il se réclamera exclusivement en toute chose interprétative. Et si l'on ajoute à cette prémisse une surcatalysation incessante par l'énergie omnipotente du subconscient, ces éléments s'échafauderont encore et toujours en tant que critères toujours plus référentiels et absolus du réel, creusant davantage le fossé en présence avec le *vrai* (…) monde. Qu'une précision soit faite toutefois : nous ne parlons pas ici de quelque autisme, ou schizoïdie que ce soit : car le sujet continue de s'assumer au quotidien, donc à être fonctionnel dans ses interactions et les occurrences qu'il affronte. Ce sera davantage au niveau de l'authenticité et de la profondeur de sa personnalité, autant que de sa relation avec ce qui l'entoure que se trouvera le nœud de la problématique. Le concept de la psychiatrie allemande connu sous le vocable d'*erlebnis* se veut intéressant, autant qu'évocateur, à cet égard, puisqu'il propose l'expérience subjective de la personne comme seul et unique référent valable pour évaluer ce qui l'entoure, ce qui caractérise à peu près ce qui est en présence ici, puisque cette dernière devient captive de ce qu'elle s'est elle-même subconscientisée, et qui devient sa grille exclusive pour simplement apprécier le monde.

Anamorphose

Tel que ses racines étymologiques le laissent présupposer (*du grec ancien ἀναμόρφωσις suggérant l'idée d'une 'retransformation', d'un changement ré-organisationnel à travers ce qui existe déjà*), ce mal-être consistera justement en un changement progressif, souvent filigranesque, mais pas moins marqué pour autant, de certains traits de surface de la personnalité d'un individu, en raison de l'accumulation et de l'oppression grandissante exercée par une série de conditionnements desquels celui-ci a pu se faire au départ simplement admiratif, contemplatif, prenant force au niveau du subconscient et du conscient. Il fait très fréquemment écho à ce que le sujet pouvait pressentir comme étant une carence dans l'affirmation avantageuse de son identité, l'amenant ainsi subrepticement à reluquer un trait de caractère, une allure d'attifement, une attitude spécifique caractérisant une idole, une personnalité publique, un proche révéré, le faisant plus singulièrement vibrer, de manière à s'en enticher subliminalement, au point d'en fusionner l'irradiante inspiration à sa propre façon d'être, pour essentiellement rehausser le paraître de son individuation. Comme nous l'avons effleuré au passage dans notre chapitre deuxième en parlant des archétypes, l'*anamorphose* se différencie de ceux-ci du fait qu'elle est souvent motivée au départ par une admiration et une adhésion *consciente* envers un modèle ou une mode donnée, plutôt que d'en devenir subconsciemment infatuée au point de s'y perdre. Le présent trouble dénature certes la personnalité, mais *jamais* en en sublimant unilatéralement *tous* les traits : l'individu fonctionnera ici en tant que lui-même ayant adopté des façons étrangères d'être et de paraître, alors que dans le scénario archétypal, il devient et incarne carrément ledit archétype.

À titre d'exemple, citons certaines modes ou courants populaires qui, dans leur ostentatoire et répétitive occurrence visuelle et sonore, attirent notre attention, captivent notre intérêt, subjuguent notre subconscient, tout en en venant par imprégnation subliminale autant que par séduction consciente, à profondément investir et pervertir la psyché en une 'manière d'être-type', un engramme représentatif de l'époque et des moeurs en présence, et qui, sur le plan de la subconscience, infléchira subtilement et principalement l'image de la personnalité. Souvenez-vous ainsi de cette mode 'Steven Seagal' du milieu des années '80, alors que moult hommes s'essayaient à arborer une longue queue-de-cheval en guise de coiffure, à l'instar de ce que cet acteur américain exhibait alors dans ses films, tout comme dans ses apparitions publiques. Ou encore celle initiée par le coureur automobile Jacques Villeneuve qui, en se teignant les cheveux en blond à l'aube de son championnat de 1995, a provoqué une incroyable vague d'imitation parmi la caste de ses fans, même ceux d'âge mûr.

Bien que nous citions ici des exemples d'une manifestation plus commune et apparemment innocente, il ne faut pas pour autant en mésestimer la portée dépersonnalisante intrinsèque, qui se ramifie sournoisement jusque dans les profondeurs subconscientes, et ce à partir de ce qui était souvent à l'origine une simple marque d'intérêt, teintée d'un brin d'envie, puis d'une candide volonté de s'en inspirer dans son style personnel. Tout anodinement. Le fait que nous ayons choisi d'y souscrire pour nous-même se veut un *acte conscient* tout ce qu'il y a de plus innocent au premier abord, pénétrant aisément sans résistance le portail de la psyché pour mieux mettre ensuite illicitement à contribution les énergies subliminales supérieures, amalgamant de la sorte émotion admirative et désir fusionnel naissant d'identification, ce qui génère une sub-identité peu à peu oppressante et dénaturante.

D'aucuns soulèveront bien sûr d'ores et déjà des objections face à ces deux premiers descriptifs : *Mais qu'est-ce qui est vraiment psychépathologique ici ? En quoi ce que vous décrivez en tant que trouble s'avère-t-il foncièrement différent de ce que nous connaissons et délimitons en psychopathologie ?* Et bien tel que nous l'avons soulevé sommairement auparavant, dans un premier temps ledit descriptif implique des éléments d'explication mettant l'emphase sur la réalité et l'omniprésence intrusive du niveau *subliminal* dans notre vie en société, autant que dans l'établissement de nos valeurs et de nos croyances, de même que tout son impact subséquent sur la psyché de l'individu. Dans un second temps, et par ricochet, nos propos mettront en exergue la contribution incessante du *subconscient* à l'intérieur de la construction de notre personnalité, ainsi que de l'orientation de nos perceptions et attitudes, dans l'établissement implicite de notre qualité de vie, de même que de notre capacité au bonheur. Deux points donc, pour ne citer que ceux-là à ce stade-ci, qui se révèlent non unanimes et même controversés dans les écoles de psychologie ou les départements de psychiatrie. Ceci sans omettre bien sûr le filigrane foncièrement *spirituel* de plusieurs des développements qui suivront. Et encore une fois, qu'il nous soit permis de clairement statuer que nous n'aspirons en aucun temps à nous faire absolu ou même péremptoire dans la présente prose : tout au plus chercherons-nous à éclairer d'une luminosité différente l'armature doctrinale de la psychanalyse, dans ce qu'elle se dit être et dans ce qu'elle suggère implicitement à partir de son propre inconscient, et ce sans faire de jeu de mots ironique. Et puisque la sacro-sainte science psychiatrique n'a jamais réussi à ce jour à donner quelque explication probante que ce soit concernant l'étiologie ou le point d'origine des pathologies mentales *–on a qu'à se rappeler l'incroyable théorie du 'double bind' pour expliquer l'origine de la schizophrénie-,* il nous est donc permis de proposer des avancées peut-être plus alternatives, mais pas moins pourvues de pertinence clinique, dans cette finalité.

Angoisse ontologique

Comme son appellation le suggère, il sera question ici d'un senti hautement anxiogène autant que grevant, d'une occurrence perçue bien sûr comme étant potentiellement menaçante, à la seule différence que contrairement à une angoisse traditionnelle, l'identification de son point d'origine causal s'avérera laborieuse, pour ne pas dire quasi-impossible tellement ce qui en sera perçu se révélera abscons et diffus, d'où l'idée d'une cause existentielle intimiste (*mission de vie, rôle familial, vocation intime, valeur de sa présence en société..*) pouvant même déboucher sur des considérations de fond à consonance métaphysiques (*place dans l'infini, raison d'être sur terre, perspective de l'après-vie..*), mais sans que cela ne soit bien sûr aussi limpide au premier abord.

De façon instinctive, il est ponctuellement dans la nature de l'être humain de s'interroger dans cette finalité, que ce soit au gré de son avancement en âge, de ses expériences de vie, ou à la suite d'interactions d'un singulier éveil. Cela s'avère bien sûr légitime et même souhaitable face à la vastitude de ce qui nous transcende, de même qu'au filigrane subtil du quotidien. En contrepartie, de telles questions s'avérant souvent complexes, et fréquemment rhétoriques en elles-mêmes, en étant de la sorte périodiquement ressassées et émotionnellement ressenties comme étant constamment sans issue satisfaisante, ne pourront donc que générer subconsciemment encore plus de senti trouble et déstabilisant s'accumulant au travers du temps pour ultimement se faire oppressant jusqu'à dégénérer en une tourmente éparse, fuyante et intense s'exerçant de diffuse façon sur le niveau conscient. Autant un questionnement existentiel courant appelle à une présomption de laquelle l'individu peut certainement s'accommoder au quotidien, autant le présent mal-être élude carrément cet aboutissement, versant encore et toujours dans de la déprime floue, éparse et de l'appréhension sans fondement apparent, dépourvues de toute rationalisation spontanée, de tout réconfort raisonné, et un tant soit peu apte à rassurer.

Bidimensionnalité existentielle

Postulat fondamental de l'existence telle qu'elle est communément admise, judicieusement illustré par la locution 'avoir les deux pieds sur terre et la tête dans les nuages', il oblige à la double et juste considération du corps physique, soit la dimension corporelle, et de l'esprit, en l'occurrence la dimension dite spirituelle de notre existence, dans le cours de la vie et du cheminement littéral d'ici-bas. Les deux devraient être traités de manière justement équilibrée et complémentaire, éludant toute démesure aboutissant à un culte de l'image, ou paradoxalement à un fanatisme exacerbé envers les choses de l'esprit. Car dans un monde comme le nôtre, vitement porté aux extrêmes, que ce soit dans le privilégiement outrancier de l'intellect ou dans le soin exagéré à apporter à son corps, pareille harmonie ne sera guère aussi aisée à atteindre, qu'il ne puisse y paraître.

Complexe de Dieu

À mi-chemin entre le narcissisme pervers psychopathologique et l'égocondrie métapsychanalytique, et tel que son appellation le laisse deviner, ce trouble supérieur du comportement caractérise la personne qui se perçoit en tant qu'outrancièrement avancée dans ce qu'elle entend de son individuation, mais sans pour autant se mettre en comparaison avec les autres, qui l'indiffèrent plutôt au point de les abandonner à leur sort, et ce même si elle se sait parfaitement apte à exercer une influence marquante dans la société à laquelle elle fait l'insigne honneur de sévir, de par son exemplarité, sa vision rehaussée des choses et son action remarquable, sous l'impression qu'elle est d'être justement un modèle référentiel pratiquement parfait. Cependant, autant le *narcissique pervers* pourra t-il tirer une jouissance réelle et imbue de l'autorité et du pouvoir que les circonstances lui conféreront en testant constamment les gens qui lui sont assujettis, en les ramenant avec insistance à leurs propres manquements qu'il considèrera avec un amusement ironique, autant l'égocondriaque donnera en plus de plein fouet dans une dimension empreinte de perversion, de mépris et d'avilissement moral à leur égard ; mêmement le présent *complexé* n'admettra aucune autorité transcendante, aucune reconnaissance envers qui que ce soit, persuadé que c'est à sa seule volonté, à sa seule hégémonie qu'il doit sa surhumanité condescendante. Car il s'agira d'abord et avant tout d'une personnalité hautement assumée en terme d'autarcie, réussissante, ce qui lui procure à plus forte raison une estime excessive de ses possibilités, à la limite d'une confiance incroyablement arrogante en ses moyens. Ce sera donc dans cette conviction de son unicité toute grandiose, terrestrement non classifiable, que s'établira sa marque de commerce spécifique, et distinctive des deux états avoisinant déjà cités.

Ajoutons que dans une tangente psychanalytique de sublimation, il y aura lieu de considérer le tout en tant qu'expression d'une confiance démesurément infatuée de la part d'un 'performer' de très haut niveau, s'imaginant absolument irremplaçable, vitalement indispensable à la dynamique humaine dans laquelle il est impliqué, et de laquelle il ne veut toutefois aucune part recevable, si ce n'est que leur admiration et leur encensement.

Complexe de Térence

Inspiré d'une pièce du poète latin Térence (185-159 av. J.C.) intitulée *Heautontimoroumenos*, se traduisant littéralement par '*celui qui se punit lui-même*', ce complexe fait référence à la tendance très humaine à l'auto-culpabilité, de même que par extension, au principe métaphysique voulant que karmiquement, à chaque faute morale commise lors d'une incarnation, correspond une autopunition devant affecter une existence subséquente. D'une manière plus générale toutefois autant que plus pragmatique, si nous considérons les présentes à partir de la *loi d'attraction* de Rhonda Byrne, nous sommes assurément ce que nous pensons, ce que nous attisons, et moult gens semblent faire fi du fait qu'en s'alimentant eux-mêmes dans un état de culpabilité et de remords de tous les instants, ils ne font qu'attiser et attirer une réelle expectative d'autopunition due, ce qui rend leur perception plus aigüe dans cette attente, et pas moins énergétiquement actualisante d'une finalité de même aloi. À la manière des sorciers vaudous de Madagascar qui généraient une telle terreur chez les sujets à qui ils jetaient un sort de mort, que ceux-ci finissaient par s'en faire au point de justement en mourir d'eux-mêmes.

Dysfonction unidimensionnelle

Dans la foulée de la bidimensionnalité esquissée ci-avant, nous parlerons ici d'un désordre se voulant l'opposé du *syndrome de sédentarité* que nous verrons plus loin dans ce chapitre ; à l'intérieur d'un cheminement au départ équilibré, l'individu en vient à privilégier outrancièrement la vie de l'esprit, rabaissant par le fait même l'importance du corps physique, d'où le désengagement implicite de toute harmonie biunivoque possible dans cette existence-ci, en dépit de ce que le principal concerné peut affirmer, ce qui crée immédiatement une imparité dysfonctionnelle. Le sujet en vient à se convaincre, et à chercher à convaincre, que la seule finalité du corps physique est la procréation, et qu'une fois celle-ci accomplie, la progéniture dûment engendrée, les besoins charnels deviennent secondaires, se devant d'être sublimés en, et remplacés par, de simples attouchements tendres et sensuels, sans aucune visée sexuelle subséquente.

Précisons qu'il n'est pas dans notre intention de juger cette manière de voir la vie, autant que de la vivre : tout au plus cherchons-nous à simplement souligner cet extrême de comportement présidant justement au développement potentiel de problématiques plus complexes, pour mieux en admettre la fanatique réalité.

Égocondrie

L'*Ego* est à la base une partie du *Moi*, qui est plus singulièrement au fait de son individualité et de sa spécificité ; poussée toutefois à l'extrême d'une perception supérieurement avantageuse de sa personne, en s'alimentant toujours plus en ce sens, il en vient à se considérer carrément au-dessus d'autrui certes, et par ricochet bien au-delà des lois morales propres à la collectivité de son temps, et même de toute considération d'une transcendance ou simplement d'une conscience à laquelle devoir répondre. Contrairement au *complexe de Dieu* où le sujet ne vit que pour lui et son étoile personnelle, le présent état d'amour-propre pathologique s'accompagne plus singulièrement d'une reconnaissance limitée d'autrui, justifiée par une nécessité d'avoir un objet sur lequel jeter son mépris dédaigneux et omniscient, se faisant amoral et même corrupteur face à l'innocence et à la candeur, ce qui le fait alors passer carrément au stade de l'*égocondrisme*, c'est-à-dire le degré le plus hautement dysfonctionnel et pathologique de cet état délirant d'amour-propre hautement infatué, succédant de la sorte aux phases préliminaires que sont dans l'ordre le *pervers narcissique* et le *complexe de Dieu*. On sera bien entendu tenté dans notre actuelle réalité de société de tempérer le tout, de *sublimer* pareil excès, en en faisant une personnalité tout bonnement mégalomanesque, caractéristique de gens de vision et de grande réalisation, en les excusant même d'être ce faisant parfois difficiles à côtoyer. Du moins c'est ce que les membres de la communauté se plairont à croire, pour acheter la paix, reconnaître la qualité du défaut, et se doter justement d'un semblant de paix d'esprit face à pareil déferlement d'orgueil. Surtout en cette ère paroxysmique d'affirmation de soi, et de culte de l'ego, autant que de l'image. Ainsi ce qui a débuté au confluent des années '70 comme un vent de modernisme de la psychologie d'alors se sera dénaturé au fil du temps, passant outre au fait que la libre affirmation de l'un ne peut s'effectuer qu'aux détriments de ceux qui l'avoisinent, et qu'à partir de l'instant où ce pas est franchi, absolument rien ne peut contenir une telle volonté dans sa 'légitime' vindication de s'approprier toujours plus d'espace vital collectif, nonobstant l'amour-propre d'autrui à froisser, les relations à flétrir, l'innocence à pervertir, en route vers la perdition spirituelle et culminante de l'égocondrisme.

Hypercondrie

À l'instar de l'hypocondriaque qui éprouve d'une façon exagérément introjetée, malsainement anticipée, la symptomatologie presque intégrale d'un problème de santé dont il a pu être saisi, l'individu en question ici sera amené à pressentir, à sentir, puis à vivement ressentir les énergies subtiles en présence dans un lieu, ou en émanescence des gens qu'il croisera au gré de ses interactions, ce qui ne sera évidemment pas sans occasionner chez lui de singulières sensations, puis des réactions en concomitance avec l'exceptionnelle acuité de sa réceptivité et l'étoffe bien sûr de son bagage personnel. Dans les faits, ce sera dans l'hypersensibilité du sujet concerné, dans sa très/trop grande perméabilité psychique, que résidera le calvaire de cet état. De la même manière qu'une personne possédant un don de voyance, de channeling ou de médiumnité sera tendancieuse à capter bien malgré elle les vibrations de cet acabit en suspension dans l'atmosphère psychique ou encore irradiante des gens en aparté, l'hypercondriaque sera littéralement saisi des mêmes scories activement en présence, à la seule différence qu'il n'y aura jamais ici de senti ou d'interaction avec des entités, des formes-pensées ou des instances du bas-astral, mais simplement avec l'énergie vitale littérale dégagée par les humains, ou emmagasinée dans un espace faisant figure de réceptacle psychique dans cette finalité.

Fréquemment les gens touchés par ce trouble éprouveront un malaise diffus, confus, logiquement injustifié, quand ce ne sera pas au contraire clairement motivé par l'arrivée *–à titre d'exemple-* d'un nouveau venu dans leur environnement immédiat. Vous avez d'ailleurs peut-être vous-même déjà expérimenté cette sensation face à quelqu'un que vous ne faites qu'entrevoir au passage et qui vous ferait pourtant dire *'Je ne sais pas pourquoi, mais sa présence ne me dit rien de bon ; il me semble qu'il dégage quelque chose de très hostile..'*.

Nous pourrions également mentionner que ce que nous appelons dans le langage courant le *stress* constitue à plus d'un égard une sorte de manifestation précurseure du présent phénomène : se voulant lui-même la résultante d'une orchestration complexe d'incidences catalysant des réactions psychosomatiques, puis physiologiques se répercutant concrètement sur le physique, le stress tel que détaillé par son découvreur le professeur Hans Selye métaphorise bien le lien de l'effet précédant la cause entre l'*hypercondrie* et la fine réalité métaphysique des choses, nous touchant subtilement, nous grevant de tout temps, bien au-delà des perceptions communément admises.

Orgueil spirituel
À quelque part en parallèle du *narcissisme pervers*, du *complexe de Dieu* et de l'*Égocondrisme,* mais sans jamais en avoisiner cependant le haut lyrisme pathologique, ce mal-être de l'amour-propre caractérise un état général d'esprit éthéré, aux traits behavioraux détachés et souvent béatement sereins en surface, alors que le sujet se complaît dans une conviction croissante d'être juste dans sa pensée, juste dans ses agissements, et ce fréquemment en raison de son cheminement de vie, de son éducation religieuse ou de son inspiration morale, qu'il estime évidemment supérieurs à ses pairs. À ce stade par contre, il ne saurait être question de réelle pathologie psychique, puisque nous aurons tout au plus affaire à une manifestation d'orgueil en gestation, louchant certes vers la démesure, mais sans jamais s'y vautrer, un peu comme ce

que l'état de névrose peut être en comparaison de celui de la psychose.

Paréidolie

Forgé à partir de racines du grec ancien (*para* suggérant l'idée d'*au-delà*, d'*en aparté*, et d'*eidos*, évoquant la *surface* ou le *paraître*), cette notion caractérise le fait d'apparier une perception donnée, se voulant souvent effectuée à partir d'un matériel à la base abscons et abstrait, à un substrat qui, lui, est concret, le tout relevant essentiellement d'une interprétation individuée réorganisée dans une finalité qui consiste à lui accoler un sens, ou de lui débusquer un message latent.

Les exemples les plus répandus se résument communément à la reconnaissance de visages au travers de formes ou de silhouettes suggérées dans les nuages du ciel, des cercles concentriques se multipliant à la surface de l'eau, ou des apparences que peuvent revêtir des massifs montagneux. Il a été scientifiquement démontré que le cerveau humain est à constamment organiser les perceptions qui lui sont acheminées, de manière à en faire du sens, même si pour ce faire il a à compléter par beaucoup d'extrapolation parfois ce qui s'avère incomplet ou mal défini au premier regard. Ce réflexe est donc dans la légitimité la plus courante de ses fonctions. Les célèbres taches d'encre d'Hermann Rorschach l'illustrent par ailleurs fort bien : chaque vue sur celles-ci s'avère donc susceptible d'y discerner quelque chose qui lui est propre, propre à l'instant comme à l'état d'esprit. Là toutefois où cette façon de faire au départ anodine peut se révéler plus singulièrement malsaine, c'est lorsque la personne concernée en vient à voir en toute chose, et en toute circonstance, des signes qu'elle se convainc d'être absolument d'importance, des messages subtils que le destin, par exemple, lui communique. En soi, le tout n'est pas foncièrement signe de dysfonctionnalité, puisqu'il est psychanalytiquement possible d'y voir une projection inconsciente de certaines carences intimistes, ou personnellement retenues, sauf que la fréquence de ces perceptions, de même que l'interprétation accolée, peuvent les pervertir en idéations délirantes si elles ne sont pas correctement remises en perspective, et gardées sous un certain contrôle. La meilleure recommandation thérapeutique consisterait ici à consigner ces occurrences dans un carnet, au fur et à mesure qu'elles se manifestent à l'entendement du sujet, pour mieux prendre ensuite du recul afin de les mettre en parallèle de ce que cette même personne pouvait vivre lors de ces instants dans son existence. Il devient ainsi possible d'en dégager plus justement une possible teneur en sous-jacence, à plus forte raison si l'on admet que rien n'arrive jamais pour rien, et que le hasard n'existe pas.

Sédentarité [Syndrome de]

Cet état caractérise une impasse dans l'évolution d'une âme, dont l'esprit actif devient littéralement captivé par la condition terrestre de son incarnation, au point de voir cette existence-ci en tant que finalité ultime à laquelle se rattacher en tout, et pour tout. D'un point de vue purement psychanalytique, l'énergie libidineuse (*sexualité*), le matérialisme (*argent*), le pouvoir (*prestige et statut social*) se révèlent alors les principaux éléments d'interférence qui amènent l'esprit en présence à négliger sa dimension transcendante, au profit de cette apparente grandiosité du moment, ce qui l'amène à prioriser tout ce qui se rattache à ces points dans son existence, en diminuant dramatiquement du même souffle toute forme de spiritualité, d'éthique ou de morale susceptible de remettre en question cette orientation.

Spiritus sexualis

Héritière directe du *sapiosexuel* ou encore du *sapiophile*, c'est-à-dire cet état d'excitation avoisinant un authentique orgasme, et attisé par le déploiement d'une érudition hors du commun de la part du partenaire, agissant ainsi sur tous les azimuts de manière séductrice, la présente difficulté propose la même nosologie clinique mais plutôt exacerbée cette fois par un délire d'érotomanie d'ordre *spirituel*, alors que le mysticisme exalté débouche sur le tantrisme en raison de ce qui est inductivement ressenti au niveau de la communion avec le transcendant : en effet la ferveur en présence se fait si quintessente, si exaltée, qu'elle en vient à authentiquement générer ce frisson proche de la jouissance sexuelle. Parle–t-on donc ici d'une expérience subjectivement proche du nirvana, de l'illumination, et dans l'affirmative, pour quelle raison alors classerait-on celle-ci dans un registre de *psychépathologie* ? Parce que de notre point de vue, elle met d'une part une emphase intense et fréquemment déstabilisante dans le senti individuel, et d'autre part parce qu'elle entraîne une rupture desservante d'avec la pragmatique réalité courante qui se veut si enveloppante, que le sujet atteint en vient souvent à s'y vautrer à outrance, se rendant de la sorte non-fonctionnel, donc moins assumé autant que moins alerte dans le monde où nous sommes appelés à interagir, et ce pour une période de temps se révélant nettement préjudiciable.

Stendhal [Syndrome de]

Également désigné sous l'appellation *syndrome de Florence*, en référence à l'expérience particulière que le célèbre auteur de <u>Le Rouge et le Noir</u> y vécu face à la grandeur sublime d'œuvres d'art tellement irradiantes en elles-mêmes, tel que le <u>David</u> de Michel-Ange pour ne citer que celle-là, qu'un senti extatique d'une intensité hors du commun le saisit, au point de lui faire perdre tous ses moyens, le cantonnant dans un état proche de la prostration intellectuelle, en même temps que de fébrilité affective, autant que physique. La profusion des stimuli sollicitant à ce moment les sens de la personne qui contemple —*et pas uniquement les cinq communément admis..*- la pénètre bien au-delà de toute expérience courante descriptible, la submergeant dans une communion artistique aux confins du mysticisme le plus insondable, et c'est le flot d'émotions puissamment exalté de la sorte qui vient à bout du moment intégralement présent, en précipitant le point de rupture avec celui-ci.

Le *syndrome de Jérusalem* se rapproche par ailleurs beaucoup du présent, si ce n'est qu'il est plutôt déclenché par des symboles, des icônes, une atmosphère ou encore des lieux hautement inspirants de la religion ou de la spiritualité. L'irradiance psychique de ce qui est en présence, et déjà dotée en soi d'une indiscutable énergie immanente alimentée par des siècles de ferveur et d'excès dévots, ne peut que se faire émotionnellement survoltante pour la personne qui lui est déjà un tant soit peu sensitivement prédisposée, ou même hypercondriaque.

Ultracrépidarianisme

Cet anglicisme n'ayant guère d'équivalence dans la langue française décrit en fait un stade embryonnaire de notre cycle de l'Ego, incluant le *narcissisme pervers,* le *complexe de Dieu* et l'*Égocondrie,* en caractérisant une personne portée à la constante émission d'avis et de commentaires d'une facture par trop souvent excessive, à la pertinence questionnable, sur tous les sujets que la conversation peut amener, manifestant implicitement un besoin d'être perçue comme un individu intéressant, cultivé, et même parfois en tant qu'une autorité sur maintes topiques, sans jamais que celui-ci prenne conscience du fait que d'exprimer son **opinion** ne constitue pas en soi un gage de connaissance, et encore moins d'un statut référentiel en la matière, mais bien plus d'une prise de position personnelle simplement partagée avec faconde aux autres. Donnant de la sorte dans une ostentation que l'on respectait au départ, mais qui devient vite irritante pour les auditeurs qui y sont trop longtemps tacitement exposés, cet état contribue à forger une impression orgueilleuse de surestimation personnelle, de valeur outrancièrement exagérée de ses réparties, souvent en contre-balancement à une impression personnelle de ne pas avoir réussi sa vie, ses études, ses ambitions, d'où cette furieuse impérativité à vouloir se montrer bien meilleur que la réalité de sa vie ne le laisse entrevoir, et qu'il ne l'est même dans les faits. À la manière d'un marginal qui laisse ainsi entendre qu'il aurait pu être quelqu'un de bien et de fort, mais qu'il a préféré s'en abstenir par son souci héroïque de ne pas se conformer aux conventions sociales.

Vampirisme essenciel

En cette ère de grande popularité du mythe, tout le monde est plus que jamais au fait de ces spectres dits morts-vivants, vivant dans la mort ou morts à cette vie et à sa routine, émergeant du tombeau la nuit tombée pour mieux s'abreuver du sang de tout ce qui en possède. Dans le contexte métapsychanalytique toutefois, nous parlerons de cette catégorie de gens qui s'agglutinent sans vergogne à autrui pour mieux drainer leur essence vitale, en commençant par leur attention, leur empathie, leurs énergies, dont ils se sustentent goulument dans une univocité dénuée de tout égard à leur endroit. Qu'il s'agisse d'une camaraderie née lors d'une activité, d'un beau-frère harassant, d'une amie qui ne décolle pas ou encore d'un proche qui vous suit partout pour vous parler de lui, refusant systématiquement de vous laisser une minute à vous, nous avons tous senti à un moment ou à un autre cette ardente ponction de notre énergie au cours d'une interaction, au point même de nous laisser exsangue, pratiquement vidé de toute substance, en proie à un réel état de fatigue, lequel n'est pas toujours spontanément associé à ces énergivores psychiques, hâtifs que nous sommes à mettre le tout sur le dos d'un excès de travail, ou d'un sommeil peu réparateur.

Pourtant dans une réalité plus marginale de l'existence, une telle affliction est même sciemment embrassée, et prisée par différents groupuscules à saveur sectariste, en tant qu'un rite à la limite de l'ésotérisme, exaltant une philosophie de transfiguration personnelle, de puissance et d'affirmation prédatrice aux dépens des autres, que ceux-ci soient des donneurs volontaires ou non, initiant de la sorte une perversion métamorphique de l'aura vitale.

Au risque de nous faire perroquet, réitérons que ce que nous venons d'ébaucher ne constitue en aucun temps un nouvel axe de maladie psychiatrique, pas plus qu'une nosologie neuve ou paranormale des troubles psychologiques du comportement : notre but est davantage de présenter ces pathologies de l'esprit originant au-delà du conscient et de l'inconscient, soit des sphères subconscientes et même supraconscientes, et qui relèvent d'une réelle métapsychanalyse, en place et lieu de l'armature sèchement réductrice sévissant depuis déjà trop longtemps dans le secteur de la santé mentale, et obligeant le recours à des grilles diagnostiques strictes et préétablies, dans lesquelles les gens en souffrance doivent nécessairement cadrer, non pas pour être adéquatement adresser tant que pour rassurer leur professionnel assigné dans sa compréhension des choses, tout comme dans sa capacité à deviser un traitement conséquent.

Maintenant, afin de circonscrire le tout dans un ensemble toujours pragmatique des choses, tout en pavant la voie à un premier outil de paramétrage ainsi que de meilleur apprivoisement de ce que nous venons d'avancer, nous allons vous proposer un référentiel plus fin et mieux adapté croyons-nous aux subtilités d'arrière-plan de la psychopathologie, autant que de la présente *psychépathologie*, à savoir l'*échelle des treize phases involutives*. Articulées sur un axe horizontal I, ces treize étapes consistent en des points gradués d'involution –*c'est-à-dire d'une évolution en titre, mais contenue à l'intérieur d'une incarnation donnée*- essentiellement émotionnelle et psychique, s'échelonnant d'un extrême négatif [N6] à une contrepartie d'extrême positif [P6], en passant par un point mitoyen neutre [zéro] dit point de <u>Métanoïa</u>, et caractérisant les stades de cheminement évolutifs possibles d'une personne à l'intérieur de son existence. Utilisée surtout afin de jauger d'une part, le degré d'ouverture spirituelle du sujet au jour choisi, et ce à partir du moment de son entrée dans la vie, donc de sa naissance, et d'autre part, pour mieux circonscrire l'étendue d'une problématique dans le vaste champ du counseling, de la psychothérapie et de la relation d'aide, cette échelle aspire ainsi à faire ressortir des points caractéristiques visant à favoriser un traitement autant qu'un diagnostic plus fins de la nature complexe, et fréquemment élusive, de la personnalité humaine. Élusive particulièrement aux méthodes traditionnelles d'évaluation et de soin.

Ces phases se présenteront graphiquement tel qu'illustré sur l'axe de la page 165, et seront individuellement détaillée dans les pages subséquentes.

Toutefois avant de prendre connaissance des caractéristiques propres à chacune d'entre elles, nous vous invitons en premier lieu à lire le, puis à répondre au, questionnaire propédeutique de réflexion qui suit, et ce préférablement sur des feuilles à part. Nous vous en donnerons le pourquoi après coup. Retenez pour l'instant qu'il ne se trouve bien entendu ici aucune réponse de parfaite ou de répréhensible : toutes seront édifiantes, constructives. Efforcez-vous simplement d'être bref, concis, et sans développement excessif.

1. *Croyez-vous en Dieu, en un dieu, ou en quelque chose de transcendant ?*

2. *Êtes-vous généralement une personne optimiste face à la Vie, ou avez-vous souvent tendance à voir les choses en noir ?*

3. *Sentez-vous qu'il existe un sens derrière les épreuves que vous traversez ?*

4. *Pratiquez-vous la méditation, ou un autre exercice similaire ? Priez-vous ? Si oui, dans un cas comme dans l'autre, à quel degré de ferveur ?*

5. *Avez-vous l'impression de mériter ce que vous vivez actuellement ?*

6. *Sur quoi faites-vous reposer la majorité de vos décisions : sur votre jugement ou votre intuition ?*

7. *Comment décririez-vous en quelques mots notre société actuelle, de même que le style de vie qu'elle préconise ?*

8. *Vous sentez-vous à l'aise d'être seul pour de longues périodes de temps ? Dans l'affirmative, qu'y faites-vous alors ?*

9. *Vivez-vous beaucoup de stress au cours de vos journées, de vos semaines ? Si oui, à quelle fréquence, et selon quelle intensité ?*

10. *Vous découragez-vous facilement s'il faut que vous essuyiez plusieurs échecs consécutifs dans vos entreprises courantes de vie ?*

11. *Avez-vous parfois l'impression que l'univers tout entier est ligué contre vous ?*

12. *Vous est-il déjà arrivé / arrive-t-il fréquemment de blâmer les autres pour ce qui vous arrive ?*

13. *De manière générale, comprenez-vous toujours ce que l'on vous communique avec votre intellect, ou avez-vous parfois tendance à sentir intérieurement les choses avant qu'elles ne soient verbalisées ?*

14. *Comment voyez-vous vos responsabilités actuelles ? À quoi se résument-elles ?*

15. *Se trouve-t-il des gens pour qui vous avez éprouvé / vous éprouvez une forte rancoeur ?*

16. *Êtes-vous capable de pardonner, de véritablement pardonner ?*

17. *Quelle serait pour vous la vie idéale ?*

18. *Quelles sont les trois choses les plus importantes dans la Vie à vos yeux ?*

19. *Quelles sont les trois choses les plus importantes dans votre vie ?*

20. *Qui admirez-vous particulièrement parmi les gens qui vous entourent ? En un mot, dites pour quelle raison.*

21. *Qui considérez-vous comme un-e idole à votre cœur, parmi les personnalités publiques ? En un mot, dites pourquoi.*

22. *Qu'est-ce que l'amour pour vous ?*

23. *Avez-vous de véritables ami-e-s ? Soit des gens pour qui vous seriez prêt à tout faire..*

24. *Comment qualifiez-vous le type d'amour dont vous-même faites preuve envers autrui ?*

25. *Quelle place accordez-vous à l'argent dans votre vie ?*

Et à présent le graphique de l'échelle annoncée :

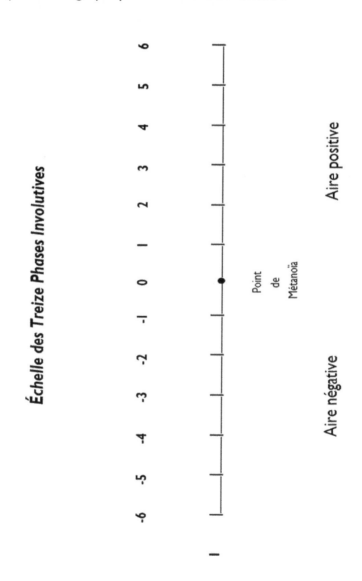

Maintenant, mettez vos réponses de côté, et veuillez considérer le graphique de la page précédente. Lirez après coup l'intégrale des descriptifs des treize stades en présence figurant ci-après. Vous pourrez ensuite, et seulement ensuite, revenir à ce que vous aurez précédemment écrit quant aux 25 questions, pour vous en aider dans la sélection de deux phases spécifiques : soit celle où votre famille d'origine se positionnait lorsqu'elle vous a vu naître, tout autant que celle où vous estimez être rendu au moment actuel. S'il-vous-plaît, ne précipitez pas quelque étiquetage que ce soit de façon trop hâtive : attendez d'avoir mis en parallèle les réponses au questionnaire avec ce que les différentes phases de l'axe vous auront appris, et voyez alors ce qui en émerge. Chaque chose en son temps propre, et chaque positionnement à sa juste pause.

0

Le point neutre dit **Équilibrium** ou **Point de Métanoïa**, en référence au concept de Ronald Laing, le père de l'antipsychiatrie, et représentant un stade de relative non-compromission d'un côté ou de l'autre de l'axe, ce qui caractérise une très grande majorité de gens, traversant leur existence de façon presque indifférente, au neutre comme on dit populairement, souvent exclusivement préoccupés par la routine du boulot-métro-dodo, ne s'émouvant que peu, ne s'indignant que très peu, *existant* dans les faits beaucoup plus que *vivant* véritablement.

N I

Soit l'***Univers de fonctionnalisme relatif***, désignant la capacité de l'individu à pouvoir composer au quotidien avec un certain stress dit courant, générant de la sorte un iota de névrose, grevant un tant soit peu l'intégrité de la normalité en présence, autant que ce que l'on pourrait appeler le degré zéro du stress, ou des stresseurs encourus.

Imaginons, par exemple, un employé de bureau oeuvrant depuis maintes années au sein d'une grande boîte, où circulent depuis un certain temps des rumeurs de remaniement du personnel, sensément pour atteindre une meilleure rationalisation des effectifs. Puisque ces histoires circulent depuis des mois déjà sans que rien ne soit concrètement arrivé, notre commis compose avec cette incertitude sans trop s'en troubler, mais sans être pour autant rassuré quant à l'avenir. Le niveau de stress est omniprésent certes, sauf que les travailleurs en placent perdent de vue l'imminence des coupures, au travers du temps qui passe, et de la routine qui les engourdit, voire même les sécurise.

N 2

Le **Continuum de facteurs d'irritation et/ou d'insatisfaction**. Il peut s'agir d'un événement déstabilisant majeur, ou encore d'une série répétitive d'incidents de même aloi mais isolément de moindre intensité, créant et justifiant l'utilisation de mécanismes de défense et d'adaptation, hypothéquant davantage le fonctionnalisme de l'individu au quotidien.

Revenons à notre employé de bureau qui, en se rendant au travail un matin, voit une collègue passer sous une échelle, au même moment où un chat noir traverse son chemin, ce qui le saisit aussitôt, lui qui est un tantinet superstitieux, et à plus forte raison témoin direct du tout. Arrivé à son poste, quelle n'est pas sa surprise de constater que cette même consoeur est conviée au bureau du directeur, et congédiée sur le champ pour les raisons de restructuration évoquées. Atterré, craignant pour sa propre sécurité d'emploi, notre homme met alors mi-inconsciemment, mi-consciemment sur le compte des mauvais présages qui ont été rencontrés par sa collègue (passage sous l'échelle, croisement du chat noir..) la funeste finalité qui lui est arrivée, et jure alors sur lui-même de porter doublement attention aux signes du destin, et même de s'en préserver, en ne forçant jamais sa chance comme elle l'a fait à ses yeux. Et devant l'irrationnel et imprévisible cours des choses, il s'avère parfaitement humain de vouloir prévenir les coups, en conjurant les stigmates d'un éventuel drame potentiel. Dès cet instant, le voilà solidement grevé dans l'intégrité de sa façon de penser et de réagir face aux simples aléas du quotidien.

Force est d'admettre que le fait d'être directement témoin du licenciement d'un camarade au boulot crée inéluctablement une appréhension plus vive quant à son propre sort. Cela s'avère conséquemment grevant bien au-delà de notre entendement, puisqu'inconsciemment, c'est notre confiance en nos moyens et en notre avenir qui s'en trouve fragilisée, et que l'on cherche avec véhémence à préserver en se prémunissant d'un *modus operandi* défensif en ce sens.

N 3

Personnalité en instance transitionnelle erratique. Ajout de mécanismes solutionnaires principalement rationnels et cartésiens, alors que la personne souffrante en vient à croire que Dieu/le Cosmos/le Destin/la Providence est mort, inexistant, muet face à sa réalité trouble, ou encore carrément contre elle. Le trouble de comportement devient plus évident et s'accompagne ici souvent de petits rituels ou de monologues de justification.

Cette phase s'avère <u>cruciale</u> parce que si les éléments de solution envisagés s'avèrent positivement adaptés à la réalité du sujet, il y a subséquemment espoir d'un lent redressement vers le N2 ou N1. Sinon, l'accentuation pathologique risque de se poursuivre en s'aggravant.

Ainsi, notre employé précédent commence à trouver lourde et tuante l'attente du prochain couperet à tomber, étant d'avis que cela s'avère carrément inhumain à vivre, d'où un malaise marqué face au divin/destin, qu'il sent inexistant, insensible, comme s'il en était complètement ignoré. Il a certes prié, mais sans avoir éprouvé quelque amélioration que ce soit de sa situation. Une prise de conscience surgit alors dans son esprit : pourquoi dès lors ne pas chercher à se rendre concrètement indispensable, en travaillant encore plus, en fournissant un effort supplémentaire, en tout et partout, dans le but de justement se démarquer cavalièrement des autres, et de passer pour irremplaçable ? Voilà à ses yeux un élément de soutien on ne peut plus terre à terre, qui ne peut ultimement que profiter à sa cause !

On aura aisément compris qu'avec le stress initial du N1, le mécanisme de conjuration superstitieux du point suivant, puis le déploiement de l'adjuvant que nous venons de citer, l'individu s'impose un protocole ritualistique de plus en plus lourd à respecter sur les plans psychologique et psychique, duquel il devient davantage captif dans sa présomption de se maintenir favorables les augures du destin, ce qui ne peut en fait que le grever toujours plus dans son autonomie, sa fonctionnalité en société, ainsi que son semblant de bien-être au quotidien.

N 4

Chute marquée de l'acuité perceptuelle et interprétative. La réception et l'orientation des stimuli extérieurs, exprimés par autrui ou librement perçus, se trouvent de plus en plus altérées, distorsionnées, prédisposant à d'éventuels troubles du comportement (*névrose, troubles paranoïde, schizoïde, bipolaire..*).

En mettant le pied dans la petite cafétéria du bureau un matin, notre employé surprend une conversation entre une demi-douzaine de personnes debout dans un coin ; en le voyant surgir, celles-ci s'interrompent immédiatement, en proie à ce qui pourrait s'apparenter à un malaise, puis se dispersent rapidement, ce qui n'est pas sans causer un intense inconfort au nouvel arrivant, convaincu qu'il en devient que la discussion devait obligatoirement porter sur lui, que ces mêmes personnes doivent forcément savoir quelque chose le concernant. Quelque chose de possiblement si majeur, qu'elles ont préféré ne pas s'attarder face à lui.

Déjà porteur d'une perception biaisée et manquant de perspective, il n'en faut guère plus à notre sujet pour le rendre suspicieux de personnes de qui il n'avait jusqu'ici aucun motif de se méfier. Et si nous ajoutons à ceci son propre bagage d'atavisme, ses propres frustrations refoulées, il devient alors excessivement vulnérable au développement d'un trouble de la personnalité marqué.

N5

Dissociation continue et convaincue, s'étendant jusqu'aux facultés de compréhension et d'imagination. Une fermeture marquée au monde extérieur prend place, la réalité quotidienne devenant alors trop exigeante en termes d'adaptation ou simplement d'interaction, d'où une propension croissante à s'en soustraire. Le sujet voit sa personnalité déraper vers des tendances psychotique et/ou antisociale en puissance.

Devant ce qu'il perçoit être une réalité de plus en plus antagoniste à son égard, l'employé de notre exemple se compromettra de moins en moins dans son milieu de travail, s'en tenant au minimum de rendement à fournir pour être correct envers les exigences de son poste, utilisant au maximum tous les congés à sa disposition, croulant toujours plus sous les perceptions de soi-disant attitudes antagonistes à son égard, mais rongé cette fois-ci en plus par une compréhension de même aloi, ce qui survoltera son imagination dans un sens toujours plus malsain, pathologique, ce qui en fait à présent quelqu'un de tout juste fonctionnel en société.

N 6

Point de suspension. L'exclusion de la société s'impose; hospitalisation, isolation thérapeutique, internement à long terme.

On devinera que le point précédent ayant pathologiquement culminé, l'employé se voit dans la nécessité de prendre un recul face aux vicissitudes de ses journées qu'il perçoit toujours plus menaçantes, voire même impossibles à affronter. C'est ici que s'impose un retrait d'une certaine étendue, accompagné d'un suivi professionnel.

Le sujet n'est carrément plus apte à s'identifier au monde dans lequel il évolue et à composer avec ses aléas, ne connectant plus en rien avec les valeurs et le *modus vivendi* qui y sont promulgués. Ses émotions étant démesurément exacerbées par le crescendo décrit précédemment, il ne saurait par conséquent être en mesure de simplement se gérer lui-même dans ce qu'il est, et à plus forte raison avec ce qui l'environne.

Voilà pour les phases constitutives du volet dit négatif. Portons à présent notre attention vers les descriptifs afférents au côté droit de l'axe :

P 1

Univers de fonctionnalisme positif. Vision de l'existence et de ses impondérables empreinte de positivisme et d'espoir. Cette perspective peut même être imprégnée d'un brin de spiritualité, mais sans en être trop marquée.

L'individu ainsi positionné compose avec la vie sans vraiment s'en tracasser, conscient de ses devoirs et de ses obligations certes, mais aussi confiant en les valeurs qui sont les siennes (travail, famille, droiture..), autant qu'en ses capacités.

P 2

Continuum d'éveil au Transcendant. Prise de conscience d'une dimension nettement plus subtile de l'existence, doublée d'un intérêt croissant en ce qui a trait à la réalité de ces considérations à l'intérieur du pragmatisme le plus terre à terre de ses journées. Et à partir de là naîtra une propension au développement de mécanismes solutionnaires à consonance spirituelle ou religieuse pour faire face aux dilemmes ou aux épreuves courantes.

L'individu en vient à ce stade à admettre la présence d'une transcendance bienfaisante derrière les occurrences et les interactions qu'il est amené à adresser lors de ses occupations, mettant ainsi Dieu/le Cosmos/ la Source/la Destinée bien en évidence dans tout ce qui arrive de bon, ressentant même davantage le besoin de se ménager des instants de recueillement appréciatif, de réflexion plus profonde, d'appel même à une inspiration supérieure, au gré de ce qu'il ressentira en tant que besoin d'aide ou de réconfort.

P 3

Personnalité en instance transitionnelle hiératique. Dieu/le Cosmos/la Source/la Destinée devient maintenant manifeste dans *tout* ce qui est, dans *tout* ce qui survient, autant en termes d'occurrences heureuses que malheureuses.

La personne prendra beaucoup plus conscience à ce niveau de la tripartialité existentielle Corps-Esprit-Âme que nous avons déjà détaillée, éprouvant du même souffle un plaisir considérablement plus senti à goûter les choses de l'esprit et de l'âme, que celles propres aux aléas du quotidien et de la vie strictement terrestre. Une vue plus constructive des choses se fait aussi davantage spontanée à l'entendement, au-delà du senti littéral des cimes positives ou des abymes négatifs.

P 4

Transfiguration de l'acuité perceptuelle et interprétative. Voilà où les choses peuvent changer d'une façon on ne peut plus significative : le sujet se fait davantage résistant au cartésianisme, à la logique humaine, à ce que l'on pourrait désigner comme étant le bon sens commun, et même aux stimuli perçus par les cinq sens conventionnels, tout cela presqu'exclusivement au profit de la guidance intuitive émanant de son intériorité. Une certaine sélection/discrimination s'exerce également dans le choix et le privilégiement des amis et des proches, de même que des activités de vie, qui se doivent dorénavant d'être représentatifs d'une teneur plus profonde et plus valeureuse.

Cette phase s'avère particulièrement déterminante puisque l'orientation qui sera ainsi ultimement adoptée pourra s'avérer soit saine et finement éthérée, c'est-à-dire propice à une croissance spirituelle certes priorisée, mais ne niant point la réalité et les besoins du corps physique, générant de la sorte les conditions d'une *bidimensionnalité existentielle* bien assumée ; soit malsaines, advenant que le détachement corporel se double plutôt d'un désengagement systématique des responsabilités inhérentes à l'existence terrestre, dénigrant le corps et tout intérêt qui pourrait lui être porté, niant de ce fait notre raison d'être ici-bas, d'où une évidente *dysfonction unidimensionnelle*.

P 5

Dissociation continue et convaincue d'une partie de la personnalité, s'extensionnant notamment aux facultés de compréhension, d'imagination et d'intuition. L'individu devient moins que jamais porté à prendre quelque intérêt que ce soit à la société, se faisant plus asocial, aux abords mêmes d'une névrose sociopathique, s'acheminant irréfragablement vers des pratiques d'ordre ascétique, telle la contemplation, la méditation et la prière, avec l'intention avouée de vouloir aider le monde de cette façon. À ce stade, l'ancrage dans la réalité courante ne tiendra plus qu'à un fil, tellement les nouveaux repères adoptés se révéleront du ressort de la métaphysique et de l'ontologie.

P 6

Point de suspension vers l'Illumination. Isolation, érémitisme, décorporalisation. À ce stade, le sujet n'existe plus comme individu investi d'une identité sociale ; il pourra changer de nom, adoptant souvent un patronyme symbolique et idéalisé, que ce soit par le biais d'un nouveau baptême, d'une initiation à un grade digne d'une loge supérieure, ou même via un rituel d'auto-consécration de sa propre inoculation. Maintenant ainsi assumée, cette personne vivra en ermite, seule ou au sein d'une confrérie/consoeurie favorisant pareille philosophie de vue.

Curieusement, en dépit du segment positif en présence, nous constatons que les dernières phases que nous venons de détailler ne s'avèrent pourtant pas aussi saines et souhaitables que ce que nous aurions pu croire d'entrée de jeu ; à vrai dire, les extrêmes de l'axe que sont les points P5 et P6 de ce côté, et N5 et N6 de l'autre, traduisent davantage des états également malévolents d'un côté comme de l'autre, à préférablement éviter donc. Car même s'ils représentent des facettes en apparence diamétralement opposées de notre réalité, les deux vont plutôt littéralement faire de cet axe une boucle qu'ils cloront en se fusionnant ultimement en un même point de rencontre sur celle-ci.

Dans une application mieux adaptée à présent à la factualité de la Métapsychanalyse, nous allons vous suggérer de relire les réponses que vous avez fournies au questionnaire précédent de réflexion, puis le descriptif de chacune des phases constituant la présente échelle, tout en gardant à l'esprit les interrogations suivantes :

- *Lorsque vous êtes né au sein de votre famille d'origine, quelle était la mentalité dominante quant à la façon de voir et de comprendre la Vie ? Étiez-vous des croyants dévots ou peu pratiquants ? Religieux ou plutôt spirituels ? Des athées véhéments ou dépourvus de quelque allégeance que ce soit dans leur façon de concevoir la Vie ?*
  En conséquence, à quelle phase votre milieu se/vous positionnait-il ?

- *Par la suite, durant vos années d'adolescence, de jeune adulte, où avez-vous l'impression que vous créchiez personnellement sur cet axe, de par le développement croissant de votre individuation et de votre émancipation, au-delà de votre cellule familiale ?*

* *Aujourd'hui, à quel stade croyez-vous être ?*

Une fois que vous aurez arrêté la phase correspondant à chacun des moments de vie demandés, qu'en dégagez-vous ? Avez-vous, au fil de ces points, cheminé exclusivement du côté positif de l'axe, ou au contraire uniquement dans le négatif ? Ou avez-vous plutôt fait ce que l'on appelle communément du '*sur place*', en avançant d'une phase, puis en reculant de deux ?

Retenez que de vous cantonner du côté négatif dit N de l'axe ne signifie pas pour autant que vous êtes souffrant, dysfonctionnel ou carrément psychiatrisable, comme que votre cheminement transite simplement par des épisodes moins zen, moins empreints d'une spiritualité sublimante, et davantage articulés sur des prises de conscience souvent pragmatiques, donc dénuées de profondeur extra-perspectuelle, voilà tout.

Mais revenons maintenant à notre échelle, dans une version encore plus définitive :

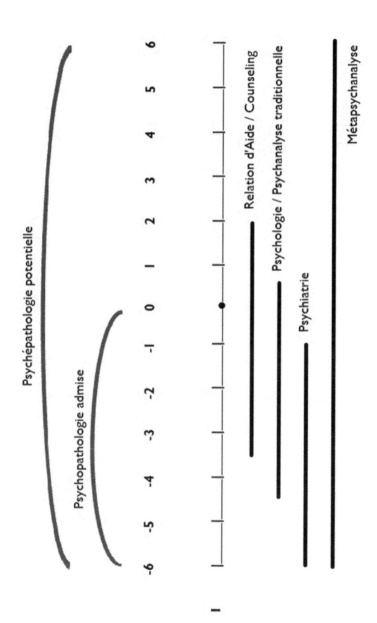

Vous aurez constaté que nous avons complété le graphe de base avec des ajouts se comprenant comme suit :

◆ Les deux traits gras du haut, arqués à l'horizontal, délimitent les phases à l'intérieur desquelles figurent d'une part la psychopathologie communément admise, et d'autre part son pendant métapsychanalytique, la psychépathologie. L'essentiel de la première tient évidemment davantage du côté négatif, puisque traditionnellement, tout ce qui est considéré en tant que tel, est diagnostiqué et traité justement en raison d'une indiscutable anormalité ou dysfonction grevante, tandis que la seconde peut élargir sa portée même du côté positif, car comme nous l'avons mentionné plus haut, selon notre vue les pointes dans cette direction ne s'avèrent pas obligatoirement plus saines, loin de là ;

◆ Sous l'axe I, nous nous sommes ensuite permis de tracer ce que nous estimons être le champ d'application concret des principales disciplines en santé mentale. Cela ne fera bien sûr pas l'unanimité auprès des principaux concernés, sauf que notre souci principal n'est pas tant de froisser les susceptibilités, comme de plutôt circonscrire réalistement les mandats implicites et l'authentique retentissement de chacun, à la lumière de notre expérience et de ce qui se déroule concrètement sur le terrain. Cela irait donc comme suit :

  - La Relation d'Aide et le Counseling consistant principalement en un accompagnement de soutien fondamental, leur portée en sera donc une similaire, soit entre les points P2 et N3,5, c'est-à-dire là où les entretiens demeurent courants, relativement de surface, sans problématique trop profonde, et nécessiteux d'une lucidité et d'un discernement plutôt intacts ;

  - La Psychologie et la Psychanalyse traditionnelle s'affairant plus spécifiquement aux blocages émotionnels et aux travers de comportement, leur rayonnement ne peut ainsi que débuter plus près de la zone négative (P0,5) et s'extensionner plus longuement dans cette direction (N4,5), soit jusqu'à que ce que des mesures plus intenses, pour ne pas dire agressives, ne soient requises ;

- La Psychiatrie étant de fait justement versée dans ce dernier type de *modus operandi*, sa portée en sera conséquemment une spécifiquement concernée par les phases plus aigües de l'échelle, en l'occurrence de N1 à N6, soit celles allant jusqu'aux interventions spécifiques et sévères (*hospitalisation, internement, médications lourdes..*) ;

- Le lecteur ne sera bien sûr guère surpris de constater que nous avons établi le spectre le plus élargi pour la Métapsychanalyse, en raison de son caractère hygionomiste, de sa philosophie de vie, de ses outils concrets d'apprivoisement de la réalité, autant que de mieux-être personnel, ce qui en fait une authentique discipline de prévention ainsi que de postvention.
Mais au-delà de la technique ou de l'adjuvant en présence, les possibilités curatives vont toujours de pair avec la foi propre à chacun, et peuvent en outre être expérimentalement mises à l'essai même dans les cas plus lourds, à condition que ce soit sous une juste supervision. De l'autre côté, elle est assimilable à une philosophie de vie envisageable autant que praticable à tout moment de son existence, à toute phase de l'axe.

En parallèle des treize phases involutives de base, ces extensions nous permettront donc de mieux circonscrire tout ce qui va de pair avec un positionnement donné, que ce soit au niveau des éléments caractéristiques, de la profondeur de l'état, de même que de la thérapie la plus susceptible de convenir à la phase.

En ce qui vous concerne plus personnellement, l'éclairage proposé ici se veut simplement différent, différemment révélateur, et pas moins pertinent croyons-nous, quant au regard que vous posez sur votre existence.

Chapitre huitième
Votre Système de Croyances
Valeurs, Mythes, Choix de Vie et Imagination

À la suite de ce que nous avons dégagé à ce moment-ci, il appert que notre système de croyances constitue le nerf-moteur de notre bonheur autant que de notre malheur, l'une des clés de voûte de la *réussite* ou de l'*échec* de notre cheminement de vie, puisqu'il se veut psychiquement l'omnipotente matrice qui s'est progressivement implantée et développée au fil des ans à partir de notre éducation parentale, de nos valeurs familiales, des édits et commandements propres à notre religion ou à notre spiritualité, des lois morales régissant notre écosystème existentiel, notamment au point de vue de l'époque et du lieu (*concept dit de* chronogéocentrisme) où nous avons été élevés et où nous avons grandi, sans omettre bien entendu l'expérience retirée de nos interactions humaines et autres occurrences de vie. Et sur un plan plus subtil, nous pourrions même mentionner la fine incidence de certaines prédispositions héritées de l'atavisme karmique que beaucoup admettent, et qui ne seront pas sans retentissement. Sauf que dans n'importe quelle configuration, de n'importe quel angle, peu importe vos allégeances dans cette finalité spécifique, qu'il suffise de considérer que d'une façon toujours incessante, intense et malléable, ce puissant référentiel psychique influencera et marquera de sa griffe le cours de nos pensées et de nos choix de vie, de nos décisions et même de nos humeurs. À la manière d'un phare balayant et éclairant de sa propre luminosité révélatrice ce à partir de quoi sera malléée notre personnalité, ainsi que nos paramètres de bonheur et de carrière, l'intensité de notre foi ou de notre désespérance, bref notre façon globale de concevoir et de vivre l'existence.

Tel que nous venons de le suggérer à entendre, ce système de croyances sera essentiellement constitué et nourri par nos **valeurs** certes, mais également par nos **mythes personnels** et **familiaux**, de même que par les **choix et priorités de vie** que nous arrêterons selon les époques et les circonstances en présence. C'est à ces éléments qu'il faudra donc s'attarder pour aspirer à entrevoir l'amplitude de ce qui s'exerce constamment sur nous au gré de chaque instant de chaque jour. S'il s'avère relativement aisé par une réflexion introspective sommaire d'établir par commun bon sens le pourquoi de nos *choix de vie*, il le sera toutefois beaucoup moins en ce qui concerne nos *valeurs et nos mythes* : car autant le premier relève de prises de position qui ont lieu au niveau du conscient, et conséquemment plus facilement ravivables à notre esprit en éveil diurne, autant les derniers points sont plutôt enracinés dans les profondeurs mitoyennes de notre appareil psychique, et par subséquence nécessiteux d'un effort plus nourri pour s'en dévoiler.

Et à partir de ce qui a été précédemment proposé comme *modus operandi* de l'appareil psychique, nous pouvons assurément déduire que cette matrice de nos croyances agit comme un pattern amplifié à mi-chemin entre l'inconscient et le subconscient, tantôt en état de subtile latence dans l'expectative de quelque stimulus la remettant au premier plan, tantôt en effervescence proactive, et à ce moment à son zénith en termes d'impact sur notre niveau conscient. Au risque de nous répéter, la volonté et le rationalisme si chers à notre société seront entre ses bons soins de tous les instants, tel un individu myope attendant de mettre ses lunettes personnalisées sur mesure afin de percevoir l'existence selon ses possibilités.

Et puisque selon Freud, tout ceci est essentiellement régi par le principe du plaisir fondamentalement humain, c'est-à-dire ce réflexe tendant à l'évitement de la douleur et à la satisfaction de nos besoins et de nos tendances, laquelle satisfaction demeure au final toujours fort relative, ne nous comblant jamais dans la subtilité viscérale de ce que nous requérons pour atteindre ne serait-ce qu'un simple contentement de base à ce niveau, voilà qu'est requis un autre concept crucial, celui d'*ersatz* pour justifier toute la mécanique d'arrière-plan des présents développements.

Mais commençons par définir ce qu'est cette notion : en psychanalyse, il s'agira de la manière substitutive et amoindrie d'épancher une carence donnée, en place et lieu de l'authentique assouvissement intégral qui serait requis, parce que celui-ci s'avère trop fréquemment hors de portée, ou encore trop laborieux à simplement réaliser. Ainsi par exemple, en cherchant à combler ces besoins à l'intérieur de nos rêves nocturnes alors que nous sommes *dormeurs*, ou par la considération appréciative d'un film, d'une représentation scénique ou d'un livre pendant que nous sommes *spectateurs*, ou même ultimement par notre anodin envisagement d'une singulière scène du quotidien alors que nous nous faisons *voyeurs* de l'instant, nous nous mettons de la sorte à l'abri de nos tabous et des jugements d'autrui, puisque chacune de ces occurrences sera prétexte à un fort disculpant biais d'agir en qualité apparemment passive d'*observateur*. La faculté d'imagination mise ainsi à profit sert de contre-balancement au pouvoir corrosif de l'intelligence qui, elle, nous ramène trop vitement et trop platement aux grandes évidences de l'existence que sont la pleine assumance de notre réalité terrestre, ainsi que l'imminence de la mort en terme de couronnement ultime. Voilà pourquoi les personnages publics que sont les vedettes tout azimut de notre monde (*acteurs, chanteurs, athlètes professionnels, animateurs, politiciens, bâtisseurs, auteurs à succès..*), et même à un degré différent les personnalités fictives (*superhéros, protagonistes de films d'action, de jeux vidéo, de web séries..*) en viennent à exercer une telle fascination auprès de l'imaginaire collectif, de par leur mode de vie hors norme, glamour, souvent hautement médiatisés, se feront justement *ersatz* répondant à ces carences pulsionnelles, émotionnelles, fréquemment profondes. De cette façon par exemple, celui qui aura refoulé trop de frustrations dans son quotidien risquera de se projeter spontanément en un héros cinématographique puissant et vengeur, punissant durement les mécréants de service, de la même manière qu'une femme en manque d'affection et de tendresse aura tendance à s'incarner en l'héroïne d'une série télé, elle-même semblablement en quête, ou encore à se reconnaître dans une chanson où les mots et la mélodie feront écho à son *mood* intimiste. Dans les deux cas, le vécu présenté servira à exorciser les démons intérieurs, ou à exalter l'espérance de jours meilleurs. Tout autant qu'une simple attention de voyeurisme attisera fantasmatiquement une sexualité inexistante, banale, ou dépourvue de fantaisie. Ce mécanisme de palliation peut certes soulager un mal-être momentané mais ne gagne jamais à se faire réflexe omniprésent, automatisme instantané, puisqu'en se faisant de la sorte enraciné, il favorise hélas trop rapidement son recours en tant que fuite systématique de la réalité, désengagement de sa responsabilité humaine, dégénérant en un repli par trop pathologique à moyen et à long terme. Car tel que l'écrivait Freud, il n'existe jamais de refoulement réussi, particulièrement dans cette optique.

À présent, si nous nous permettons d'un point de vue général et en guise de préliminaire à un examen plus individué de la situation, de dresser le profil-type du consommateur moyen selon ce que véhiculent majoritairement ces mêmes publicités, téléséries, téléromans et, à une échelle quingentuplée, le cinéma à gros budget, nous aurions affaire à quelqu'un qui serait à peu près :

- .. en couple avec la plus désirable, la plus intelligente, la plus sexy des personnes qui soient, et pour laquelle il ne reculerait devant rien pour être en mesure de la satisfaire sur tous les plans, s'entraînant dans les meilleurs gymnases, avalant au besoin les médicaments qu'il faut pour attiser sa libido, se faisant greffer des cheveux dans le but de toujours paraître à son mieux, opérer plastiquement afin d'améliorer sa mine et sa mise, tout en se prévalant même des services d'un spécialiste en image, en vue de mieux se pavaner à son bras comme s'il se faisait trophée accompagnant un autre trophée, pour le seul orgueil de générer de la sorte une impression publique de gens d'un certain *standing*, à la limite même du '*glamourous*' ;

- .. possesseur d'une maison de prestige, dans un quartier bien, voire même élitiste, au sein d'un voisinage composé de gens eux-mêmes à la beauté remarquable, épanouis, aimables, réussissants, serviables, et avec l'intégralité desquels il sera automatiquement ami intime, que ce soit pour s'échanger des services, garder les enfants, jouer au golf, emprunter des outils ou se partager des plats cuisinés, cela dans un esprit constamment empreint d'humour et de joie de vivre, d'amour même et de bonheur ;

- .. au volant d'un bolide automobile performant, rutilant, et décrit en des termes on ne peut plus équivoques : 'Vous apprécierez ses courbes et ses formes généreuses, son confort et son côté sportif.. Vous aimerez son vaste habitacle à chaque fois où vous vous y introduirez..'

- .. œuvrant dans un milieu de travail supérieur où il est définitivement un des as de la boîte, que ce soit en qualité de haut dirigeant bâtisseur de l'entreprise, au jugement et au pouvoir décisionnel sûrs lorsque vient le temps d'effectuer des choix importants, ce qui en fait même un professionnel de très haut niveau, du genre apte à intervenir en situation de crise afin de sauver les meubles, lorsque ce ne sont pas les gens eux-mêmes.

Et si nous ajoutons les effluves littérales et infraliminales des bulletins de nouvelles, reportages et autres retransmissions dites d'affaires publiques qui inondent les media, nous constatons que notre psyché sera de la sorte l'objet d'une vague de fond puissamment foudroyante véhiculant, imposant, burinant des images saisissantes, souvent émotives et voire même violentes, colportant des valeurs qui sont tout sauf justement valeureuses. Les conséquences émotionnelles ainsi dérivantes seront de l'ordre de la désespérance, de la déprime, du pessimisme, du découragement, de la peur, de la frustration, de la colère, en bref une kyrielle d'états qui ne sont guère tonifiants pour l'être humain. Des états qui, dans la concomitance du psychosomatisme que les professionnels de la santé reconnaissent timidement, quoique un peu plus en ce 21ème siècle, maléficieront *éprouvant-ablement* aux perspectives de vie que chacun se donne le droit d'entrevoir. Voilà qui sera certes de nature à pervertir et à solidement éprouver la tessiture de nos valeurs, de notre système de croyance.

Bien sûr, nous faisons ici essentiellement état de ce qui nous sidère et nous fouette implicitement dans ce que nous voyons ou visionnons aléatoirement : imaginez à présent l'impact milluplé de ce que nous considérons cette fois avec un réel plaisir, un engouement tel que nous en venons à nous abandonner, à nous identifier tout de go aux personnages, interactions, situations et valeurs implicitement suggérées, tel que c'est le cas avec vos émissions favorites, les stars que vous adulez, les contextes que aimez retrouver, les émotions que vous appréciez même revivre.

Est-il à ce point nécessaire de réitérer la réalité du retentissement psychique qui nous est de la sorte servi sur une base multisensorielle omnisciente ?

Mais suffit pour cette illustration : permettons-nous maintenant d'examiner les constituantes de ce système de croyances, et d'en apprécier le substrat en omniprésence.

1. Les Valeurs

Pour les raisons soulevées ci-avant, nous aurons ici affaire au véritable cœur du système, puisque ses composantes séviront plus lointainement dans notre psychisme, à l'intérieur de ses instances potentiellement plus vivides et dynamisantes. À la manière d'une terre hautement fertile où auront été ensemencées et entretenues des graines à fort potentiel de pousse, et qui y auront atteint une maturité de portée en puissance depuis déjà un certain temps, ce qui en rendra l'étendue encore plus préjudiciable ou bénéficiable, puissamment infléchissantes qu'elles seront donc dans la sélection et l'orientation de ce qui s'avèrera cher à nos yeux.

Mais à la base, qu'entend-on par le mot *valeur* à l'intérieur de la présente argumentation ? Nous entendons par là un élément de considération de nature comportemental ou moral, instruisant l'établissement des standards de vie d'une personne ou d'un groupe, et qui se veut guidant dans l'esprit, autant que dans la lettre, quant au *modus vivendi* interactionnel de tous les instants. Il va sans dire que cette sorte de code de référence ira de pair avec l'époque, le milieu social, l'éducation familiale en arrière-plan, et sera appelée à évoluer en conséquence de la variance et de la remise en cause inhérentes à ses constituantes.

Donnons-nous ainsi la grille représentative suivante, constituée à partir de ce que nous avons recueilli comme réponses les plus prisées auprès de notre patientèle des dernières décennies dans cette finalité. Commencez s'il-vous-plaît par la considérer en vous permettant de comprendre chacune des valeurs proposées pour ce qu'elle peut vous inspirer, puis suivez les directives subséquentes afin d'en dégager le maximum pour les besoins de cette topique.

Nous ne fournirons pas de définitions ou d'explications pour chacune puisqu'elles sont du domaine de la compréhension courante.

A	Honnêteté / Transparence		**V**	Confiance en soi	
B	Fidélité		**W**	Générosité / Bonté	
C	Conjoint(e)		**X**	Qualité de vie	
D	Respect des Parents		**Y**	Façon de se vêtir, coiffer	
E	Enfants		**Z**	Authenticité / Naturel	
F	Argent / Aisance matérielle		**A**	Vie sociale / Party / 5 à 7	
G	Communication		**B**	Sens profond de la Vie / Spiritualité	
H	Sexualité		**C**	Moments de solitude / Réflexion personnelle	
I	Liberté		**D**	Ressassement constant du vécu et du passé	
J	Temps passé en couple		**E**	Affirmation / Être respecté	
K	Ouverture aux autres / Non-jugement		**F**	Prestige / Statut social	
L	Travail / Carrière		**G**	Prier/Méditer/Contempler	
M	Tendresse / Gentillesse		**H**	Sens du devoir/Responsable	

N	Complicité		**I**	Bonheur	
O	Ami(e)s		**J**	Ma silhouette physique	
P	Recherche / Observance de la Vérité		**K**	Être 'leader' / Numéro 1	
Q	Glamour / Jet-set / Paraître		**L**	Vie de famille	
R	Considération animalière		**M**	Altruisme / Philanthropie / Bénévolat	
S	Sensualité / Plaisir des sens		**N**	Respect de la Nature	
T	Fierté de l'héritage familial		**O**	Respect de sa parole, d'un engagement pris	
U	Expériences de vie limites / Sports extrêmes		**P**	Foi / Optimisme en un sens supérieur des choses	

Maintenant que vous avez fait personnellement du sens de chacune de ces vertus de vie, nous vous enjoignons à délimiter quelles sont les dix qui constituent à votre sens vos valeurs les plus importantes. Il vous est loisible de relire chacune d'entre elles et de les mûrir pour mieux arrêter rationnellement votre choix si cela vous sécurise, ou d'y aller plutôt spontanément selon ce qui vous parle le plus intuitivement dans l'immédiateté. Car comme nous le verrons plus loin, peu importe la façon que vous aurez utilisée, l'exercice va s'avérer malgré tout des plus révélateurs. Avec un crayon de plomb facilement effaçable donc, vous pouvez simplement entourer les lettres de classement figurant à gauche de la vertu sélectionnée, pour chacune des dix à choisir.

Une fois cela complété, permettez-vous de les relire, tout en indiquant à présent avec un chiffre de 1 à 10 que vous inscrirez dans la case positionnée à droite de ces mêmes valeurs, l'ordre d'importance que vous estimez qu'elles occupent dans votre vie à ce moment-ci, le chiffre '1' établissant bien entendu la plus fondamentale à vos yeux, et ainsi de suite de manière moindre parmi vos dix encerclements. Gardez clairement à l'esprit que vous répondez ici en fonction de ce qui est authentiquement pour vous, et non en fonction de vouloir bien paraître. Vous comprendrez à nouveau que ce type d'exercice se veut pertinent dans la mesure où vous l'effectuez avec sincérité.

II. Les Mythes personnels et familiaux

Si les valeurs constituent des éléments plus fins et même un brin abstraits quant à ce qui les étoffent intrinsèquement, il en va de toute autre manière en ce qui a trait aux mythes que nous cultivons, qu'ils nous soient proprement intimistes ou issus et inséminés plus insidieusement par notre milieu de vie, par les gens qui nous entourent : ils pourraient ainsi davantage se définir comme étant des prises d'opinion et de position plus pragmatiques, axées sur des situations morales concrètes de la réalité courante, et à partir desquelles s'échafaudera lentement mais sûrement le substrat même des valeurs que nous venons de voir.

Ci-après une liste de mythes parmi les plus communément répandus. Nous vous exhortons conséquemment à les parcourir bien sûr, à considérer plus particulièrement ceux qui vous accrochent spontanément, puis à réfléchir sur ces derniers, afin de simplement en évaluer le poids d'influence à l'intérieur de votre réalité de vie.

Selon nos six grandes dimensions de l'existence donc :

Sentimentale :

- *On ne peut rencontrer quelqu'un de bien dans un bar ou même via un site web, ou encore une agence de rencontre ;*

- *Il est incorrect de faire l'amour le premier soir d'une rencontre ;*

- *Faire l'amour sans vouloir enfanter, c'est mal ;*

- *Être gai s'avère contre Nature, contre Dieu ;*

- *Méfie-toi des hommes (des femmes) : ils (elles) sont tou(te)s pareil(le)s. Si l'un(e) d'entre eux (elles) t'a déçu(e), ce ne sera assurément pas un fait isolé dans ta vie;*

- *L'apparence et la mise de mon conjoint sont primordiaux, surtout lorsque je le présente à mes proches ;*

- *À force d'amour, on peut amener l'autre à changer ;*

- *Le statut social, la carrière, la réussite de mon conjoint sont fort importants ;*

Familiale :

- *On ne m'a jamais dit 'Je t'aime', mais toujours laissé entendre que je ne manquais de rien, que je bénéficiais d'un lit et d'un toit au-dessus de ma tête, que cela en constituait des gages évidents ;*

- *On m'a très tôt intimé de grandir, de me comporter en grand garçon, en grande fille, de faire ma part pour aider au lieu de toujours penser à m'amuser, car la Vie n'est pas un jeu ;*

- *Il m'a souvent été répété que si je n'étais pas content, je n'avais qu'à travailler pour m'offrir plus, ou simplement partir de la maison ;*

- *Il est important que ma famille approuve les ami-e-s que j'ai, accepte la personne que j'aime ;*

- *L'homme a toujours été, et restera toujours le pourvoyeur principal :*

- *Les enfants doivent se comporter de manière à toujours faire honneur aux parents ;*

- *Tout ce qui se vit et se dit au sein de la famille doit rester dans la famille ; ne prends jamais parti contre les tiens, ne les trahis jamais.*

- *Quelqu'un doit se sacrifier pour prendre soin des parents ;*

- *Personne dans la famille n'a jamais accompli quoi que ce soit de remarquable ; qui crois-tu être pour penser faire différemment ?*

- *L'enfant ne saurait jamais avoir raison aux détriments de son père ou de sa mère ;*

- *Il vaut mieux ne pas être un parent trop aimant, pour éviter de causer à nos enfants plus de chagrin qu'il ne faut lors de notre décès ;*

Travail :

- *Ne fais pas de bruit, ne déplace pas d'air et applique-toi à toujours effectuer ton travail au meilleur de tes capacités, et même au-delà ;*

- *Considère la chance que tu as de travailler, et sois en tout temps à tes affaires ;*

- *Ponctualité et honnêteté vont toujours de pair aux yeux d'un employeur ;*

- *Ne questionne jamais les demandes et les décisions de tes supérieurs ; contente-toi d'exécuter.*

- *Accepte toujours spontanément de faire du temps supplémentaire, ou même de prendre de ton propre temps pour satisfaire à une requête ; après tout, ils payent ton salaire.*

- *Le vol de temps ou de matériel est immoral, autant qu'inacceptable ;*

- *Prends garde aux offres d'emploi trop bien rémunérées, n'exigeant apparemment que peu d'effort : un travail honnête consiste plutôt à gagner décemment son pain à la sueur de son front.*

- *Mon père a travaillé durant trente-cinq ans pour le même employeur ;*

- *Mon père n'a jamais manqué une seule journée de travail durant toute son existence ;*

Société :

- *Tous les gens sont égoïstes, voleurs et menteurs ; ne fais confiance à personne.*

- *Les gens des grandes villes sont impersonnels, calculateurs, égoïstes et dépourvus de toute humanité ;*

- *La société n'est bonne qu'à abuser de nous ;*

- *Sur ton chemin, il ne faut jamais regarder quelqu'un dans les yeux, ou adresser la parole à un étranger. Tu ne sais jamais sur qui tu pourrais tomber.*

- *Si quelqu'un t'interpelle pour quoi que ce soit, fais attention : feins de ne pas l'entendre et poursuis ta route ;*

- *Si une personne au loin hurle et demande de l'aide, là encore fais semblant de n'avoir rien entendu et regarde devant toi. On ne sait jamais dans quel guêpier on risque de tomber ;*

- *Il ne faut jamais sortir après la tombée de la nuit, il se trouve tellement de gens dangereux autour de nous ;*

- *La grande majorité des conducteurs automobiles sont des enragés du volant ;*

- *La Nature a toujours été et sera toujours, peu importe que nous la saccagions, la dévastions, ou l'avilissions ;*

Spirituelle :

- *Il n'y a rien après la vie : que le néant de la mort. As-tu déjà vu quelqu'un que l'on connaissait en revenir, ou donner un signe qu'il s'y trouvait quelque chose ?*

- *La preuve est qu'il n'existe aucun Dieu, car autrement comment pourrait-il laisser continuer le chaos, l'injustice et l'inhumanité de notre monde ;*

- *Les hommes de Dieu que sont les ecclésiastiques sont tous des pédophiles en puissance, si ce n'est avoués ;*

- *Toute forme de spiritualité ou de religion est sectaire et dogmatique ;*

- *Prière et méditation constituent une seule et même chose ;*

- *Je refuse de considérer les décevants humains dans mon cheminement, et ne vit qu'en fonction du Très-Haut ;*

- *L'essence de Dieu est en chacun de nous, quelles que soient nos allégeances ;*

Personnelle :

- *Je suis un bon à rien, je ne réussirai jamais quoi que ce soit ;*

- *On m'a toujours comparé défavorablement aux autres ;*

- *Je suis issu d'un milieu populaire, comment pourrais-je jamais accomplir quelque réalisation digne de ce nom ;*

- *Ne laisse jamais voir ton émotivité, ta sensibilité ; retiens tout ce qui pourrait te faire paraître faible.*

- *En tout temps, sois belle (beau) et tais-toi ;*

- *Tu ne devrais jamais te gâter, ou t'éclater de manière trop fréquente : accumule plutôt ton argent pour les imprévus, et retiens que la Vie n'est pas qu'amusement.*

Après examen de ces mythes, vous apparaît-il clair que vous envisagez encore les occurrences et les interactions du quotidien au travers de plusieurs de ceux-ci ? Avez-vous maintenant l'impression d'avoir effectué des choix, de vous être compromis dans des situations ou envers des gens, essentiellement en raison de ces derniers ? Le cas échéant, la résultante s'est-elle avérée heureuse, mièvre ou peu reluisante pour vous ? Croyez-vous être authentiquement adhérents à ces avancées, ou est-ce que vous les laissez vous guider uniquement par habitude ?

III. Les Choix et Priorités de Vie

Au milieu du rythme de vie effrénée qui est le lot du commun des mortels à l'intérieur de nos sociétés soi-disant humaines, là où l'inhumanité la plus impersonnelle est souvent de mise pour simplement survivre, le temps est précieusement compté, presque comptabilisé, particulièrement lorsque s'impose la nécessité de faire un tant soit peu un bilan de son existence pour mettre le doigt sur ce qui peut s'avérer obscurément grevant. En ce sens donc, il est beaucoup plus rapide et souhaitable même de s'en remettre à des psychotropes afin d'engourdir nos maux de l'âme ou de l'esprit, puis à de superficielles prises de conscience du moment, histoire de ne pas trop remuer les poussières de son passé, de crainte d'éternuer et d'ébranler les colonnes du temple de sa personnalité. Voilà pourquoi dans la présente optique, au lieu de s'arrêter à décortiquer plus à fond nos valeurs et nos mythes, il est davantage dans l'air du temps de s'en tenir à la surface des choses, en ne considérant ainsi que les priorités arrêtées au présent.

Pour être conséquent autant que cohérent avec nos avancées donc, nous apparierons les six grandes dimensions de l'existence, telles que nous les avons déjà effleurées, à ces choix et priorités : à savoir les plans *sentimental*, *familial*, *travail*, *société*, *spirituel* et bien sûr *personnel*.

Il va évidemment sans dire que l'ordre dans lequel ceux-ci s'étalent dans l'optique de chacun va sensiblement différer au fil du temps, selon le vécu encouru, ainsi que les conditions de vie afférentes à chacune de ces périodes. Là sera d'ailleurs la caractéristique principale de ces choix et priorités : d'être définis en conformité avec ledit moment en présence. Ainsi, une personne au milieu de la vingtaine entrant en relation avec une autre sera tendancieuse à prioriser à cet instant sa vie sentimentale, possiblement même au détriment de sa dimension travail, et de tout le reste également, le premier amour étant un grand amour ! Puis avec le temps, le projet d'avoir un enfant se définissant, le focus sera fort logiquement déplacé sur la dynamique familiale, et moins sur la ferveur passionnée de la dimension purement sentimentale. Par la suite, une fois les enfants amenés à l'âge adulte, et devenus autonomes, la priorité principale risque bien naturellement de changer, serait-ce pour le travail, le plan sentimental ou peut-être même la dimension de la spiritualité. Ce qu'il importe de constater ici, c'est l'aspect plus *conscient* et *rationnel* présidant essentiellement à cet établissement, selon l'entendement littéral de l'individu, sa perception circonstancielle, de même que ce qu'il considérera être important selon sa logique des choses. D'aucuns objecteront qu'il subsiste toujours une influence de l'inconscient sur le cours des activités cognitives, ce qui est d'autant plus juste que nous avons nous-même souligné cela plus tôt. En contrepartie cependant, celle-ci s'avérera ici plus relativisée, donc moins oppressante psychiquement, principalement en raison du caractère souvent immédiatement prenant du contexte, impliquant un changement d'importance dans la vie du sujet, qui s'essaye alors à décider en s'efforçant de le faire le plus rationnellement et le plus logiquement possible, ses propres intérêts étant lourdement dans la balance.

À partir de ces développements, livrons-nous à présent à un exercice pour mieux jauger votre système de croyances personnel :

- Considérant notre dernière rubrique *Choix et priorité de Vie*, dressez votre propre ordre des choses dans cette finalité, en ordonnant de 1 à 6 les six dimensions déjà mentionnées, partant de la plus importante pour aboutir graduellement à celle qui l'est moins, et ce tel que votre existence <u>actuelle</u> vous amène à les établir ;

- Une fois ceci fait, repassez en détail la rubrique précédente, *Mythes personnels et familiaux*, en vous appliquant là aussi à relever puis à numéroter dans un ordre croissant ceux qui sont toujours susceptibles de vous grever présentement, tout en portant attention à la dimension de laquelle chacun provient. S'en trouve-t-il une par ailleurs qui est plus importante en ce sens qu'une autre ?

- Enfin, retour à la case départ : réexaminez les valeurs que vous avez initialement arrêtées, puis ordonnées de 1 à 10, en vous servant du tableau d'appariement suivant pour constater à quelle(s) dimension(s) ces dernières se rattachent ;

A	Honnêteté / Transparence PERSONNEL		**V**	Confiance en soi PERSONNEL	
B	Fidélité PERSONNEL		**W**	Générosité / Bonté SPIRITUEL	
C	Conjoint(e) SENTIMENTAL		**X**	Qualité de vie PERSONNEL	
D	Respect des Parents FAMILIAL		**Y**	Façon de se vêtir, coiffer SOCIÉTÉ	
E	Enfants FAMILIAL		**Z**	Authenticité / Naturel SPIRITUEL	
F	Argent / Aisance matérielle PERSONNEL		**A̱**	Vie sociale / Party / 5 à 7 SOCIÉTÉ	
G	Communication PERSONNEL		**Ḇ**	Sens profond de la Vie / Spiritualité SPIRITUEL	
H	Sexualité SENTIMENTAL		**C̱**	Moments de solitude / Réflexion personnelle SPIRITUEL	
I	Liberté PERSONNEL		**Ḏ**	Ressassement constant du vécu et du passé SPIRITUEL	
J	Temps passé en couple SENTIMENTAL		**E̱**	Affirmation / Être respecté TRAVAIL	
K	Ouverture aux autres / Non-jugement SPIRITUEL		**F̱**	Prestige / Statut social SOCIÉTÉ	
L	Travail / Carrière TRAVAIL		**G̱**	Prier/Méditer/Contempler SPIRITUEL	
M	Tendresse / Gentillesse SPIRITUEL		**H̱**	Sens du devoir/Responsable PERSONNEL	
N	Complicité PERSONNEL		**I̱**	Bonheur PERSONNEL	
O	Ami(e)s SOCIÉTÉ		**J̱**	Ma silhouette physique SOCIÉTÉ	
P	Recherche / Observance de la Vérité SPIRITUEL		**Ḵ**	Être 'leader' / Numéro 1 PERSONNEL	
Q	Glamour / Jet-set / Paraître SOCIÉTÉ		**Ḻ**	Vie de famille FAMILIAL	
R	Considération animalière SPIRITUEL		**M̱**	Altruisme / Philanthropie / Bénévolat SPIRITUEL	

S	Sensualité / Plaisir des sens SENTIMENTAL		N	Respect de la Nature SPIRITUEL	
T	Fierté du patrimoine familial FAMILIAL		O	Respect de sa parole, d'un engagement pris PERSONNEL	
U	Expériences de vie limites / Sports extrêmes PERSONNEL		P	Foi / Optimisme en un sens supérieur des choses SPIRITUEL	

Maintenant, si nous prenons pour acquis que les deux premières rubriques du présent système de croyances s'avèrent représentatives de ce qui nous a été plus particulièrement introjeté familialement et socialement dans les profondeurs de notre psyché, constituant donc un juste écho de ce qui en tisse l'étoffe, permettez-vous de mettre en parallèle l'ordre d'établissement de vos **valeurs** tel que vous l'avez dressé ci-avant, puis celui de vos **mythes**, de manière à valider qu'il y a similitude d'un côté et de l'autre, quant aux dimensions dominantes et à leur ordre d'importance, ce qui démontrera si vous êtes psychiquement conséquent et constant en ce sens.

Là toutefois où l'intérêt se révèle plus vif, c'est en mettant ensuite en comparaison ce que vous aurez dégagé communément de ces deux rubriques avec ce que vous aurez listé en terme de **choix**, de **priorités de vie**. Car vous aurez compris qu'autant ce que nous venons de voir constitue le reflet de ce qui est stocké profondément dans votre inconscient, autant ces derniers choix et priorités représenteront plutôt ce que vous aurez plus consciemment arrêté. Ce qui signifie en clair que si ce parallèle laisse entrevoir des différences marquées, ce sera alors le signe que votre volonté consciente est possiblement en contradiction avec vos conditionnements profonds, dévoilant très certainement ainsi un filigrane de votre mal-être incessant. Nous pourrions même rappeler que ces choix sont davantage de votre crû conscient et actuel, tandis que les valeurs et les mythes risquent de vous avoir été plutôt inculqués par tous ceux qui vous entouraient dans vos jeunes années.

IV. Imagination, Imagination symbolique et Imagination fantasmatique

Un chapitre traitant de la capitale topique du système de croyances ne saurait aspirer à être pertinent s'il n'incluait pas un développement traitant de la non moins capitale fonction d'imagination. En effet, par-delà les conditionnements et les automatismes dont notre psychisme est bien malgré lui pourvu, il ne faut pas perdre de vue que la faculté humaine d'imaginer constitue un authentique nerf névralgique de moult problématiques, de par ce qu'elle ajoute à une situation à l'origine ambigüe et portant à réflexion, ou extrapole souvent fébrilement à partir de celle-ci, en terme de projection virtuelle certes, mais non moins susceptible d'intensifier le senti émotionnel en arrière-plan jusqu'à générer un véritable survoltage tout le long de notre échine. À l'évidence, c'est que cette même faculté peut également se révéler un pur paradis, un extraordinaire tonique stimulant sous l'égide d'une visualisation mentale développant par exemple le scénario d'une représentation hautement positive et motivante, tel que Charles Garfield le rapportait dans son important ouvrage Haute Performance ou encore Norman Vincent Peale à l'intérieur de son tout aussi fondamental Cinéma Mental. Car cet exercice concerté imprègne la psyché d'une considération de forte actualisation d'une finalité souhaitée, s'y incrustant peu à peu au point de devenir une ligne de force puissamment directrice, favorable à sa réalisation en devenir. Et comme nous connaissons le formidable pouvoir d'énergisation du subconscient, il ressort que jamais la faculté d'imaginer ne pourra être plus constructivement utilisée qu'ici.

Cependant, tel que nous l'avons annoncé d'entrée de jeu, ledit paradis peut équipollemment donner dans le plus sordide purgatoire, advenant que la trame imaginative dérape plutôt vers une sombre anticipation, tendant là aussi vers l'actualisation de son occurrence virtuelle en un paroxysme chargé d'émotions du même acabit, ne pouvant induire ici qu'une perspective des plus maléficiantes pour l'homéostasie psychique. À partir de cela, un simple appel manqué par exemple émanant du cabinet de notre médecin sera susceptible d'activer chez nous une scénarisation pessimiste, une vive appréhension de nouvelles présumément mauvaises, à laquelle notre rationalisme cèdera, en tentant même d'y jumeler des faits pouvant corroborer cette possibilité.

Voilà donc ce que sera l'imagination : une faculté proactive positionnée au confluent de nos instances psychiques, dotée de souches solidement enracinées dans le conscient, puis dans chacun des niveaux d'inconscience et de subconscience qui suivent, s'érigeant de la sorte en tant qu'élément d'influence omniprésent sur et dans le cours de nos activités psychiques. Très rapide à réagir, très intense dans son ressenti, illimitée dans ses conjectures, elle n'en demeure pas moins un formidable agent proactif de toute occurrence, de toute interaction.

À ce titre, citons les excellents travaux du professeur français Gilbert Durand, dont L'Imagination symbolique ainsi que Les Structures Anthropologiques de l'Imaginaire constituent des sommes autant que des sommets référentiels sur le sujet. Simplifiée, son idéologie peut se condenser très succinctement en ceci : tout être humain sait qu'il mourra un jour, et que ce qu'il sera appelé à expérimenter entre sa naissance et sa mort ne sera pas toujours du meilleur aloi. Ainsi donc l'imagination s'avérera une sorte de mécanisme de défense contre l'effet hautement consternant, corrosif même, de ces prises de conscience. De cette angoisse existentielle et universelle serait née la faculté d'imagination, en guise de contrebalancement, de redresseur d'équilibre psychique, et même émotionnel, face à la sèche constatation que tout a une fin, que le néant nous guette à chaque instant. La maladie peut de la sorte être définie comme étant une incapacité à imaginer, pour le meilleur bien sûr, à se rattacher aux symboles et aux paramètres de son temps. Si nous nous rappelons cet aphorisme d'Albert Einstein, à l'effet que la connaissance est limitée, mais que l'imagination ne l'est jamais, nous comprenons les cruelles limitations d'une existence exclusivement articulée sur la dialectique de l'intellectualisme, versus une vie où l'imaginaire éthéré permet une considération perceptuelle élargie, voire même infinie, du littéral du quotidien. Car la faculté d'imaginer permet à l'esprit de briser ses chaînes, de se projeter bien au-delà des barreaux et des carcans auxquels son asservissement social le contraint. C'est dans cette même concomitance d'ailleurs que Durand caractérise ce processus, en le nommant spécifiquement *imagination symbolique* et en en dégageant quatre fonctions spécifiques et vitales : l'*euphémisation* qui tempère l'impact senti et anticipé, le *rééquilibrage social* utilisant le symbole pour tout ce qu'il peut spontanément suggérer de 'connectant' entre l'individu et la réalité de la collectivité, pouvant même ainsi traiter sa solitude d'être et son mal-être intimiste, l'*oecuménisme* aspirant à un recensement des images et symboles en un vaste et inspirant musée de l'imaginaire planétaire, puis enfin la *théophanie* permettant à ces mêmes représentations de donner un visage concret à ce que l'absconse transcendance peut être.

Nous constatons que le mérite des travaux de Gilbert Durand tiendra donc à cette réhabilitation du symbole et de l'imagination quant à leur importance, ainsi qu'à leur prédominance dans l'entendement collectif des années '60, ce qui s'avère plus que jamais d'une singulière acuité d'application près de soixante ans plus tard, avec la prépondérance outrancière du culte de l'image et du paraître que nous connaissons et entretenons.

Maintenant, en considérant les éléments de notre nature immanente que nous avons vus précédemment et qui sont hautement favorisant à toute pensée ou scénarisation que ce soit (*la puissance évocatrice de l'image, l'intensité hautement énergétique de l'émotion, la dynamisation incessante du niveau subconscient..*), tout autant que les principes de prospérité de Catherine Ponder, la loi d'attraction de Rhonda Byrne, les règles du cinéma mental de Norman Vincent Peale, nous ne pouvons que corroborer le retentissant impact de notre système de croyances personnel sur notre moral, notre santé, nos perspectives de vie, et possiblement même envisager le repositionner un tant soit peu à notre avantage.

Voilà ce qui nous amène à parler d'*imagination fantasmatique*. Scénarisation vécue virtuellement mais non moins dépourvue d'intensité sur différents azimuts, et aspirant à satisfaire ce qui est carencé dans nos tendances ainsi que dans nos désirs. Poussé dans sa vividité et son caractère suggestif, elle peut se faire sexuelle dans son essence, puis sexuellement attisante dans sa quintessence, mais sans s'y limiter. Son caractère de forme arrêtée de la pensée imaginaire ne sera pas sans paralléliser le concept même de *forme-pensée* métaphysique, c'est-à-dire cette énergisation à consonance égrégorienne d'une idée entretenue, en venant à mobiliser de plus en plus d'espace psychique, quasiment à la limite de l'ectoplasme médiumnique, et à exercer une authentique influence sur la psyché. Ce que nous voulons entendre ici, c'est qu'il se trouve basiquement un caractère des plus effervescents dans le processus d'imagination, auquel l'ajout d'une catalysation plus fantasmatique va carrément décupler la vividité ressentie, de même que la puissance de sa réverbération dans l'essence de l'être. Ce à quoi notre subconscient non ségrégationniste ne pourra bien évidemment que concourir à dynamiser de plus belle.

Mais avant d'aller davantage de l'avant, d'aucuns nous demanderont d'ores et déjà ce qui distingue un fantasme, d'un rêve diurne, d'une aspiration ou encore d'un idéal. Dans les faits, ces trois derniers éléments composent davantage avec l'idéation d'un but souvent décemment souhaité, à l'intérieur d'une tangente elle-même anodine d'actualisation des choses, tandis que le fantasme suggère bien supérieurement une projection potentiellement plus audacieuse et désinhibée, indécente autant que susceptible d'être indécemment entretenue, peu ou pas assujettie à des normes sociales, alors que ses actants s'y livreront à des interrelations –*et nous utiliserons ici des termes de même racine étymologique que le mot 'fantasme' pour mieux en exprimer l'étoffe pluraliste*- fantaisistes, fantasques, fantastiques, fantasmagoriques, dignes de pures fantaisies, et ce au travers d'expérience plus extrêmes, voire interdites, mais dans tous les cas sentiemment plus vivides. Et ce sera cette même vividité des émotions qui le fera fréquemment loucher du côté sexuel, à nouveau sans pour autant s'y astreindre : il ne sera donc pas rare d'y voir des fantasmes à caractère métaphysique, spirituel, délirant, folichon, extrasensoriel, expansionnant justement dans un plaisir des sens orgasmiquement culminant et souvent indéfinissable en mots une fabulation qui n'aurait autrement jamais pu s'esquisser dans la réalité courante. Et ce sera ce même caractère hautement licencieux qui empêchera les gens qui en fomentent, de les partager, justement par crainte de paraître pervers, déviants, perturbés, face à la 'normalité' officielle.

Nous reviendrons sur ce dernier concept en tant qu'élément de thérapie dans le cadre de notre chapitre dixième traitant de la *Cure métapsychanalytique*. Mais pour l'instant, sous l'éclairage des développements et avancées de ces pages, tout autant qu'en guise de conclusion, posons-nous une simple question de circonstance : ce que vous vivez actuellement dans votre existence, ce que vous regrettez de n'avoir peut-être pas fait, pas accompli, ce que vous ressentez au plus profond de vous-même comme étant carencé, tout cela n'est-il pas en fait partie de vous, tout cela n'origine-t-il pas de votre incapacité à vous octroyer le droit de vous projeter au-delà de vos contingentements du présent ? À simplement vous permettre d'imaginer, de fantasmer même ?

Chapitre neuvième
L'Autoscopie métapsychanalytique

Ce que nous proposerons ici sous l'appellation d'**autoscopi**e sera littéralement ce que ce mot signifie : à savoir l'apprivoisement de soi-même par la considération et l'observation de sa propre image, en soi de sa propre façon d'être, de penser et de réagir, au travers d'une guidance méthodique et approfondie, mais sous un éclairage plus intuitif que raisonné, privilégiant ainsi le non-dit de même que le filigrane plus subtil des choses. À la différence donc de l'introspection classique se concevant en tant qu'une remise en perspective de ce que le niveau conscient et, à la limite, les ramifications inconscientes de son matériel substantifique peuvent receler. Oui, ce chapitre s'appliquera à détailler la première de deux méthodologies exploratrices en Métapsychanalyse, celle-ci concernant l'expérience d'individuation propre à chacun au travers de sa relation subjective avec l'*inconscient collectif* et le *subconscient*, et la seconde étant l'**anamnèse**, qui ciblera plus typiquement le *supraconscient*, ainsi que la nature hautement transcendante de ce qui constitue l'arrière-plan essenciel de notre réalité. Mais ceci fera l'objet d'un éventuel tome deux en la matière. Pour l'instant, précisons que le présent examen autoscopique consistera en une scrutation finement paramétrée de ce que nous *pressentons* de notre immanence de personnalité, en termes de connaissance empirique certes mais davantage sentie qu'analysée, au-delà de ce que nous sommes habitués d'en admettre d'ordinaire.

Dès le départ, il va sans dire qu'au cours d'une consultation traditionnelle en relation d'aide ou en psychothérapie, le patient divulgue bien ce qu'il VEUT, de même que ce qu'il PEUT, signifiant par là qu'il lui est toujours loisible d'exercer un certain discernement conscient quant à ce qu'il est prêt à sciemment dire de lui, dans le même temps qu'en raison de ses propres interdits et refoulements, il ne pourra carrément pas se permettre de se livrer complètement sur certains points, ceux-ci échappant à son entendement conscient. Dans le premier cas, une retenue personnelle face au professionnel qui le reçoit peut d'elle-même interférer en ce sens, tandis que dans le second, cette entrave pourra davantage se révéler le fruit de ce qui sera potentiellement en situation d'oppression en lui, inconsciemment autant que subconsciemment. Et pareille avancée peut assurément être faite même lors d'une introspection menée justement autonomement, surtout quant à ce que la psyché peut permettre de se souvenir.

Au risque de nous répéter, retenez que ce qui suit se veut essentiellement articulé sur la spontanéité du senti, et le moins possible sur une *prise de conscience littérale* d'un état de fait. Dans la même veine, nous paralléliserons les préceptes de la médecine chinoise, notre credo stipulant également que l'être humain est assujetti aux mêmes lois que celles régissant l'univers, qu'il est *in per se* fondamentalement *énergie*, cette dernière circulant et devant circuler de manière fluide le long des méridiens du corps, tout autant que dans le cours même de ses processus vitaux, que la régularisation des émotions se révèle aussi primordiale dans le maintien de la santé, que l'hygiène et le soin du corps. Voilà qui justifie en partie pourquoi la démarche proposée ci-après est ainsi architecturée : dans l'intention d'établir une fluide syntonie avec les énergies subtiles, et plus souvent qu'autrement insondables, de la psyché. Car c'est bien au-delà du mental conscient, des prises de conscience afférentes aux entretiens psychologiques et psychiatriques, que l'authentique vie de l'esprit prend force, se devant d'être en conséquence étudiée, comprise, constructivement assumée et non plus jamais subie, ou cartésiennement microscopée.

Aussi, lorsque vous aborderez la partie proprement *appliquée* de cette autoscopie, nous vous proposons de vous munir d'un crayon et d'un cahier préférablement relié, histoire de minimiser le plus possible l'égarement d'un segment de vos notes en cours d'activité, et pour mieux développer l'habitude d'y inscrire alors ce qui montera à votre esprit lorsque vous vous livrerez aux exercices, que cela s'exprime en marge des mots, en sensations, en émotions ou en senti épars. À ce niveau, la seule règle qui prévaut est de justement de n'en point avoir. Permettez-vous ainsi de noter tout ce qui surgira dans votre espace intimiste, aussi étonnant, détonnant, disjoncté, irréel, surréel ou absurde que cela puisse sembler. Gardez-vous du même coup de vouloir aller trop vite : respectez s'il-vous-plaît les indications en ce sens, et le cas échéant, ne faites pas plus d'une activité-atelier par jour, dans le but de bien laisser les poussières inconscientes, subconscientes et occasionnellement supraconscientes retomber après coup.

Votre coefficient préliminaire de zénitude

En guise de préliminaire, permettons-nous de regarder comment vous vous positionnez dans votre capacité à composer avec l'adversité et à en encaisser le retentissement émotionnel inhérent, bref à voir si vous êtes plus ou moins *zen*, ou *cool* comme on dit populairement, face à l'existence.

Commencez par fournir des éléments de réponse aux questions suivantes :

- *Diriez-vous de votre personne que vous êtes quelqu'un d'aisément altruiste et humain, d'un tant soit peu considérant des gens en général, et pas seulement de ceux qui sont vos familiers, ou même de votre seul bien-être ?*

- *Possédez-vous une conscience sociale ? Vous intéressez-vous à votre collectivité, aux affaires de votre communauté, à la qualité de vie de votre quartier, même si c'est lointainement après les vôtres, ou s'il s'agit là du cadet de vos soucis ?*

- *Quelle est votre position face aux animaux ? Partagez-vous volontairement votre intimité avec un ou plusieurs petits cœurs à poils, à plumes ou à écailles ? Ou est-ce que ceci vous indiffère ?*

- *Êtes-vous végétarien ou encore végan ? Ou êtes-vous un insatiable consommateur de viande, convaincu que c'est là un gage de santé à ne pas mésestimer ?*

- *Vous avérez-vous soucieux de la Nature dans sa vastitude, de l'écologie, des espaces de verdure qui sont disséminés votre quartier ?*

- *Vous livrez-vous à une activité de bénévolat sur une base régulière ? Et il n'est nullement question ici de qualifier de la sorte l'aide que vous pouvez apporter à votre enfant, un parent ou un ami, mais bien plutôt à un pur étranger, de manière non calculatrice, désintéressée, à l'intérieur d'un authentique contexte de travail communautaire..*

- *Êtes-vous une personne dotée d'une certaine spiritualité, c'est-à-dire d'une foi ouverte envers une destinée, une transcendance des choses ? Ou êtes-vous plutôt de nature religieuse, soit plus à l'aise à l'intérieur d'un encadrement cultuel et dogmatique, comme c'est le cas avec les religions traditionnelles ?*

- *Exprimez-vous concrètement ces mêmes convictions en actes ? Est-ce que vous méditez, contemplez, priez, prenez part à des offices, sur une base régulière (e.g. dans une mesure minimale d'une à deux fois par mois) ?*

- *Dans vos interactions humaines, devant une situation conflictuelle ou des personnalités troubles, êtes-vous généralement apte à gérer sainement vos émotions, ou plutôt tendancieux à vous laisser submerger par ce que vous ressentez ?*

- *Devant l'épreuve, êtes-vous porté à dégager un sens à ce que vous vivez ou avez vécu, à voir même les événements moins plaisants sous l'égide d'un travail sur votre personne, de dépassement édifiant pour vous-même ?*

Vous aurez compris ici également que ces questions n'appellent aucune réponse particulière ; le but visé est davantage de vous faire réfléchir sur votre *modus vivendi* spontané face aux aléas du quotidien, qu'ils soient le fruit d'interactions humaines ou d'occurrences circonstancielles. Ainsi, advenant que vous vous présentiez ici sous un jour plus fermé, têtu ou vindicatif, sachez que cela est absolument véniel, et parfaitement légitime : tout au plus cela signifie que vous êtes un esprit terre-à-terre, alors que dans le cas contraire, vous auriez plutôt fait montre d'une essence plus finement éthérée. Les développements à venir permettront d'ailleurs de mieux apprécier les présentes nuances de personnalité qui émergeront potentiellement.

Propédeutique suggérée

Pour mieux vous attaquer à ce qui va suivre, nous allons vous proposer un exercice méditatif préliminaire, que nous vous proposons de simplement pratiquer avant de vous appliquer à quelque activité que ce soit de cette autoscopie. D'une part de façon à vous prédisposer psychiquement à lâcher prise sur l'hégémonie outrancière du niveau conscient, et d'autre part dans le but de vous intimer subliminalement une ouverture spontanément plus sentie que raisonnée envers votre réalité. Prenez d'ailleurs note que le tout ne devrait guère vous prendre plus de deux à trois minutes à effectuer. Et s'il-vous-plaît, ne vous astreignez pas à ceci à contrecoeur, mais voyez plutôt le tout en tant qu'un exercice relaxant et même bienfaisant pour vous.

- Au départ, prenez un instant pour vous détendre dans un endroit quiet, adéquatement installé, en inspirant profondément par le nez, en sentant que l'oxygène inhalé vous calme et vous tempère, puis en expirant par la bouche, en sentant cette fois-ci que vous rejetez hors de votre être tout ce qui pouvait vous grever et vous empêcher de vous relaxer. Répétez au besoin une deuxième, puis une troisième fois le cas échéant ;

- Fermez ensuite vos paupières, et maintenez-les ainsi en visualisant en vous l'image d'un grand ciel de nuit complètement noir. Un ciel de nuit parfaitement uniforme, c'est-à-dire sans aucune étoile, sans aucun nuage, sans aucun relief, tout en vous adjoignant la sensation que tout ce qui pouvait subsister en vous de préoccupant s'engloutit dans cette toile de fond complètement noire, de manière à vous laisser à présent libre de tout bruit mental ;

- Sentez qu'une effervescence commence à naître au niveau de votre bas-ventre, un peu à la manière d'une énergie lumineuse se faisant de plus en plus intense à cet endroit, puis de plus en plus irradiante. Voyez à ce moment un jet lumineux en émerger lentement, vivement, pour mieux s'extensionner le long de votre ligne harique jusqu'au niveau de votre front, où elle ralentira ;

- Visualisez ce faisceau s'immobiliser à un ou deux centimètres au-dessus du centre de vos arcades sourcilières. Sentez à nouveau la même effervescence que précédemment s'y développer, toujours sous l'image d'un point lumineux devenant vif et éblouissant. Prenez quelques secondes afin de pleinement faire vôtre cette sentience.

- Enfin, imaginez que cette énergie ressourçante s'expansionne ultimement de votre front jusqu'à un autre halo luminescent, celui-là situé très haut au-dessus de votre être. Voyez le contact des deux générer une vive étincelle éblouissante, alimentant une onde énergétique de retour, revenant de ce même halo en sens inverse jusqu'à votre front, puis au niveau de votre bas-ventre où il semble se fondre en vous. Sentez cette vague de lumière vous animer, vous inspirer, en demeurant sur cette sensation pour une minute ou deux avant de revenir à la réalité.

Il vous est également loisible de pratiquer cet exercice selon une fréquence et même une finalité autres, par exemple à chaque matin en vous éveillant, mais en demeurant au lit le temps de l'exercice, ou encore en fin de soirée, au moment où vous vous apprêtez à dormir, et ce selon votre senti. Car d'après votre nature personnelle et votre ouverture immanente aux choses plus subtiles de l'existence, ceci peut vous permettre de maintenir une certaine synthonie avec les sphères supérieures de votre esprit, tout en faisant bénéficier votre rationalisme d'un encadrement plus relâché et plus tempéré, bien au-delà d'une quelconque pratique propédeutique.

Autoscopie métapsychanalytique

A. Et si..

Nous allons débuter par une réflexion tout ce qu'il y a de plus pragmatiquement –*Ô grande hérésie !*- consciente, du moins en apparence, en ce qui a trait à sa forme toutefois beaucoup plus qu'à son fond. Et il serait bon de consigner dans votre cahier d'accompagnement la résultante de l'exercice.

Commencez par vous détendre un tant soit peu, en effectuant en vous le vide de toute préoccupation du moment, de toutes vos arrière-pensées en toile de fond. Voyez ensuite le plus spontanément ce qui se présente à votre esprit pour chacune des mises en situations suivantes, en vous abstenant de trop penser, ou de chercher à trop vitement passer à la suivante, advenant que vous n'ayez pas encore répondu à celle en cours : respectez votre *senti*.

Bien sûr, nous vous exhortons instamment à faire fi de votre morale rationnelle, de votre censure personnelle, ce faisant. Vous êtes prêt ?

- *Si vous étiez en mesure de changer votre actuelle routine quotidienne, comment envisageriez-vous de le faire ?*

- *Si vous redeveniez demain matin libre de toute attache sentimentale, libre de toute obligation formelle envers votre employeur, des clients ou toute autre personne de qui vous seriez responsable, comment redéfiniriez-vous votre existence alors ?*

- *S'il vous était donné, au-delà du temps, de l'espace et des années, l'opportunité de pouvoir renouer avec une de vos anciennes flammes amoureuses, ou encore avec quelqu'un qui vous intéressait sentimentalement mais que vous n'avez jamais pu courtiser ou de qui vous auriez vous-même aimé l'être, avec qui souhaiteriez-vous bénéficier d'une deuxième chance ? Et pourquoi ?*

- *Si vous étiez en mesure d'authentiquement vivre dans votre réalité une expérience à en perdre la tête, ou un fantasme sans aucune limite ou censure, avec qui souhaiteriez-vous l'expérimenter, et en quoi consisterait-elle ?*

- *Si vous regardez globalement votre vie, telle qu'elle a été jusqu'à ce jour, si vous considérez tout ce que vous avez traversé dans le bonheur comme dans le malheur, et s'il vous était affirmé que votre vécu actuel se veut en fait la conséquence de tout ce que vous avez pu faire lors de vies antérieures, quel genre de bagage inconscient croyez-vous ainsi avoir amené avec vous dans cette existence-ci ?*

- *Si vous gagniez à la loterie une somme colossale, qui vous permettait de régler instantanément toutes vos tracasseries et vos obligations.. Une somme qui vous rendait totalement indépendant de fortune, au-dessus des vicissitudes les plus platement routinières du quotidien, que feriez-vous de votre vie ? Garderiez-vous les mêmes gens autour de vous, mèneriez-vous un type d'existence similaire, ou donneriez-vous plutôt libre cours à de toutes autres aspirations ?*

- *S'il ne se trouvait aucune personne pour vous juger, aucune morale à respecter, aucun compte à rendre à qui que ce soit, que vous permettriez-vous de faire ?*

- *Si un bon génie vous apparaissait, et qu'il vous proposait de réaliser séance tenante trois vœux, inconditionnellement, intégralement, et sans qu'aucune justification ne vous soit exigée, que demanderiez-vous alors ?*

- *S'il vous était possible de littéralement transposer dans votre réalité un film que vous avez singulièrement apprécié, et même d'y prendre part en tant que personnage authentiquement impliqué dans son déroulement, quel serait alors votre choix et votre rôle ? Comment le fil des événements s'y déroulerait-il pour vous ?*

Tel qu'énoncé en amorce, ces questionnements ne se prêtent pas nécessairement à être psychanalytiquement ou métapsychanalytiquement interprétés, comme à une basique sentience de ce qu'aurait pu être, de ce qu'est ou de ce que pourrait encore être votre existence si...

B. Instantanés en quatre temps

Si vous êtes possesseur d'un album photo ou d'une certaine quantité de photographies entreposées sens dessus dessous dans une boîte à chaussures de votre garde-robe, témoignant de différents moments de votre vie, moments qui s'avèrent dans la très grande majorité des cas fort heureux puisqu'il a été choisi de les fixer ainsi pour la postérité *–ce que l'on fait moins d'ordinaire dans le cas d'occurrences peu plaisantes..*-, nous vous invitons à sortir le tout, à les parcourir de façon à ultimement en extraire trois, résumant ce qui à vos yeux a le plus justement caractérisé votre vécu d'enfance, d'adolescence, puis de jeune adulte. Une pour chacune de ces époques. Si vous n'en possédez aucune, ou si aucune ne se révèle à votre sens adéquatement représentative dans ces finalités, vous pouvez toujours vous recueillir en vous-même, en imaginant en une seule photographie instantanée ce qui résumerait le mieux la ou les périodes dont vous ne possédez peut-être pas d'échantillon significatif dans votre album. Au besoin, dessinez-en même les silhouettes dans votre carnet, à l'intérieur d'un encadré, ne serait-ce que pour vous en donner un aperçu. Prenez bien sûr le temps qu'il faut afin d'y saisir ce qui vous paraîtra le plus justement caractéristique de votre senti émotionnel pour chacune.

Ceci accompli, permettez-vous de considérer de plus près ces trois clichés, un à la suite de l'autre, en essayant de recréer en vous votre état d'esprit d'alors, en vous efforçant de vous rappeler ce qui vous animait en chacun de ces temps au niveau de votre senti intérieur de bonheur ou même de malheur, comment vous regardiez la vie à chacun de ces instants, en quoi pouvait y consister vos aspirations et vos rêves face à ce qui s'avérait l'avenir alors.. Comment percevez-vous de la sorte chacune de ces périodes ? Si vous mettez en parallèle le senti inhérent à chacune, avez-vous l'impression d'avoir progressé dans votre existence, fait du 'sur place', ou au contraire régressé ? Pourquoi selon vous en est-il ainsi ?

À partir de là, fermez vos paupières un moment, puis imaginez ce que pourrait être à présent une photographie de votre existence, telle qu'elle sera cette fois-ci dans les prochains mois, ou encore au cours de la prochaine année, et ce sans trop extrapoler mentalement, en laissant plutôt libre préséance encore une fois à votre senti comme s'il vous était demandé de compléter *spontanément* par un quatrième cliché conclusif, les trois précédents. Dans la concomitance la plus naturelle qui soit, intuitivement beaucoup plus que logiquement, selon ce que la tendance actuelle serait susceptible d'annoncer en vue de votre avenir. Et lorsque cet instantané sera arrêté dans votre esprit, décrivez-le ensuite sur papier, de la façon la plus exacte et la plus claire possible, telle une photographie. Ou à nouveau, dessinez-le si cela peut vous aider à en visualiser les lignes de force.

Prenez un nouvel instant contemplatif devant ces clichés, puis accusez réception de ce qui monte ultimement en vous. Quelque chose de plus que ce que vous en connaissiez en émerge-t-il sur le vif de cette considération ? En saisissez-vous différemment quelque élément en présence ? Portez attention à tout ce qui ne serait pas rationnel.

C. Synchronicités et Coïncidences

Avez-vous déjà été le témoin ou encore l'objet d'incidences de vie surprenamment arrangeantes dans leur actualisation, facilitant parfois de façon providentielle une convergence vers un développement inattendu, s'avérant au final édifiant, marquant ou déterminant, dans votre existence, et ce sans que cela ait pu vous paraître envisageable au premier abord ? Vous savez, ces 'petits hasards faisant de grands destins', ces entrecroisements existentiels dits chanceux, semblant pourtant émaner d'une mise en scène digne d'une intelligence supérieure ? Dans le genre, par exemple, de *'si je ne m'étais pas trouvé là, à cet instant précis, je ne l'aurais jamais rencontré..'* ou encore *'si j'avais suivi ma première idée, j'aurais plutôt tourné à gauche, et j'aurais ainsi carrément loupé cette trouvaille..'*

En prolongeant donc ce que nous avons développé dans le cours du chapitre cinquième sur le *Sens de la Vie*, nous allons vous soumettre ici un peu plus de matière à réflexion relativement à l'omniscience du second plan de toute chose et de toute gens émaillant votre réalité. Et bien entendu, les mêmes recommandations de réponses spontanées, intuitives, déjà mentionnées s'appliquent.

1. *Ai-je rencontré apparemment par hasard des gens qui n'ont été présents qu'un temps dans ma vie, et qui ont cependant joué un rôle d'influence dans mes choix de vie, de carrière, ou même dans le développement de ma personnalité ?*

2. *Est-ce que j'ai vécu un ou des point(s) tournant(s) dans mon existence ? Vous savez, de ces épreuves, événements particuliers, qui bouleversent au point de radicalement changer notre façon de voir les choses, de nous réaliser.. Dans l'affirmative, de quelle manière ?*

3. *M'arrive-t-il de sentir que j'ai un but spécifique à atteindre, une vocation personnelle à découvrir, une mission de vie qui m'est propre, et qu'il me reste possiblement encore à concrétiser ? Si oui, qu'est-ce que j'en sens ?*

4. *Se trouve-t-il des domaines d'intérêt, des activités, qui m'attirent d'une façon souvent surprenante, et où je me suis véritablement comme un poisson dans l'eau, même s'ils ne sont pas conséquents des études que j'ai effectuées, ou partie intégrante de mon quotidien ? Dans l'affirmative, lequel / lesquels ?*

5. *Avec le recul du temps, qu'est-ce qui a constitué un point de non-retour dans mon existence ? Dans le genre d'une mauvaise décision prise, d'un choix finalement mal avisé, que vous n'avez pu rectifier, et été contraint d'honorer..*
Cela s'est-il avéré malé- ou béné- ficiant en fin de compte ?

D. Parallèle 3

Ce qui suit constitue un concept expérimental évolutif, esquissé à partir de l'observation répétée chez divers sujets, autant que lors de situations toutes aussi éparses, d'une manifestation d'occurrences particulièrement frappantes de concomitance avec leur vie, permettant ainsi d'entrevoir un filigrane supplémentaire du pourquoi et du comment profonds des choses, à condition bien sûr d'avoir l'esprit ouvert, de se donner la peine de prendre du recul, de revoir certains épisodes de vie s'étant avérés d'une sentience singulière, pour mieux les constater, puis les considérer. Nous pourrions le définir de la sorte :

Dans certains contextes spécifiques, les gens qui nous entourent alors —ou que nous avons pu croiser sur notre route, brièvement apprivoiser ou assidûment fréquenter— constituent en fait des variations actualisées, des extensions exponentielles de notre propre personnalité, évoluant à l'intérieur de choix de vie alternatifs à ceux que nous vivons à ce moment, mais qui se sont présentés à nous auparavant, comme s'il nous était ainsi donné de constater ce que nous aurions été amené à vivre le cas échéant.

Cela revient à dire que notre destinée nous procure l'opportunité lors de ces moments, au travers du vécu de certaines gens, d'assister concrètement 'de visu' à ce que nous aurions pu devenir par le biais de ce qu'ils nous montrent de leur existence, à nouveau si nous avions fait les choses différemment ou que le cours des événements nous avait amené ailleurs. Permettons-nous l'étayement suivant :

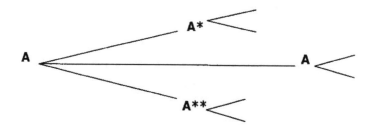

Alain (A) mène une vie tranquille en couple mais sans enfant, et œuvre au quotidien en qualité de naturothérapeute spécialisé. Il a côtoyé durant un temps dans son voisinage Nathan (A*), qui travaillait lui-même dans un domaine avoisinant comme intervenant psychosocial, et qui vivait difficilement la garde partagée de ses trois enfants. En parallèle, Hervé (A**) est l'ancien beau-frère d'Alain, et se veut un médecin vaniteux et imbu de sa science, et encore plus de sa propre personne. À première vue, hormis peut-être leur intérêt partagé pour les soins de santé, ces trois individus semblent n'avoir que bien peu de choses en commun, sauf que lors d'un second regard, après avoir considéré de plus près leurs détails de vie, nous constatons qu'Alain a toujours caressé l'ambition d'œuvrer dans ledit secteur de la santé, sans toutefois avoir su plus spécifiquement dans quelle spécialité. Ayant été marié en premières noces à la sœur d'Hervé, il avait vu l'insistance maladivement obsessionnelle de sa belle-famille pour que son épouse et lui aient des enfants rapidement, venir peu à peu à bout de sa relation de couple. Et c'est là où tous ces éléments constituent des pièces de casse-tête que l'on peut assembler comme suit : à savoir que Nathan et Hervé constituent pour Alain des projections de ce que lui-même aurait été appelé à devenir advenant qu'il aurait choisi d'opter pour une profession plus libérale (Hervé), ou encore qu'il ait acquiescé aux pressions de ses beaux-parents du temps d'avoir des enfants (Nathan). Comme si la Vie dans son retentissement le plus élevé mettait notre actuel sujet face à deux personnes qui sont en fait par leur destin, des variations du sien, au même titre que lui-même en serait réciproquement une de même aloi pour chacun d'eux. En clair, en dépit de son tempérament de départ sanguin et aimable, il semblerait qu'Alain aurait ainsi changé pour devenir plus 'plein de lui-même' de par son titre professionnel, dans la même tangente que s'il avait consenti à fonder une famille avec sa première compagne, non seulement leur couple n'aurait pas duré davantage, mais en plus l'assumance à mi-temps des enfants se serait avérée particulièrement laborieuse pour lui.

En s'arrêtant à considérer ce que chacun des deux autres vit à l'intérieur de son existence, chaque protagoniste de ce *parallèle 3* peut de la sorte entrevoir ce qu'il aurait pu potentiellement vivre, ce qu'il aurait pu devenir, s'il avait arrêté son choix sur une autre option que celle qui a été sienne au final. Bien sûr, nous simplifions au maximum ici les parallèles et similitudes connectant les trois hommes, pour nous en tenir à l'essentiel, puisque ce concept trouve davantage sa pleine pertinence dans le cadre d'une *anamnèse métapsychanalytique* que d'une *autoscopie*.

Mais pour les besoins présents, retenons que loin d'être linéaire, l'existence humaine consiste en une série de choix de vie, de décisions apparemment conscientes, qui nous orientent vers des développements spécifiquement conséquents à ceux-ci. Toutefois, ceux qui sont propres aux alternatives pour lesquelles nous aurions pu opter existent potentiellement sur le plan psychique dans l'inconscient collectif, ce qui nous attire ainsi des gens ayant un vécu de ces natures, donc représentatifs de ce que nous serions devenus en subséquence de ces options. Un peu comme si vous visionniez un film sur DVD, auquel il avait été adjoint en bonus des fins alternatives pour le scénario de base. Voilà pour l'idéation théorique.

D'un point de vue plus pratique maintenant, arrêtez-vous à *sentir* votre existence en gardant ces avancées au premier plan, puis posez-vous les interrogations suivantes :

- *Avez-vous effectivement croisé des personnes dont certaines affinités, certains intérêts, certaines valeurs recoupaient les vôtres de manière incroyablement concomitante ? Au point même qu'elles auraient pu être **vous**, mais dans un contexte de* *vie différent, contexte que vous auriez peut-être pu faire vôtre à un moment donné ?*

Dans ce que vous connaissez de leur cheminement de vie, se trouve-t-il des parallèles dans certains de leurs choix, certains développements, qui font possiblement écho à votre propre vécu ?

Permettez-vous d'y penser, et de possiblement ressasser ce que ces mêmes gens vivaient au moment où vous en avez été plus près. Sentez-vous que cela aurait effectivement pu être votre propre destin ?

- *À un degré moindre mais non moins digne d'intérêt, se trouve-t-il d'autres individus qui vous ont par exemple suivi à l'école, au travail, avec qui vous étiez sensiblement au même point dans votre existence à un instant donné, et de qui vous avez pu prendre vos distances par la suite, pour mieux en réentendre parler des années plus tard comme ayant, au final, tourné très différemment de vous ?*

Cela évoque-t-il même quelque nostalgie surprenamment prenante en y repensant ?

E. Méthode de Breton et Soupault

Proposée à la fin du dix-neuvième siècle par Hippolyte Taine sous l'appellation d'*écriture automatique*, pour qualifier la retransmission écrite spontanée de médiums sous le coup d'une inspiration émanant d'un contact spirite, mais plus justement développée par les poètes André Breton et Philippe Soupault pour le compte du mouvement surréaliste du début du vingtième, cette méthodologie s'est surtout fait connaître pour avoir capitalisé sur la célébrissime théorie de Freud concernant l'inconscient, en la reconduisant à la création d'œuvres que l'on voulait entièrement syntonisées sur cette longueur d'ondes viscérale et absconse, de manière à engendrer ainsi l'expression la plus pure, la plus brute, et aussi la plus librement délestée de toute filtration du niveau mental dans le processus créatif et imaginatif d'une œuvre d'art. Nous ne débattrons bien sûr pas ici des mérites ou des démérites de cette façon de faire : nous nous intéresserons plutôt bien davantage aux profondeurs de l'essence humaine que pareille technique permet d'entrevoir, d'approcher, et de mettre à contribution.

Là encore les résultats que vous obtiendrez en vous livrant à la présente méthode ne sauraient faire l'objet d'une validation scientifique ! Est-il besoin d'ajouter que la qualité du matériel recueilli peut s'avérer fortement fluctuante d'une personne à une autre, d'une période même à une autre.. Toutefois rien ne vaut une mise à l'épreuve, n'est-ce pas ? Déjà par exemple, lorsque vous êtes affairé à converser au téléphone, plusieurs d'entre vous ont fréquemment l'habitude à ces occasions de griffonner en même temps sur une feuille de papier toute sorte de graffitis, de surlignements, de silhouettes éparses, qui en apparence ne veulent rien dire. Mais est-ce authentiquement le cas ? C'est assurément là un type d'écriture automatique.

Voici maintenant le *modus operandi* que nous vous suggérons d'utiliser pour vous exécuter :

1. *S'il s'avère que vous êtes justement le genre de personne que nous venons de décrire, vous devez dans ce cas posséder très certainement des listes, des factures ou d'autres bouts de papier jonchés de vos gribouillages. Rassemblez donc ceux qui vous tomberont sous la main, et mettez-les de côté. Nous y reviendrons après l'exercice.*

2. *Maintenant place à l'activité en tant que telle : il est préférable de vous y livrer à raison d'une fois aux deux jours, sur une période d'environ deux semaines, histoire de permettre un espacement de recul aéré, à l'intérieur d'un cadre toutefois soutenu. Octroyez-vous à chaque reprise une période d'environ un quart d'heure, et procédez de la façon suivante :*

- Assoyez-vous dans un endroit tranquille, face à une feuille de papier vierge sur une table, en vous assurant de ne point être dérangé ;

- Allumez ensuite une bougie, que vous positionnerez à une vingtaine de centimètres de vous, en vous munissant également d'un crayon, dont vous déposerez la pointe sur la feuille de papier ;

- Permettez-vous ensuite de prendre une respiration profonde, en inspirant par le nez, tout en prenant soin de conserver l'oxygène en vous quelques secondes comme s'il vous apaisait, puis en l'expirant après coup par la bouche, en sentant que vous vous libérez ainsi de tout ce qui pouvait vous distraire ou vous préoccuper. Répétez une deuxième fois au besoin.

- Tout en maintenant cette position, le crayon toujours appuyé sur votre feuille, fixez alors la flamme de la chandelle, en l'observant une ou deux minutes dans tout ce qu'elle est, dans tout ce que vous en percevez, en l'écoutant même crépiter au sommet de sa mèche. Après ce temps de concentration, fermez les paupières et appliquez-vous à recréer l'image de la flamme à l'intérieur de votre front, le plus clairement possible, sans vous laisser aller à penser. Si vous ne réussissez pas de manière satisfaisante, rouvrez alors les yeux, puis observer le sommet de la bougie à nouveau, pour environ une minute. Ceci fait, refermez les paupières et réessayez-vous à voir la flamme en votre écran frontal intérieur ;

- D'ordinaire, la main qui tient le crayon réagit conséquemment de façon spontanée selon la qualité du contact que vous aurez établi avec la zone inconsciente de votre esprit, l'amenant ainsi à esquisser des éléments d'écriture par votre truchement physique sur le papier. Si vous sentez qu'effectivement, quelque chose se passe dans cette finalité, s'il-vous-plaît résistez à la tentation de rouvrir les yeux pour voir ce que vous avez pu griffonner : efforcez-vous plutôt de demeurer encore et toujours concentré sur l'image de la flamme, en laissant aller, en ne réfléchissant point.

- *Après un temps, que vous n'avez d'ailleurs aucunement à chronométrer, lorsque vous sentirez que vous avez fait le tour de cette tentative, revenez alors à la réalité. Vous pourrez à ce moment regarder ce que vous aurez gribouillé, ou simplement ranger la feuille en vue de l'examen que nous en ferons ultérieurement.*

Recommencez idéalement le surlendemain, sur une autre feuille.

Important : Advenant que vous n'arriviez pas à coucher quoi que ce soit sous votre plume, mettez un terme à la séance après quelques essais, soit une huitaine de minutes, et réessayez-vous plus tard. Cela vaut effectivement mieux que de vous acharner, et de prendre ainsi la technique en aversion.

Au bout du terme recommandé, passez en revue tout le matériel que vous aurez ainsi créé, aussi quelconque ou peu élaboré qu'il puisse vous sembler au regard initial. Avez-vous écrit, dessiné ou davantage raturé ? Si vous avez écrit des mots, des phrases, voyez ce qu'ils expriment concrètement ou allusivement, et davantage ce qu'ils vous soufflent. Advenant que vous ayez plutôt dessiné, l'avez-vous fait d'une façon figurative (*formes et silhouettes définies*) ou davantage abstraite (*esquisses floues, éparses, ardues à circonscrire*) ? Même chose en ce qui concerne vos gribouillages de bout de papier : y tracez-vous n'importe quoi ou y mettez-vous plus clairement des mots, des ébauches de phrase, ou des formes distinctes ? Ou y listez-vous cartésiennement des choses à faire, des articles à vous procurer ? Sans donner dans l'interprétation strictement logique, voyez d'abord si tout cela évoque quelque senti ou quelque émotion que ce soit en vous, et le cas échéant, prenez note en parallèle des images susceptibles alors de les avoir accompagnés.

F. Votre 'Sanctum caelum'

Au début des années '70, une journaliste américaine du nom de Nancy Friday s'est imposée instantanément comme auteur à succès avec un livre qui a authentiquement fait époque alors, Mon Jardin Secret. Comme vous le soupçonnez certainement d'après son titre, cet opus colligeait nombre d'entrevues effectuées auprès de femmes, qui y abordaient sans tabou aucun leurs fantaisies érotiques et leurs fantasmes les plus exaltants, d'une manière étonnamment franche même pour le temps. Il est indéniable que pareil jardin secret, ou *ciel sacré* en ce qui nous concerne ici, n'est évidemment pas l'apanage exclusif du sexe féminin, mais de tout esprit se laissant aller à béatement rêvasser, à être *dans la lune* comme on dit communément, souvent à mille lieux de l'endroit où il se trouve dans les faits, et tout aussi souvent à un moment où il devrait plutôt consacrer toute son attention à des tâches plus prioritaires !

Dans le cours de notre précédent ouvrage Psychanalysez-vous vous-même, nous vantions les mérites du *scrapbooking* en tant qu'outil d'apprivoisement de notre *personnalité abyssale* ; nous allons donc vous proposer ici le même type d'activité, mais cette fois-ci en 3 dimensions, et dans une optique qui sera davantage de colliger ce qui constitue votre propre jardin secret, pour mieux en venir à débusquer votre *personnalité subliminale*. À ce propos, sera dite abyssale celle qui relève des profondeurs inconscientes, donc inconnue de l'immédiateté consciente de l'être, tandis que la dernière mentionnée n'est pas inconnue du niveau conscient, mais bien plutôt sciemment sublimée et réprimée, parce qu'inavouable et même dénaturante. Ce réflexe répressif ne s'avèrera toutefois aucunement aidant, puisque ce qui est maintenu hors du champ rationnel par la force de la volonté aura tendance à vouloir ressurgir plutôt deux fois qu'une.

Pour mener à bien ce nouveau défi, vous aurez à vous pourvoir d'une chemise de rangement de style accordéon, ou d'un dossier extensible de classement, que vous dévoluerez à cette unique fin. Le moyen d'action de l'activité consistera donc à vous octroyer une période de 30 à 60 minutes en ce sens, deux ou trois fois par semaine, idéalement les mêmes jours et sensiblement aux mêmes heures, pour maintenir une régularité dans votre application, alors que vous glanerez au gré de votre surfing sur le web, de votre lèche-vitrine de boutiques en ligne ou encore de votre feuilletage de journaux et revues, tout ce qui vous appellera sensoriellement autant que licencieusement, et ce sans censure aucune, s'agisse-t-il d'une photo, caricature, texte, clip vidéo, plage musicale, séquence de film, film intégral, et ce peu importe le support. Dans cette phase, vous n'avez qu'à les accumuler dans votre chemise extensible sans vous poser d'autre question, la règle d'or étant que ce matériel doit obligatoirement attiser une excitation en vous, que vous vous abstiendrez de juger. En effet, il ne se trouve personne pour vous condamner, aussi violent, vil, sombre, immoral ou amoral puissiez-vous vous mettre en scène : il s'agit de vous face à vous-même. Entre chaque période, prenez soin de conserver la somme de votre travail dans un endroit évidemment sûr, hors de portée des autres personnes de votre maisonnée.

Après quelques semaines de cette colligation apparemment éparse, ou encore lorsque vous aurez la conviction d'avoir fait le tour de la requête, permettez-vous de revenir sur tout ce que vous aurez ainsi ramassé ; pour cette seconde phase, nous vous incitons à considérer ce matériel comme s'il était le fait de quelqu'un d'autre, et non le vôtre. Prenez ainsi le temps de réexaminer chaque élément, de le sentir dans ce qu'il aura possiblement à vous livrer, puis demandez-vous ensuite quel genre de personne serait à l'origine du profil de la sorte dégagé. Encore une fois, le point n'est pas de porter un regard moralisateur sur ces pièces, comme de simplement en venir à admettre qu'elles sont le reflet d'une partie de vous-même que vous maintenez sous un mutisme contrôlé. La carte d'identité même de votre Ego.

Notez qu'il est également envisageable d'effectuer une version plus succincte de cet atelier en troquant le dossier de rangement pour un simple carton blanc de montage, qui deviendra alors l'entier et total outil de colligation pour votre *ciel sacré*. Considérez dans ce cas le même type d'activité de glanage, sauf qu'elle devra plutôt s'astreindre ici à un format papier, qu'il s'agisse de coupures de journaux, de photos de revues, de textes de journaux, puisque le tout devra alors être collé et monté sur le carton. La même règle, les mêmes délais, la même considération seront prévalant. Faites toutefois gaffe à la dimension de cette toile de montage, qui pourrait s'avérer moins facile à dissimuler au vu et au su de votre entourage de vie, qu'une chemise extensible.

En effectuant rétrospectivement le survol de tout ce que vous aurez colligé, adressez-vous ensuite les pistes de réflexion suivantes :

- *Si ce matériel était à nouveau le travail de colligation de quelqu'un que vous connaissez, comment vous sentiriez-vous face à cette personne ? Quel serait votre perception de, votre opinion sur, cette facette moins connue de sa personnalité ? Cela modifierait-il votre façon de la considérer ?*

- *À quoi croyez-vous que ceci peut faire écho ? Distinguez-vous ici une carence, un manque quelconque qui chercherait ainsi à être satisfait ?*

- *Seriez-vous tenté de prodiguer un conseil particulier à cette personne ? Si oui, lequel ?*

- *Y a t-il longtemps que vous fomentez les bases de ce jardin secret ? Êtes-vous en mesure de retracer à peu près à quel moment de votre vie cela remonte, et d'identifier dans le même temps ce que vous viviez en parallèle sur le plan personnel ?*

- *Les constituantes de ce 'Sanctum caelum' se sont-elles révélées utiles pour mieux définir votre personnalité intime, vous faire préciser certaines tendances ou orientation plus latentes ?*

G. Docteur Hyde et Monsieur Jekyll

L'écrivain écossais Robert Louis Stevenson s'est rendu célèbre à la fin du dix-neuvième siècle avec sa très imaginative nouvelle traitant du dédoublement de personnalité littéral, séparant sèchement le

Mal du Bien chez l'être humain, l'Ombre du Soi selon des termes jungiens, ce qui suggère en clair que chacun d'entre nous possède deux instances d'individuation opposées et en même temps conséquentes, ne pouvant apparemment pas exister l'une sans l'autre au quotidien, étant dans une indispensable et indissociable complémentarité symbiotique.

Et voici maintenant à quoi cela rime : vous devez très certainement avoir déjà une bonne idée de ce qui constitue en substance votre personnalité Hyde, ou si vous préférez, votre propre *ombre*. Ce que vous allez faire maintenant, c'est dresser une liste de ce que vous considérez réalistement être vos cinq pires défauts, ou à tout le moins ce que vous savez que les autres vous reprochent le plus dans cette optique. Tenez-vous en à ce nombre : ni plus, ni moins. Au besoin même, consultez les gens qui vous connaissent le mieux pour vous enquérir de leur avis sur ce point, ou valider votre sélection. Une fois ceci dûment accompli, donnez dans la réciprocité en listant à présent ce que vous croyez être vos cinq plus grandes qualités, en procédant de façon identique. Prenez ensuite un peu de recul de l'exercice.

Après ce moment, reprenez vos cinq points d'ombre dans l'ordre, puis efforcez-vous de tourner chacun de ceux-ci en son contraire, c'est-à-dire en *qualité*. Par exemple, si vous avez écrit que vous ne possédez aucun tact, aucune tempérance, vous pouvez indiquer dans la tournure positive que vous êtes ainsi quelqu'un capable d'authenticité et de spontanéité, pour le meilleur comme pour le pire, de la même manière que si vous vous êtes dit très nonchalant et porté à tout laisser traîner, il vous est dans ce cas possible de considérer cette lacune comme étant un côté *cool*, détaché et particulièrement non formel de votre nature. L'important, est de véritablement faire l'effort de considérer ici un éclairage différent, à nouveau plus positif qu'il n'y paraissait de prime abord.

Enfin, mettez en parallèles ces points d'ombre devenus plus lumineux, avec les qualités que vous vous êtes reconnues. Les deux catégories sont-elles sensiblement identiques ? Se rejoignentelles sur le fond, ou est-ce que vous venez tout bonnement de vous découvrir de nouvelles qualités ?

En conclusion, effectuez le même travail pour chacun de vos cinq traits positifs originaux, en les tournant en défauts, selon le principe que vous venez d'appliquer, transformant de la sorte -*par exemple*- votre ponctualité légendaire en zèle obsessionnel du respect d'une heure convenue, ou encore votre tendance à porter spontanément main forte à autrui en manie irritante à trop souvent faire passer tout le monde en priorité avant vos engagements face à vos proches..

Et qu'est-ce que cet exercice vous a fait pressentir ? Que dans les faits, défaut et qualité ne sont pas aussi antithétiques qu'il peut sembler de prime abord, puisque nous venons de démontrer que l'un et l'autre s'avèrent très aisément retournables en leur opposé, tout étant une question de perspective perceptuelle. Ce qui nous fait réitérer en conséquence que le Bien et le Mal constituent des balises fort relatives de jaugeage des choses, que dans la réalité la plus élémentaire le premier ne saurait assurément être sans l'existence du second, qui lui permet justement de bénéficier d'un relief différencié.

Comme le disait si bien Oscar Wilde, la beauté est dans les yeux de la personne qui regarde. Au-delà de l'application personnelle de cet atelier, êtes-vous quelqu'un de prompt à trouver des qualités aux autres, ou donnez-vous plutôt rapidement dans le relèvement de leurs défauts ? Si tel était ce dernier cas, votre dénonciation serait-elle plutôt susceptible de dissimuler un refus de reconnaître chez autrui des traits que vous-même ne possédez pas, et leur enviez possiblement ?

H. Le Paradoxe de Dorian Gray (A)

Qui n'a pas déjà entendu le récit de cet autre roman immortel du même Oscar Wilde tout juste cité, repris au théâtre par le dramaturge français Jean Cocteau ? Une histoire qui tient à peu près en ces lignes : *pâmé d'admiration devant la toile que le peintre*

Basil Halward a faite de lui, le jeune et séduisant Dorian Gray affirme à haute voix être prêt à tout donner pour que ce soit cette peinture magnifique qui vieillisse littéralement à sa place, et que lui hérite à jamais de l'image parfaite et impérissable de celle-ci. Se vautrant subséquemment pendant des années dans une existence vile et luxuriante, l'éphèbe remarque un jour qu'effectivement, sa peinture semble arborer les stigmates physiques de son esprit perfide, ses lèvres y étant dorénavant dédaigneuses, et son regard méprisant. Par la suite des événements, son sourire tourne sardonique, et ses yeux deviennent exempts de toute humanité..

Craignant que la détérioration continue de la toile ne finisse par le hanter, Dorian la fait subséquemment remiser dans son grenier, et recouvrir d'une lourde étoffe de tissu afin de ne plus jamais la revoir. Les années passant, le jeune homme se lasse peu à peu de ces plaisirs vides et répétitifs dans lesquels il s'est vautré, et en vient à souhaiter faire amende honorable, et à mener même une meilleure existence. Après quelques mois d'activités plus nobles et même philanthropiques, la curiosité l'étreint : à quoi peut bien ressembler sa peinture, entreposée là-haut, à présent ? Est-elle maintenant plus représentative de l'ordre de ses nouvelles valeurs morales ?

En pénétrant au grenier, Dorian fait de la lumière, puis se saisit fébrilement de la housse recouvrant l'œuvre de son ami ; il est aussitôt horrifié de constater que loin de s'être amélioré, son portrait a plutôt continué de dégénérer, étant devenu après tout ce temps de perversion et d'obscénités un être hideux, d'une monstruosité à nulle chose comparable.. Dans un état de désespérance suprême, le toujours jeune homme en viendra à déchirer la peinture à grands coups de couteau, provoquant du même geste sa propre mort..

Maintenant, appliquons ces prémisses à notre présente autoscopie :

- *La vie que vous menez au vu et au su de tous est-elle véritablement à l'image de celle que vous vous permettez dans l'aparté de votre intimité ?*

- *En quels termes décririez-vous la peinture qui porterait les stigmates de votre existence cachée, dans l'ombre de votre façade sociale quotidienne ?*

- *Advenant que votre image y soit si peu que ce soit flétrie, se trouve-t-il quelque geste à poser, quelque réparation que vous pourriez envisager dans la réalité pour réhabiliter votre état ?*

I. Le Paradoxe de Dorian Gray (B)

Permettez-nous à présent une variation sur le même thème : saisissez-vous au hasard de la première revue ou du premier journal qui va tomber sous votre regard. Asseyez-vous ensuite en l'ayant en main sans toutefois l'ouvrir, puis prenez une minute pour justement repenser à ce que nous venons de détailler quant à l'histoire de Dorian Gray, en vous arrêtant plus particulièrement au tableau tapi dans les ténèbres du grenier, comme s'il s'agissait de votre portrait, comme s'il démontrait clairement ce que vous êtes authentiquement, essenciellement, au plus profond de vous-même, bien en de ça des apparences et de votre image courante. Dès lors, ouvrez de façon aléatoire la publication que vous tenez, en immobilisant votre regard sur la toute première photographie de personne que vous verrez alors, peu importe ce qu'elle sera. En prenant pour acquis que rien n'arrive jamais pour rien, que le hasard se veut l'anonymat de Dieu ou de la Providence, observez cette dite photo en vous disant qu'elle représente justement votre identité profonde, soit la personnification de ce que vous êtes viscéralement et que vous dissimulez, et que ledit hasard vous fait redécouvrir en cet instant.

Qu'avez-vous à en dire ? Vous touche-t-elle spontanément ? Vous étonne-t-elle plutôt ? Dans tous les cas, pourquoi ?

J. Miroir, miroir, dis-moi.. (A)

À l'instar de la belle-mère de Blanche-Neige qui questionnait son miroir pour savoir qui était la plus belle, vous allez de même établir une correspondance biunivoque avec.. vous-même. Commencez par prendre place sur une chaise ou un fauteuil, en face d'un miroir à une trentaine de centimètres de vous, d'une superficie approximative d'un mètre sur un mètre. Fermez-vous ensuite les yeux, puis prenez une longue inspiration par le nez, en prenant soin de conserver l'oxygène en vous quelques instants histoire de vous détendre, et rejetez-le par la bouche, en sentant que vous expectorez du même souffle toutes vos tracasseries, tout ce qui pourrait vous entraver dans ce détente du moment. Après coup, rouvrez les paupières, et observez bien votre image, telle qu'elle est réfléchie dans la glace. Remarquez votre allure générale, puis attardez-vous à vos yeux, comme si vous les découvriez pour la toute première fois. Après une ou deux minutes de cette considération de vous-même, lisez les questions qui suivent, et appliquez-vous à y répondre. Sachez que vous pouvez au besoin revenir à votre reflet dans le miroir entre chacune d'elles.

1. *Quelle est spontanément votre première impression, en vous voyant ainsi dans la glace ?*

2. *Qu'est-ce que vous appréciez / n'appréciez pas de votre image ? Si vous le pouviez, que changeriez-vous ?*

3. *S'il vous était dit que ce que vous êtes parle tellement fort, que nul besoin n'est d'entendre ce que vous avez à dire, que comprendriez-vous de cela en voyant votre reflet ?*

4. *S'il vous était mentionné que les apparences sont souvent trompeuses, en vous regardant ainsi dans la glace, comment réagiriez-vous ?*

5. *Que dégagez-vous spontanément en tant qu'être humain ? Si vous aperceviez cette personne-là (dans le miroir) traverser la rue devant vous, que vous inspirerait-elle ? Lui feriez-vous confiance dès la première impression ?*

6. *En admettant que les yeux sont le miroir de l'âme, en fixant attentivement votre regard dans la glace, quel genre d'âme croyez-vous avoir ?*

7. *Si une image vaut mille mots, nommez-en quelque uns qui vous montent en tête en observant la vôtre.*

K. Miroir, miroir, dis-moi.. (B)

Avançons maintenant un peu plus loin sur le territoire mitoyen séparant la psychanalyse de la Métapsychanalyse, en nous permettant un nouveau travail devant miroir, mais par le biais cette fois-ci d'une méditation un peu plus éthérée en termes de possibilités. Reprenons pour ce faire les grandes lignes de la procédure que l'on connaît, mais à quelques variances près :

A. *Installez-vous à nouveau bien à votre aise sur une chaise, face à un miroir tel que celui proposé précédemment, que vous aurez positionné au niveau de vos yeux, à peu près à un demi-mètre de vous. Comme toujours, relaxez-vous du même coup, en prenant une ou deux respirations.*

B. *Libérez votre esprit de toute préoccupation, de tout rationalisme, et ne pensez plus à rien. Au besoin, si cela peut vous faciliter les choses, fermez les paupières et concentrez-vous sur le noir qui vous apparaît, de la manière vue précédemment. Laissez-vous ensuite aller à contempler votre image dans la glace, en vous attardant progressivement à votre regard. Rivez vos yeux à celui-ci, comme si vous aviez la ferme intention de le pénétrer bien au-delà de son apparence virtuelle, et respirez de façon plus profonde, en prenant soin de conserver le nouvel air inspiré quelques secondes en vous avant de le relâcher. 'Les yeux sont le miroir de l'âme' disions-nous ci-avant ; ce sera justement à cette singulière profondeur que vous aspirerez, naturellement, sans rien forcer.*

C. *Encore et toujours, concentrez votre regard sur vos yeux, tels qu'ils vous apparaissent dans le miroir. Ne voyez que ceux-ci, focalisez toute votre attention sur eux. Respirez toujours de profonde façon, tout en expirant -à chaque expulsion d'air que vous émettrez- toute résistance, tout obstacle vous empêchant de descendre en vous. Sentez que,* *de plus en plus, vous ne faites qu'un avec le reflet de vos yeux, que vous vous immiscez littéralement de l'autre côté de l'image du miroir, dans votre intériorité la plus intimiste.*

À ce stade-ci, deux options se présentent à vous :

1. Vous conservez les paupières ouvertes et continuez de fixer votre regard.

2. Vous fermez les yeux, et concentrez votre attention sur votre écran frontal intérieur.

1.

Plus vous vous concertez sur le reflet de votre regard dans la glace, plus le reste de la réflexion qui vous y entoure va tendre à s'en estomper graduellement. Les silhouettes et autres objets vous entourant vont conséquemment s'affadir, se déformer, se résorber même. Laissez toutefois votre attention uniquement sur vos yeux ! Ne vous précipitez pas pour regarder ce qui se forme peu à peu autour de vous. Restez rivé à la prunelle de vos iris, et laissez aller les choses. Progressivement, il se peut même que votre propre visage change d'allure, de morphologie. Persévérez dans votre patience, puis lorsque l'arrière-plan vous semblera mieux fixé, plus détaillé, à cet instant vous sentirez qu'il est temps de détacher lentement le regard de votre reflet, et de contempler le tout. Efforcez-vous de remarquer si ce que vous voyez caractérise une époque particulière, un lieu spécifique. Quel genre de statut social semblez-vous posséder ? Comment vous sentez-vous ?

2.

Vous verrez en vous pour un temps la reproduction virtuelle de vos yeux, puis cette dernière se déformera petit à petit au profit d'autres images, d'un nouveau contexte en formation. Sans rien précipiter, sans penser bien sûr à quoi que ce soit, laissez ces dites images s'organiser en vous, se présenter à votre esprit dans leur spontanéité intrinsèque, puis appliquez-vous à les observer. Quel type de décor se propose à vous ?

Quels sentiments ressentez-vous ? Portez attention à tout ce qui émanera de cette mosaïque, aussi incongru que cela puisse vous apparaître..

Dans un cas comme dans l'autre, fouillez tant que vous le pourrez ce qui vous tombera sous les yeux. Dès que les représentations en présence deviendront imprécises, erratiques, ne tentez pas de les retenir véhémentement ; laissez le tout couler de source, tout naturellement, et ramenez ensuite progressivement votre attention à la réalité du moment présent. Prenez soin de bien noter tout ce que vous aurez expérimenté.

Il va sans dire que, pratiquée telle quelle, cette méditation vous amène progressivement en vous, dans votre bagage inconscient. Nous vous la recommandons donc fortement afin d'approfondir l'apprivoisement de votre essence.

Nous vous enjoignons à pratiquer cette méditation autoscopique devant miroir pour environ 10 à 15 minutes, 3 fois par semaine, sur une période d'environ deux semaines. Il convient bien entendu de vous réserver un moment privilégié dans votre agenda, de préférence lors des périodes de quiétude dont vous pouvez jouir avec certitude. Prenez aussi soin de garder à votre portée votre calepin et un crayon, ou mieux encore un enregistreur portatif, afin d'aisément consigner à la fin de chaque séance les résultats de vos efforts, que ces dits résultats aient été de nature visuelle, auditif, intuitive ou simplement émotive. Notez bien tout, même si cela peut vous paraître quelconque ou non pertinent.

Comme toujours, ne forcez rien. Astreignez-vous simplement à être assidu, appliqué dans votre démarche, et à laisser encore et toujours votre senti apprivoiser ce qui sera alors expérimenté.

L. Le Jour du Jugement dernier

Que vous soyez de confessionnalité religieuse fondamentaliste, athée, agnostique, bouddhiste ou tout simplement spirituelle dans sa désignation la plus large, nous allons vous demander pour la présente activité de consentir à suspendre vos allégeances, afin de vous prêter à la mise en situation qui suit, soit de comparaître au jour du jugement dernier devant Dieu/la Source/Jéhovah, dans le but de répondre de votre existence. Si la notion d'une instance extérieure vous étant supérieure, et à laquelle vous devez rendre des comptes, s'avère carrément irrecevable à vos yeux, comportez-vous dans ce cas tel le juge-pénitent d'Albert Camus, dans son roman La Chute, alors qu'il comparaît allégoriquement face à lui-même.

Maintenant, voici ce qui vous est adressé dans cette topique. Et s'il-vous-plaît, éludez toute réponse en un mot, ou simplement par l'affirmative ou la négative :

- *Spontanément, de vous-même, seriez-vous tenté de Lui dire quelque chose ? En quels termes vous présenteriez-vous ?*

- *À ce moment-ci de votre vie, qu'auriez-vous à confesser à Dieu en guise de plaidoyer pour ce que vous avez fait de votre existence jusqu'à présent ? Diriez-vous que vous avez été à la hauteur de tout ce qui vous a été donné ?*

- *S'il vous était possible de dissimuler une chose au cours de cette comparution, laquelle serait-ce ? Pourquoi ?*

- *Si Dieu vous disait :* Je t'ai pourvu de bras et de mains pour accueillir tes semblables et les serrer contre toi.. Je t'ai donné deux oreilles et une bouche, d'abord afin d'écouter autrui et ensuite les réconforter.. Je t'ai doté d'un cœur afin que tu vibres au diapason de tes frères et sœurs en souffrance.. Qu'as-tu fait de tout ceci ?

  Que répondriez-vous ?

- *Et si Dieu vous relançait :* Je t'ai donné un don unique et prodigieux dans cette vie, un don incomparable, dans lequel tu avais la potentialité d'exceller.. Comment en as-tu usé ?

Quelle serait votre réponse ?

- *Quel jugement selon vous serait alors ultimement passé sur votre compte ?*

M. Examen radiesthésique

Certes, le fait d'évoquer une pratique de radiesthésie dans cet ouvrage peut paraître absolument hors propos au premier regard, et possiblement décrédibilisante pour notre approche. Néanmoins, lorsqu'on se permet de revenir à la définition même du terme, autant qu'à ses propriétés, force est d'admettre que l'appariement cesse d'être questionnable : après tout, l'idée de se mettre au diapason des énergies ambiantes *—qu'elles s'avèrent issues des sphères supérieures de la psyché, de celles dites fondamentales émanant des cinq éléments de notre réalité, ou encore plus simplement de plans d'existence subtils parallèles au nôtre-* de façon à en extraire des éléments de guidance ou de réponse à des interrogations posées, s'inscrit fort bien dans l'organon même de la Métapsychanalyse, de par sa nature finement éthérée, n'en déplaise aux sempiternels éreinteurs d'idées tout simplement différentes.

Pour vous livrer donc à cette expérience, l'idéal serait de vous pourvoir d'un véritable pendule, à défaut de quoi vous pourrez très certainement vous en fabriquer un tout ce qu'il y a de plus adéquat même si rudimentaire, en vous munissant par exemple d'une ficelle ou d'une chaînette d'environ vingt centimètres, au bout de laquelle vous pourrez suspendre de préférence quelque chose qui vous est cher, personnel, comme votre jonc de fiançailles ou de mariage, ou une breloque que vous portez depuis toujours, de manière à bénéficier au maximum des énergies inhéremment à votre diapason. Précisons tout de suite que cet exercice se veut basique, et n'aspirera aucunement à donner dans les arcanes plus sophistiquées de cette discipline. Tout au plus poursuivra-t-il l'esprit de notre approche d'une façon à la fois pragmatique et éthérée.

Voici comment procéder :

- *Positionnez-vous une fois de plus devant une table, dans un endroit sans courant d'air et sans autre interférence notable, en ayant à votre portée votre pendule ainsi que votre cahier de notes. Voyez bien sûr à ne pas être dérangé au cours des prochains instants ;*

- *Réfléchissez à quelques questions personnelles, sur lesquelles vous aimeriez bénéficier d'un éclairage neuf, puis écrivez-les sur papier. Veillez à ce que la formulation de ces dernières en soit une appelant une réponse positive ou négative, et non pas de développements qu'un pendule ne saurait évidemment vous fournir, particulièrement à ce stade-ci de votre savoir-faire en la matière ;*

- *Prenez ensuite la chaînette/ficelle entre l'index et le pouce de la main avec laquelle vous écrivez normalement au quotidien, en laissant librement aller le pendule au bas de votre main. Au besoin, pour une question d'aisance physique autant que de facilitation, appuyez votre coude sur la table, en vous assurant toutefois que celle-ci ne soit pas entravante pour toute oscillation de votre pendule ;*

- *Imaginez subséquemment une horloge traditionnelle qui serait posée sur la même table, la face contre le haut, directement en dessous du pendule. Repérez-y les lignes imaginaires suivantes : une horizontale s'établissant linéairement de gauche à droite (de 9h à 3h), une verticale esquissée en un trait de haut en bas (ou de 12h à 6h), puis une transversale traversant obliquement ladite horloge (genre de 11h à 5h, ou encore de 1h à 7h). Vous comprendrez qu'usuellement le mouvement horizontal de gauche à droite, ou de droite à gauche, représentera un 'non', tandis que le vertical de haut en bas, ou inversement, traduira un 'oui', alors qu'une oscillation transversale traduira une expectative d'attente de précision, ou à la limite un 'peut-être'.*

Nota : *Il vous est aussi possible de valider ces mêmes valeurs prises pour acquises en positionnant votre pendule immobilement au-dessus du centre de l'horloge, puis en le questionnant directement quant à ce qui sera justement une valeur positive à une interrogation soulevée dans la présente conjoncture, puis ce qui constituera la contrepartie négative. Observez bien sûr une pause entre chaque validation, tout en prêtant bien attention à la direction du mouvement qui suivra votre requête pour caractériser chacune des dites valeurs.*

Dans l'éventualité où la configuration mentale de cette horloge vous poserait problème à retenir, vous pouvez reproduire la figure suivante sur une feuille, et la disposer sur la table, donc sous votre pendule, et vous en servir en qualité de guidance pour votre pratique.

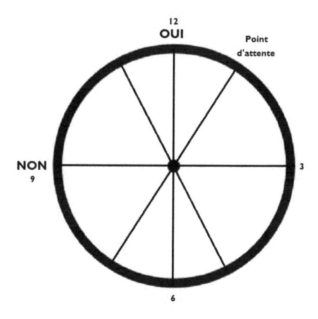

- Pour commencer, répétez-vous mentalement votre première question, et ce trois fois consécutivement, dans le même temps qu'à l'aide de l'index et du pouce de votre main libre vous allez délicatement prendre la chaînette/ficelle entre ceux-ci, en les descendant doucement sur tout le long pour mieux les

immobiliser au niveau de l'objet que vous aurez choisi comme pendule, afin de justement maintenir celui-ci le plus fixe possible pendant quelques secondes, puis relâchez votre étreinte en prenant soin de ne pas lui inculquer malhabilement de mouvement, préférablement en même temps que vous aurez formulé votre question pour la troisième fois ;

- Arrêtez bien votre regard sur le flottement que ce dernier pourra emprunter, selon les trois lignes directrices mentionnées ci-haut. Une fois que vous aurez obtenu l'élément de réponse attendu, retenez-le dans votre mémoire ou notez-le dans votre calepin, avec toute observation que vous jugerez à propos de faire, et reprenez les mêmes étapes en vue de votre prochaine question.

Nota bene : Advenant que le pendule demeure en équilibre sans se compromettre dans quelque direction que ce soit, ou qu'il tournoie au contraire de manière soutenue, possiblement erratique, peu importe que ce soit dans le sens des aiguilles d'une montre ou à l'inverse, cela peut exprimer une impossibilité de répondre ; d'une part parce qu'en raison d'une quelconque interférence psychique, les énergies accessibles ne permettent peut-être pas de stigmatiser clairement un élément de réponse, ou d'autre part, du fait de l'imminence potentielle d'un développement dans, ou d'un dénouement à, l'interrogation soulevée, ce troublerait alors les aires ambiantes dans la juste expression et la juste réception des flux mobilisés.

Retenez également qu'il est déconseillé de reprendre les mêmes questions à l'intérieur d'un délai de trois jours, tout autant que de vous évertuer à vouloir 'jouer' en vous essayant à faire prendre une direction au pendule par la force de votre volonté ; cela ne peut que brouiller les aires psychiques et les énergies subtiles en présence, délestant ainsi de toute pertinence le résultat qui s'en suivrait.

Remarquez du même coup que nous avons conservé cet outil pour la fin de notre protocole d'autoscopie non pas aléatoirement, mais bien plutôt pour maximiser son utilisation, de même que son utilité, en vous dotant de la sorte d'une technique simple mais efficace, afin de valider certains éléments de réponse obtenus jusqu'ici, ou même en extrapoler des ramifications.

Chapitre dixième
La Cure métapsychanalytique

Après avoir assemblé, croyons-nous, tout ce qu'il convenait dans le but d'ériger les assises d'une Métapsychanalyse, penchons-nous ici sur son retentissement curatif potentiel, en récapitulant dans un premier temps les points saillants que nous avons explicitement et implicitement dégagés jusqu'ici, puis en nous essayant dans un second temps à en dégager certains outils concrètement thérapeutiques, afin de ne pas demeurer au niveau rhétorique des fondements théoriques, mais bien plutôt d'appliquer à la réalité humaine un juste *modus auxilium* dans cette visée. Car ce ne sera qu'à cette condition expresse d'*aider* que tout l'abstractif intellectualisme du monde pourra trouver sa juste valeur, sa juste utilité.

À partir donc des avancées de ce livre, de ce qui est tacitement diffusé dans le domaine holistique, de même que des études cliniques de plus en plus nombreuses sur ces questions, nous pouvons à peu de choses près synthétiser l'essentiel de notre armature doctrinale de la façon suivante :

- Le corps se veut littéralement une marionnette entre les mains du montreur qu'est l'esprit ; les incidences de base dites psychosomatiques, soit les incessantes interactions entre le corps et l'esprit s'avèrent non seulement réelles, mais absolument indéniables. L'état d'esprit, l'attitude, la foi, de même que le système de croyances de l'individu ne seront pas sans exercer une influence déterminante sur tous les processus du psychisme et du métabolisme, pour le meilleur comme pour le pire ;

- En conséquence, il convient de préciser que c'est principalement au niveau du matériel subconscient, puis inconscient, de notre psychisme que vont s'opérer les influences subtiles qui nous prédominent, nous dominent, puis nous minent. Rappelons-nous que le niveau conscient est dit n'occuper que 12% à peine de notre esprit et que son retentissement s'avèrera plutôt mièvre sur nos processus mentaux. Ainsi le fait de *prendre conscience* d'une occurrence ou d'un comportement se veut psychologiquement un bon point de départ certes, mais ne constituera jamais en soi une intervention comportant un impact psychique significatif ;

* Si nous sommes de la sorte nettement plus *agis* par les sphères supérieures de notre esprit que nous n'agissons en plein affranchissement de toute influence, une constatation s'impose : nous ne sommes ainsi pas pleinement maîtres de nos choix et encore moins de l'exercice de notre libre-arbitre ;

* Sans nous faire outrancièrement métaphysicien, nous pouvons affirmer que le vécu d'émotions constitue notre raison d'être sur cette terre, tout autant que la clé de voûte de notre santé ; l'admission, la congruente expression, ainsi que la juste assumance de celles-ci formeront l'authentique pierre angulaire de toute démarche humaine de mieux-être, et de saine réalisation de soi. Ce qui ne s'exprime justement pas, entend-on en psychanalyse, s'imprime, et il vaudra ainsi mieux avaler un poison, que de ravaler des émotions ;

* Dans cette même vue, et tel que nous l'avons souligné, il n'y aura jamais d'expérience strictement positive, pas plus que d'expérience strictement négative : toute interaction, toute occurrence, tout vécu se doit conséquemment d'être perçu en tout temps et en toute chose comme étant *constructif*.

* Nonobstant nos impressions, notamment en face de l'adversité, il importe de prendre pour acquis que nous sommes toujours *exactement* là où nous avons à être dans notre vie, au moment impliqué. Tout est à tous coups parfait dans l'ordre autant que dans le cours des choses, et

seul notre entendement restreint nous amène à concevoir autrement.

* Schmidt l'a bien dit : rien n'arrive jamais pour rien, le hasard n'existe pas, et nous pourrions même avancer qu'il est à quelque part l'anonymat de Dieu/Bouddha/Yahvé/la Source.

* Si nous portons attention à l'anatomie plus subtile de notre corps physique, deux points névralgiques sont à considérer dans cette finalité : le *Ajna*, ou *troisième œil*, positionné à peu près à mi-chemin entre les arcades sourcilières, véritable portail de contact avec notre spiritualité, puis le *Hara*, situé légèrement au-dessus des gonades sexuelles, authentique point de gestation et d'émergence de l'émotion humaine ;

* Quant aux points névralgiques psychiques qui doivent plus sensiblement se prêter à examen, autant qu'à intervention, ce seront plus spécifiquement l'*inconscient* et le *subconscient*. Le premier, en raison du matériel refoulé qui s'y trouve à l'état de latence, et qui est toujours susceptible d'être rappelé à la surface de la conscience selon le senti d'un stimulus, la perception d'une occurrence ou d'une interaction vécue ; le deuxième, de par son psychédynamisme à haut indice énergétique, en constante activation non-ségrégationniste de toute pensée obsessionnelle, rêve récurrent, émotion obnubilante y étant maintenus ou enracinés ;

* L'expansion du champ de conscience de l'individu doit nécessairement passer par l'intelligence *émotionnelle*, et jamais *rationnelle*, cette dernière étant sèche, peu sentie, sévèrement contingentée dans cette perspective, ce qui n'est assurément pas le cas de la première ;

* Le fait de cultiver une philosophie de vie articulée sur des perceptions et des attitudes empreintes d'optimisme, de constructivisme, de foi et d'altruisme contribue à

entretenir le principe du *Mens sana in corpore sano* dans une tangente qui le fait authentiquement devenir une seconde nature, et pourquoi pas même la première.

En parallèle, que peut-on conclure quant à ce qui sous-tend nos soi-disant mauvaises habitudes, nos perceptions dénaturées, nos patterns obnubilant, bref tout ce qui teinte et attise nos addictions à consonance psychopathologique ?

> ➤ *Freud affirmait que l'être humain était fondamentalement régi par le principe du plaisir, c'est-à-dire par ce réflexe tendancieux autant que malicieux à rechercher viscéralement, en tout et partout, la satisfaction de ses désirs et besoins, à les renouveler, et à éviter autant que possible ce qui peut se révéler déplaisant et laborieux, par extension même tout ce qui représente une épreuve ou un effort.*

> ➤ *Qui plus est, l'extrême perméabilité psychique nécessaire à notre apprentissage et à notre cheminement est constamment sollicitée, influencée par maints conditionnements subliminaux émanant notamment des mass media, du tourbillon d'effervescence psychique de notre environnement social, lesquels s'avèrent fréquemment superficiels et sensationnalistes, mesquins et mercantilement façonnant.*

> ➤ *Conséquemment donc, nos émotions en viendront à être finement manipulées en ce sens, notre subconscient lentement mais sûrement labouré de reconditionnements, de façon à générer en nous maints modi vivendi, moult prises de position, maintes intentions d'achat, entraînant de la sorte des attitudes puis des habitudes allant contre notre nature profonde, nous amenant par ricochet à pathologiquement cultiver convoitise, mal-être, impression d'être inapte, non accompli, inférieur aux modèles médiatiques véhiculés, ceux-ci s'imposant alors à notre su inconscient et à notre insu conscient en tant que valeur référentielle de normalité commune à imiter, justement pour mieux nous normaliser au sein du troupeau humain dans*

notre conception du bonheur. Du moins selon les critères arrêtés.

En subséquence de ces constats, il convient à présent de se demander **à quoi sont intimement appariés ou sensibilisés les émois qui vont ainsi nous grever ou nous enivrer, nous faire vibrer ou frémir ?** À une sensation d'être hautement réussissant ? À une détention de pouvoir sur autrui ? À une consommation de drogue ? À de la pornographie ? À de la violence ?

À l'exercice / à la pensée de quoi donc atteindrons-nous chacun le summum de notre plaisir ou le bas-fond de notre tourment ? Quel sera notre déclencheur propre, fomenté par les conditionnements dont sommes l'objet d'assaillement, par notre propre bagage viscéral d'éducation et de prédispositions ataviques, qui nous contraindra de la sorte à craindre ou à anticiper le cours des événements, et qui risquera par contrecoup de nous faire perdre toujours plus la pleine gestion de notre comportement naturel ?

Ces questionnements nous corroborent encore et toujours qu'une psychothérapie du 'hic et nunc', c'est-à-dire articulée sur le 'ici, maintenant', sur la simple prise de conscience de nos attitudes et de nos perceptions, comme c'est hélas ! si fréquemment le cas dans les cabinets de consultation, ne s'avérera **jamais** suffisante pour répondre de manière minimalement adéquate à tout ce qui sera viscéralement enraciné dans notre psyché. Pas plus que la prise de médication psychotropique prolongée dans le temps, qui n'accomplira somme toute que l'unique engourdissement des émois ressentis à la surface du niveau conscient.

Et mitoyennement entre le psychisme et le physique transparaîtra une véritable pierre de Rosette pour éclairer d'un jour neuf la pleine compréhension de ce qui est en présence : le *Hara*. Terme sémantiquement difficile à définir, puisqu'il exprime d'un point de vue explicite l'idée très physique du bas-ventre, en même temps qu'il suggère implicitement, de par son positionnement entre les gonades et le nombril, le point milieu d'intersection entre les corps physique (*représenté ici par les gonades porteuses de l'énergie libidinale*) et éthérique (*stigmatisé par le nombril, point de sortie reconnu vers l'astral*). Pas étonnant donc qu'un tel cantonnement puisse en faire l'authentique siège des émotions.

Au-delà des approches touchant l'énergie des corps subtils (*Reiki, Polarité, Hypnose psychokinésique, Massothérapie méta-corporelle*) et pouvant conséquemment agir thérapeutiquement sur le *Hara*, nous proposerons aux gens moins ferrés dans ces pratiques les alternatives basiques qui vont suivre, et qui seront bien entendu praticables autonomement.

Cette kyrielle de techniques constituant une partie importante de la cure métapsychanalytique s'établira donc comme suit :

I. *Méditation thérapeutique basique*

À l'instar de ce que nous avons déjà proposé à ce niveau, notamment dans le cours du chapitre précédent, nous allons reprendre ici le même *modus operandi* préliminaire, mais bien entendu dans une visée qui se voudra ultimement différente, puisqu'il ne sera plus question d'investiguer, comme de traiter vos émois et vos états d'esprit. Et cela n'en sera que plus justifié du fait que la méditation se veut un outil d'une exceptionnelle versatilité en termes d'application littérale, tout comme de profondeur d'application.

Nous vous prions de vous installer préférablement sur une chaise, de manière à être à l'aise, mais pas trop pour autant, de manière à éviter de glisser dans de la somnolence ou un endormissement, devant une chandelle blanche que vous aurez positionnée sur une table, à environ un demi-mètre de vous, et que vous aurez bien sûr allumée. Tel que recommandé précédemment, assurez-vous de ne pas vous faire déranger pour le prochain quart d'heure, en coupant la sonnerie du téléphone, et en affichant même une note à cet effet sur votre porte. Prenez ensuite une bonne inspiration d'air par votre nez, conservez cet oxygène en vous quelques instants en sentant qu'il vous apaise et vous tempère, puis expirezle par la bouche, en sentant cette fois que vous vous libérez du même souffle de toutes vos tensions, et de toutes vos préoccupations tacites. Vous devriez ainsi être bien prédisposé aux étapes qui vont suivre.

A. Centrez votre regard sur la flamme qui se consume au sommet de la chandelle, et concentrez-vous sur celle-ci pendant une ou deux minutes, en l'observant dans tout ce qu'elle vous communique. Permettez-lui simplement de se suggérer à votre esprit, pour mieux en venir à s'y cristalliser peu à peu.

B. Essayez-vous ensuite à faire pleinement vôtre cette image de la flamme, en fermant les paupières, et en vous la représentant à l'intérieur de votre front. Laissez spontanément sa forme, ses couleurs, ses mouvements s'y recréer progressivement, faute de quoi, advenant que vous n'y parveniez pas concrètement, vous pourrez alors rouvrir vos yeux, et contemplez à nouveau le feu de la bougie pour quelques minutes. Refermez-les ensuite, en redonnant à son image l'opportunité de renaître d'elle-même en votre intériorité.

C. Sans rien forcer, tentez de la définir le plus nettement possible, de littéralement la faire vivre en vous, tel qu'elle le faisait sous votre regard auparavant. Vous en viendrez ainsi à passer peu à peu d'un point de focalisation qui était *extérieur* à vous, à un autre qui se trouve plutôt *en vous*, plus précisément au niveau de votre troisième œil, soit dans le centre intérieur de votre aire frontale. De la sorte, vous en viendrez à vous déconnecter graduellement des bruits et de la réalité du monde ambiant, canalisant toujours mieux et toujours plus votre attention vers votre l'intérieur de votre front. Ceci devrait déjà créer un apaisement dans votre esprit, et vous induire un peu plus dans un état senti de décontraction, amenant une décroissance marquée de l'intensité, de même que de la réverbération, de vos tracasseries usuelles, pour ultimement ne plus vous faire exister durant cet instant, qu'en fonction de ce point de focalisation.

Par la suite, l'expérience peut sensiblement varier d'une personne à une autre, selon la qualité de votre concentration ou votre prédisposition psychique dans la présente visée : peut-être aurez-vous du mal à maintenir clairement l'image en vous, auquel cas, après une ou deux nouvelles tentatives, vous pourrez simplement prendre une pause et revenir à l'exercice plus tard, l'important étant de ne pas vous obstiner, de manière à risquer la démotivation ou le découragement en vue de la prochaine séance.

Et de toute manière, la finalité aura été atteinte puisque le but primaire recherché ici était de vous calmer émotionnellement en vous faisant privilégier un point de considération autre que celui qui vous faisait réagir. Ne serait-ce que pour cela, la technique vaut déjà en soi la peine de s'y adonner. Vous pouvez conséquemment cesser l'exercice à ce stade, en rouvrant les yeux et en revenant tout doucement en contact avec la réalité.

Le cas échéant toutefois, s'il s'avérait que vous réussissiez dès vos premiers essais à cristalliser presque réalistement la flamme à l'intérieur de votre écran frontal, une fois que celle-ci aura atteint une clarté d'actualisation proche du factuel, vous constaterez qu'après un moment, ladite image aura paradoxalement tendance à s'affadir peu à peu, puis à s'estomper complètement. Ne vous en faites pas, ne croyez point avoir failli à la tâche, cela est au contraire dans la normalité des choses. Car dès lors, des formes et des couleurs absconses, des images en définition, un senti émotionnel particulier, peuvent succéder à la silhouette évanescente de la flamme, ce qui signifiera que vous aurez établi un contact avec *vous-même*, ou plus précisément avec vos sphères inconscientes.

D. À nouveau, dans la visée qui est poursuivie ici, vous n'avez aucunement à aller au-delà de ce point : si vous décidiez néanmoins de poursuivre l'exercice, passez dans ce cas à une plus grande sentience de vos sens, afin de parfaire votre état de détente. Pour ce faire, partez de cette aperception au niveau de votre écran frontal intérieur, en vous laissant simplement aller au travers de ce qui s'y forme, en vous contentant d'en apprécier les sensations, et non de les rationaliser ou de les comprendre. Inspirez par le nez, puis expirez par la bouche.

Renouvelez cette respiration intégralement, mais en la prenant plus lentement, un peu comme si vous la désarticuliez. Humez l'oxygène qui pénètre vos cavités nasales à la manière d'une énergie nourricière qui vous sustente ; ressentez son cheminement dans vos poumons, jusqu'à votre abdomen même, en sentant que vous en conservez tout le ressourcement présent. Observez une pause de quelques secondes, puis expirez-la par la bouche, dans un senti de libération, d'expurgation, tout en portant attention au son de votre respiration.

Recommencez ensuite intégralement, en ayant cette fois-ci au préalable déposé vos mains elles-mêmes positionnées l'une sur l'autre, paumes vers l'intérieur, sur votre Hara. Sentez que votre inspiration se rend jusque sous vos doigts dans votre abdomen, et qu'elle insuffle dans votre intériorité une sensation de profond bien-être, autant que d'exultation béate, au travers de laquelle rien d'autre ne saurait avoir de réalité sur vous.

Absolument rien d'autre que cette énergie ressourçante et revigorante. Expirez en dernier lieu, en réalisant que c'est tout ce qui pouvait vous grever que vous rejetez du même élan, puis reprenez une autre fois le protocole, en vous sentant simplement bien, en vous sentant même de mieux en mieux : dans votre tête comme dans votre corps, dans votre esprit tout comme dans votre cœur.

II. *Méditation sur les 'Nobles Vérités'*

Sous la forme et dans la foulée des *quatre nobles vérités* et de l'*octuple sentier* du bouddhisme, nous allons nous permettre d'édicter ici les avancées que nous estimons être fondamentales à l'apprivoisement de la Métapsychanalyse, et de tout ce qu'elle présuppose, dans l'optique de justement les faire progressivement vôtres en les méditant de façon informelle et non mystique, mais concertée, en utilisant par exemple la phase A de la précédente méthodologie méditative, tout en projetant au centre de l'image de la flamme le libellé de la vérité du jour, afin de mieux ensuite les introjeter au centre de votre front pour les sentir et les ressentir. Aucune analyse mentale, aucune inférence de l'intellect n'est à nouveau de mise ici : tout au plus de simplement laisser flotter l'avancée choisie dans votre esprit, chacun des mots la composant, l'énergie émanant de ses syllabes, de manière à en extraire l'essence en filigrane, et non pas la littéralité rationnelle. Peut-être en dégagerez-vous peu à peu une compréhension plus finement personnalisée selon votre ouverture dans cette finalité, ou encore selon ce que vous vivez à cet instant, mais un fait demeure : ne précipitez rien, et *méditez* même chacune d'entre elles sur plusieurs jours, sur plusieurs essais, tant que vous n'aurez pas la conviction d'en avoir possiblement senti tout ce qui est susceptible de s'y trouver pour vous.

Le listing donc de celles-ci :

- *Toute vie est sentience*
- *Toute sentience comporte perception*

- *Toute perception implique émotion*
- *Toute émotion s'avère constructive*
- *Tout ce qui est admis constructif est édifiant*
- *Tout est donc toujours dans l'ordre de ce qui a à être*
- *Toute sentience aspire à une supraconscience*

Dans les pages qui suivent, nous nous sommes humblement permis d'esquisser les grandes de lignes de ce que chacune de celles-ci peut donner à entendre, puis à assumer, selon notre propre murissement. Toutefois, ces développements étant en eux-mêmes le fruit d'une interprétation de sentis personnels, hautement subjective donc, nous vous exhortons bien sûr en premier lieu à méditer pour vous-même ces 'vérités', dans ce qu'elles auront à vous livrer, puis à prendre subséquemment connaissance de nos propositions d'explication, l'idée étant bien sûr de toujours donner préséance à votre propre subjectivité sentiente durant l'expérience.

Toute vie est sentience suggère bien sûr que tout ce qui est animé est forcément pourvu d'une perméabilité permettant l'accusé de réception des stimuli qui l'environnent, sollicitent son attention, au cours de l'apprivoisement de la vie qui est sienne, ce qui en fait une entité apte à un acte d'éveil, donc résolument au fait de sa réalité d'être, dans un sens littéral des choses. Et n'en déplaise aux exploiteurs, cela est également valable pour les animaux.

Toute sentience comporte perception sous-tend que la réception littérale d'un stimulus, qu'il s'agisse d'une occurrence ('happening'), d'une interaction (*échange avec une autre forme de vie*), ou d'une cognition infuse (*connaissance acquise au-delà des cinq sens admis*), fera rapidement l'objet d'une colorie qui lui sera spécifiquement assortie, teintant singulièrement celle-ci au sein du senti en présence, ce qui donnera naissance à une perception individuée, à un certain catalogage, de ce qui a été éprouvé.

Toute perception implique émotion réitère ce que nous avons déjà allusivement mentionné, à savoir que cette façon de faire intrinsèquement sien ce qui s'est manifesté, occasionnera une prise de position sentie qui ne se fera pas sans prendre à partie les humeurs viscérales en latence et en puissance face à cela, d'où l'émergence de l'émotion en guise de semi-réaction intime.

Toute émotion s'avère constructive établit définitivement et sans ambages aucunes que la montée et le senti d'un flux affectif viscéral ne sera jamais à prendre et à restreindre dans une austère portée possiblement négative, et ce en dépit de ce que pourra sembler être la consonance, aussi éprouvante s'avèrera-t-elle en surface. À défaut de lui accoler certes une assumance illico positive, on s'efforcera d'en cultiver une qui soit à tout le moins d'une nature élargie, qui construit, qui étaye assurément.

Tout ce qui est admis constructif est édifiant prolonge et expansionne l'avancée précédente, en lui adjoignant une visée qui soit en filigrane bénéfiquement étoffante pour notre cheminement de vie, enrichissante sur un plan plus subtil d'approfondissement de la personnalité, qui permet de la sorte de présupposer un sens plus largement ordonné à la survenue de toute occurrence, de toute interaction, à chaque instant de notre quotidien.

Tout est toujours dans l'ordre de ce qui a à être, selon l'harmonie et les desseins supérieurs régissant le Grand Oeuvre Universel pourrait-on ajouter, et en conformité avec la croyance en une prédestination, ou au minimum en un ordre conséquent des choses de la Nature, ce qui signifie en clair que ce que nous croyons avoir raté au quotidien, ce que nous nous reprochons souvent sévèrement d'avoir mal pensé ou exprimé, aussi malséant tout cela puisse-t-il nous apparaître, sera dans les faits *–pour paraphraser l'idée de Freud–* un *acte manqué réussi supérieur*, puisqu'il ne se révélera jamais fortuit, toujours à sa juste place, s'inscrivant tout simplement dans le processus métapsychanalytique d'individuation.

Enfin, **Toute sentience aspire à une supra-conscience** va ultimement clore la boucle, en nous ramenant à la première de nos 'vérités' pour mieux en extensionner et en circonscrire la portée : à savoir que si effectivement *Toute vie est sentience*, c'est afin de nous ouvrir à une indispensable correspondance biunivoque sentie et ressentie avec tous les actants de notre entourage, et ce dans une légitime aspiration à cheminer vers un état de conscience supérieur et expansionné ('*supraconscience*'). Car tel s'avère le sens de la Vie, et de notre présence ici-bas.

III. Le Protocole ARES

Il s'agit de la méthodologie la plus simple, tout autant que la plus efficace à notre sens, dans le but de gérer zen-ement ce que nous sommes appelés à vivre au quotidien, pour éviter de trop vitement tout expédier en un refoulement achetant la paix et de rapidement passer à autre chose, au lieu de sainement composer avec ce qui est en présence, que cela soit au niveau des interactions humaines, des occurrences de vie, ou d'une cognition plus subtilement infuse. Dans l'ordre, ces cinq temps consisteront en : l'**A**ccusé de réception, le **R**essenti, l'**E**xpression, la **S**ublimation, puis le **S**oufflement.

Pour illustrer ce protocole, figurez-vous que vous prenez part à une réunion de travail, autour d'une grande table de conférence ovale, et que votre travail fait l'objet de critiques peu élogieuses de la part de la majorité des dix personnes vous entourant. Afin de ne pas donner donc dans le piège du mal-être anxiogène envahissant et paralysant, dans un premier temps il vous faut *accuser réception* de ce qui est communiqué à votre attention : accueillez ainsi ce qui est dit en y acquiesçant justement, en voyant le tout en tant que simples opinions de gens qui n'ont eux-mêmes dans les faits qu'une perception fort relative de votre valeur et de votre travail, et qui détiennent en dépit de cela le droit de justement s'exprimer dans cette finalité. À vous cependant de ne pas leur accorder d'importance outre-mesure, à ne pas encaisser leurs points en tant que vérités absolues. Rappelez-vous que personne ici-bas n'est détenteur d'une telle omniscience. Sentez qu'aussi acrimonieux ces propos puissent vous paraître au départ, il convient de les assumer comme des coups d'épée frappés dans l'eau, c'est-à-dire perturbant la quiète surface de celle-ci pour un temps certes, mais sans jamais troubler la profondeur de ses assises.

Ce qui vous amène à *ressentir* authentiquement ce qui est en présence, à laisser se fondre en vous la teneur de ce qui a été mentionné, un peu à la manière d'un point de ténèbres se fondant dans l'immensité d'un soleil éblouissant, devenant ainsi infime, submergé au sein de la lumière. Comme un grain de sable dénaturé se perdant dans la vastitude d'une plage, et s'ajoutant à son étendue, bien plus qu'il ne lui portera préjudice. Vous avez le droit d'être déçu, vous êtes légitimé de vivre des émotions à partir de cela : admettez-les, oui, mais jamais dans le sens de les reconnaître démesurée ou grevante dans leur retentissement. Ce qui aurait ainsi pu s'avérer obérant ne vous atteindra jamais au-delà de ce que vous consentez. Tout au plus consentez-leur justement une portée de bénin chatouillement sur votre peau !

Octroyez-vous subséquemment non pas le simple droit, mais bien plutôt l'obligation à l'*expression* de ce que vous ressentez : deux façons de procéder s'offrent à vous à ce stade. À savoir d'expurger viscéralement ce qui monte en vous, ce qu'il est plutôt recommandable de faire en vase clos, seul avec vous-même, ou encore en verbalisant littéralement à voix haute, directement aux principaux concernés, la pleine étendue de votre senti. Dans le premier scénario, il convient de prendre du recul de l'événement en vous isolant idéalement dans un lieu où serez parfaitement à l'aise de donner libre cours à votre frustration, en la criant à pleins poumons, en la cristallisant en une série de coups de poing administrés à un coussin, un oreiller, ou mieux encore un *punching bag*. Dans le second scénario, nous partons du principe déjà cité que *ce qui s'exprime, ne s'imprime pas*, entendant par là que l'émotion sous-jacente à toute verbalisation se veut un exutoire salutaire qui évite un refoulement souvent empreint de frénésie.

Mais qu'une chose soit bien claire : dans un cas comme dans l'autre, il est primordial d'avoir recours à un moyen d'expurgation, d'expression. Cette phase s'avère donc capitale dans la gestion psychique, autant que dans le retentissement psychosomatique, de votre vécu et ne doit jamais faire l'objet de compromission à court, moyen ou encore moins à long terme. Jamais.

La *sublimation*, tel que nous en avons déjà parlé dans la dernière partie du chapitre deuxième, est à la base un concept issu de la psychanalyse freudienne, désignant le fait de rendre acceptable une pulsion ne l'étant point au départ, de façon à la doter d'une teneur et d'une portée transsubstantiée en une surprenante tournure bénéficiable.

À l'instar, par exemple, d'un jeune homme hyperactif, doté d'une vitalité hors du commun, à qui on propose de se livrer à une activité d'arts martiaux pour justement canaliser son trop plein d'énergie vers une finalité saine et constructive. Et dans le présent exemple, l'événement de la salle de conférence peut à juste titre être perçu comme une expérience de cette nature faisant cheminer la personne concernée dans sa propre capacité à se gérer elle-même lors d'une situation où elle n'a pas le beau rôle. À l'instar de l'aphorisme de Goethe et Nietzsche stipulant que *ce qui ne nous tue pas, nous rend plus fort*, ou encore qu'*il ne nous est jamais donné d'épreuve qui soit au-delà de nos possibilités : seul notre entendement de celle-ci peut nous la faire momentanément paraître de la sorte*.

Enfin, la proposition du *soufflement* revient à prendre trois respirations profondes qui soient vives et consécutives, en prenant soin d'inspirer par le nez, en sentant que l'air ainsi inhalé vous détend et vous ressource, puis en expirant par la bouche, en éprouvant une sensation de libération et de liberté, comme si vous vous délestiez d'un poids invisible qui vous accablait. Et la séquence de trois recommandée ici permet de régulariser, par le jeu d'entrée et de sortie succincte d'oxygène dans les poumons, la nodosité émotionnelle qui est en absorption.

Et en dépit du descriptif détaillé qui précède, retenez que d'effectuer ce protocole ne prend guère plus que quelques minutes, une fois que vous en aurez saisi l'essentiel. Aussi, nous vous suggérons fortement de le lire, de le relire, et de le mettre en pratique, même si le tout vous apparaît au premier regard, imparfait ou même insatisfaisant. Car, pour paraphraser les mots du grand Shakespeare, nous pouvons affirmer qu'il se trouve ici plus, beaucoup plus, que ce qu'en conçoit spontanément notre dit entendement.

IV.   *Le Principe du 'Je sais, je sens'*

D'une façon assurément très machinale, peu importe le contexte ou la discussion prévalant, avez-vous déjà remarqué à quel point les gens ont fréquemment recours à cette formule très laconique et en même temps très fermée du 'Je sais' ? Que ce soit pour signifier un accusé de réception désintéressé aux propos inintéressants d'un interlocuteur qui aime s'entendre parler, exprimer sa connaissance d'une avancée qui nous est présentée comme inédite, ou authentiquement traduire son aval envers une affirmation à consonance interrogative, cette simple locution est en voie de devenir un véritable lieu commun du langage, particulièrement en cette ère de culte du paraître, alors que de sembler toujours en contrôle, toujours au courant de tout ce qui arrive s'avère si important. Rappelons-nous de la chanson monologuée de Jean Gabin où dire 'je sais' suggérait d'être au fait de tout dans la Vie, ou encore du célébrissime 'je ne sais qu'une chose, c'est que je ne sais rien' du philosophe Socrate, ramenant de la sorte ce constat du 'je sais' à pratiquement tout ce qu'il y a à savoir au niveau de la connaissance empirique. À notre point de vue, ces deux mots marquent toutefois une prise de conscience évidemment mentale, à la différence du 'je sens', qui traduirait davantage une prise de sentience littérale, éprouvée de façon viscérale. Sauf que dans la réalité du quotidien, cette dernière façon de s'exprimer est peu, pour ne pas dire jamais, utilisée : comme quoi de reconnaître 'sentir' quelque chose ne sera guère pris sérieusement, tandis que d'affirmer 'savoir' se voudra toujours plus admissible, ce qui n'est pas sans rappeler ce dont nous avons déjà parlé au sujet des mérites de notre si sagace conscience qui nous permet en apparence de gérer et de décider librement du cours de notre existence. Nous avons bien écrit 'en apparence', n'est-ce pas..

Car il convient de se rappeler que le niveau conscient de notre esprit est loin de mobiliser tout l'espace psychique en présence : selon les avancées que nous avons déjà citées, à peine 12 pourcent contre 88% pour l'inconscient. Ce constat démontre donc hors de tout doute que de *prendre conscience* d'un état de chose, de dire 'je sais' à ce que l'on peut identifier de déviant ou de psychopathologique en nous, ne suffit carrément pas à nous en guérir pour autant ! Tout au plus cela ouvre-t-il une voie en vue d'un approfondissement des choses. Un approfondissement qui requiert de justement franchir de plein pied le seuil de cette ouverture, et non de s'y cantonner béatement à ânonner qu'une brèche a été provoquée, qu'un premier pas a été fait, et qu'il s'agit là d'une étape importante (!) dans le processus psychothérapique, comme tant de professionnels dans le domaine se plaisent à le clamer, dans le même temps que le nombre de séance s'allonge, et s'allonge.. Mais bon, que cette redite nous soit pardonnée.

De franchir le seuil de cette ouverture requiert maintenant d'opérer le glissement capital du mental vers le viscéral pour authentiquement catalyser un rétablissement. Sachez d'abord que tout ce que nous vivons ne doit pas nécessairement être procédé linéairement, et toujours de la même manière : ce que nous recevons et traitons *mentalement* sera nettement plus limité en terme de retentissement sur notre être, et également nettement moins avisé quant à ce qui en sera dégagé, puisque l'Ego et le cartésianisme humains se voulant prédominant à ce niveau de surface, les scénarii extrêmes seront de cette manière toujours envisagés, entretenant le sujet dans une lancinante potentialité d'une expectative imminente. Tandis que selon la logique inverse, ce qui sera reçu et procédé plutôt *viscéralement* bénéficiera alors intuitivement d'un traitement en profondeur, mieux senti et plus relativisé, de par la nature non contingentée de cette zone à la fois hautement aérée, tout autant qu'éthérée.

Et que pouvons-nous pratiquement déduire de tout ceci, pour notre plus grand bienfait personnel ? Que nous devrions développer la saine habitude d'encaisser au niveau de ce qui est *entendu* mentalement, et strictement mentalement, toute forme de critique ou de propos susceptible de meurtrir notre sensibilité, de façon à contenir en un 12% limité les répercussions trop souvent dommageables d'une telle réception. Dans la même optique de pensée que tout commentaire ou tout geste qui se révélera au contraire élogieux et appréciatif, positivement émouvant ou édifiant, gagnera alors à être *senti* viscéralement, afin de mieux en amplifier la réverbération, pour notre meilleur bénéfice personnel.

Et comment est-on concrètement en mesure d'accomplir cela ?

En se permettant d'*éprouver* l'exaltation allant ordinairement de pair avec ce dernier type de situation, *de l'intérieur*, c'est-à-dire en fermant les yeux afin de vous couper de votre environnement, de tout stimulus distrayant, et vous recueillir en vous pour être ainsi tout entier dans cette pure viviscence. Ce moment se voulant hautement privilégié, il vous appartient résolument de vous le consentir, ne serait-ce qu'une minute ou deux au moment où il survient, et plus longuement par la suite si les circonstances d'emblée ne vous en permettent pas la pleine sentience alors.

Dans l'autre cas, gardez au contraire les yeux bien ouverts, en restant solidement ancré dans la réalité du moment actuel, de manière à ne pas focaliser exclusivement sur ce qui aura pu s'avérer blessant mais en demeurant bien plutôt extraordinairement perméable à tous les stimuli ambiants, pour déjà mieux relativiser ceux vous étant préjudiciables. Au besoin même, pincez-vous discrètement la peau de l'avant-bras, ou munissez-vous même d'un élastique que vous porterez au poignet comme un bracelet, et que vous étirerez puis relâcherez sur votre peau, de manière à empêcher votre esprit de trop s'emballer à la suite de l'occurrence grevante, en le gardant abruptement dans la réalité de ce saisissement provoqué à l'instant actuel. Encore une fois, l'idée ici est de littéralement perdre une feuille au milieu d'une forêt dense si l'on peut dire, en rendant votre attention *flottante* comme disait Freud, considérante de tout, portant intérêt à tout, dans le but évident de relativiser rationnellement ce que vous savez.

Vous pouvez parallèlement inspirer, et expirer profondément, en vous disant mentalement *'Je sais, mais je ne sens pas. Je sais, mais je ne le ressens pas [au-delà de mon acquiescement mental]'*.

V. Le Principe inversé du 'Ne fais pas à Autrui'

Vous avez très certainement déjà entendu cette maxime notoire qui, au travers des siècles et de diverses traditions spirituelles et même philosophiques, tenait à peu près en ces mots : *'Ne fais pas à autrui ce que tu n'aimerais pas que l'on te fasse à toi-même'*. Vous aurez deviné qu'en tendancieux iconoclaste que nous sommes, nous allons nous permettre de plutôt la ramener dans l'idéation de la règle d'or du XVIIe siècle : *Traite les autres comme tu aimerais être traité, et ne te gêne surtout pas pour te commettre à leur égard, tel que tu souhaiterais les voir eux-mêmes se commettre en ta faveur.* Et à partir de la littéralité de ce qui est avancé, vous allez êtes convié ici à mettre en application ledit aphorisme en faisant du bien, un bien qui se révélera par surcroit extraordinairement édifiant pour vous-même, puisque vous allez en venir à vous porter aux devants d'autrui, et préférablement un 'autrui' qui ne sera pas de vos proches, ou de vos connaissances.

Voici comment :

- *Débutez par une réflexion relative à vos doléances et à vos griefs personnels, ceux sur lesquels vous vous attardez le plus souvent au gré de vos moments de dépit ou de frustration. Que concernent-ils principalement ? Établissez en conséquence de cela une liste de trois ou quatre points où vous sentez que vous êtes plus particulièrement lésé, injustement traité. Du genre 'Je suis toujours seul, je n'ai jamais d'ami pour me donner un coup de main..', 'Je manque constamment d'argent et personne ne m'aide' ou encore 'Je ne prends jamais soin de moi, je ne me gâte jamais'.*

- *Demandez-vous s'il s'agit là de doléances isolées, circon-stancielles, ou si au contraire elles s'avèrent fréquentes, omniprésentes et même parfois obsessionnelles dans votre vécu. Advenant cette deuxième avenue, constatez que plus elles s'avèrent présentes, plus elles vous alimentent psychiquement, et plus vous-même les attisez par ricochet, et en devenez captif à l'intérieur d'un cercle particulièrement vicieux ;*

- *Cette réalisation initiale effectuée, livrez-vous maintenant à ce questionnement : ce que je reproche à la Vie, ce dont j'estime avoir été injustement privé, suis-je moi-même à la hauteur de ce que j'exige ? Ainsi lorsque je me plains de ne pas avoir d'ami, dans les faits est-ce que je m'efforce moi-même au départ d'en être un pour quelqu'un ? Quand je dis manquer d'argent, suis-je moi-même porté à donner à autrui, si ce n'est de l'argent, de mon temps alors ?*
  Voyez de la sorte si vous prêchez vous-même authentiquement par l'exemple quant aux points de grief que vous avez soulevés.

- *En conformité avec ce que vous comprendrez ici, devisez-vous une ou quelques activités réparatrices si l'on peut dire, pour mieux mettre en mouvement une énergie de cet aloi, de manière à faire à autrui ce que vous souhaiteriez vous-même que l'on fasse à votre égard, donc dans le but de mieux catalyser psychiquement un effet boomerang qui finisse par vous être bénéficiable dans le sens escompté. À nouveau selon le principe même de la loi d'attraction.*

Car de tenir compagnie à une personne seule pendant quelques heures, de prêter main fort à quelqu'un en besoin, de donner de votre précieux temps à une cause qui en vaut la peine, tout cela ne saurait faire autrement que de porter à conséquence pour vous.

Mais sur ces points, ne nous croyez pas simplement sur parole : essayez donc.

VI. La Catharsis d'Aristote

Dans la Grèce de Périclès, le grand philosophe, père de la Métaphysique autant que de la Poétique, était à l'origine de ce fascinant concept à l'effet qu'en assistant à une représentation théâtrale, notamment les tragédies du temps issues de la plume d'Eschyle, de Sophocle, ou d'Euripide, celle-ci opérait littéralement une purgation des émotions du spectateur, de par l'identification faites en ce sens par celui-ci avec un ou plusieurs des personnages de la pièce, dans le(s)quel(s) il se projetait affectivement, et du(des)quel(s) il éprouvait tout le senti joué sur scène. Le terme lui-même dans son étymologie κάθαρσις suggère d'ailleurs l'idée d'une expressivité libératrice, qu'Aristote trouvait tout à fait à propos pour qualifier ce qui est en présence ici.

Dans cette optique, nous allons nous donner l'opportunité d'expérimenter une catharsis du même acabit, dont la visée sera de vous rendre meilleur, selon les termes mêmes de la Poétique, et dans des conditions bien sûr plus intimistes. En effet, qui n'a pas déjà versé des larmes, éprouvé une profonde colère, ou simplement frétillé de plaisir au visionnement d'un bon film, à la lecture d'un roman prenant ou justement à l'écoute d'une pièce de théâtre intense, ou d'un concert émouvant ? Qui n'a pas ressenti après coup, une vivide sensation de relâchement intérieur, de même qu'extérieur, tandis que l'impression d'avoir un fardeau invisible en moins sur les épaules se fait authentiquement ressentir ? Oui, bien au-delà de la traditionnelle connotation de douleur et de peine qui leur est rattachée, le simple fait d'exprimer des émotions peut s'avérer authentiquement bienfaisant, tout autant que vivifiant.

La démarche que nous préconisons dans cette finalité va comme suit :

- *Peu importe le medium ou les media que vous choisirez, commencez par sélectionner des œuvres ou des pièces qui vous ont déjà fait vibrer lorsque vous les avez découvertes, et plus préférablement celles que vous savez être toujours susceptibles de vous émouvoir. L'important n'est pas tant leur nombre, comme leur qualité en ce dernier sens : disons que deux ou trois d'entre elles sauront suffire ;*

- *Ménagez-vous dans votre emploi du temps un moment par semaine, où vous serez en mesure de bénéficier d'une certaine intimité, d'une tranquillité certaine, pour vous livrer à la redécouverte de ce que vous aurez arrêté. Vous n'êtes pas tenu de visionner ou d'écouter l'œuvre choisie dans son intégralité, à moins bien sûr qu'un certain crescendo ne soit nécessaire pour vous permettre de plus vivement connecter avec vos émotions ;*

- *Vous aurez bien compris qu'en tenant cet exercice privément, vous n'avez aucunement à retenir quoi que ce soit dans ce qui montera en vous : laissez donc librement s'exprimer vos émois, sans honte ni retenue, aussi vulnérable ou puéril que vous vous sentirez. Tout comme dans la catharsis aristotélicienne, il importe de permettre à cette expurgation d'éclore dans sa pleine amplitude, sans retenue aucune ;*

- *Prenez bien le temps ensuite d'absorber le cocktail d'émotions qui se sera manifesté, en vous contentant de ressentir les choses, et pas de les analyser. Au besoin, prenez une ou deux respirations profondes afin d'en faciliter une plus juste assumance.*

Il va sans dire que même si la présente recommandation est de vous livrer à cette activité épurante en solitaire pour les motifs évoqués, il vous est évidemment toujours loisible de la vivre avec quelqu'un de particulièrement proche de vous, en autant que vous soyez mutuellement à l'aise de vous laisser pleinement aller à vos émois.

VII. Visualisation Subliminalement Sentie

Dans la foulée de l'efficace *Visualisation Émotionnellement Sentie* présentée dans notre premier opus <u>Le Coffre à Outils psycho-thérapeutique</u>, qu'il nous soit octroyé ici la proposition d'une variante justement plus métapsychanalytique de cette pratique auto-thérapeutique, toute aussi aisée d'application que bénéfique de retombée. Nous entendons fréquemment dire que les gens vivent beaucoup dans leur tête, peut-être même un peu trop ; ce que nous allons donc tenter de faire par la présente technique, ce sera de varier irrémédiablement la donne quant à cela, en les amenant à vivre et à sentir la Vie bien au-delà de celle-ci.

Comme toujours, il vous est recommandé de vous installer d'abord confortablement dans un fauteuil, ou encore de vous allonger sur une causeuse, en vous essayant à ne penser à rien. Pour réussir cela, visualisez en vous l'image d'un grand ciel de nuit, un ciel de nuit uniformément sombre, sans aucune étoile, sans aucun nuage, sans aucun tracas. Un ciel de nuit qui vous induit de la sorte dans un état de repos, qui vous induit dans un état de détente. Une détente de plus en plus sentie.

I. Prenez ce faisant une bonne respiration tel que nous l'avons déjà détaillée, en inspirant préférablement par le nez, tout en sentant que l'oxygène que vous amenez en vous vous apaise et vous stabilise dans vos émois. Expirez ensuite par la bouche, en sentant cette fois-ci que vous expulsez du même souffle tout ce qui vous troublait, tout ce qui pouvait vous empêcher de vous laisser pleinement aller à relaxer. À nouveau, inspirez par le nez, conservez en vous cet oxygène tempérant, puis expirez par la bouche, en sentant que vous vous relaxez de plus en plus.

2. À ce moment, vous allez décliner intuitivement vos six sens un à un, tout en appariant à chacun la pleine sentience qui doit lui être dévolue, et ce en veillant à en ordonner le moins possible le déroulement par votre pensée, en demeurant centré exclusivement sur le ressenti qui montera à chaque reprise.

Ainsi vous pouvez débuter par la base plus physique de votre être, soit le toucher, en concrétisant cette dite sentience par le simple bougement de vos orteils et vos doigts, qui touchent tout à tout instant, en vous faisant simplement réceptif de leur existence, de ce qu'ils vous communiquent, de ce qu'ils vous font ressentir en les remuant. Prenez une minute pour apprécier certes que votre esprit les animent, mais qu'eux-mêmes connectent réciproquement avec celui-ci pour tout ce qu'ils éprouvent

3. Déplacez ensuite votre senti vers le haut de votre corps, en vous mettant cette fois à l'écoute de votre goûter. Remuez doucement vos lèvres, votre langue, en étant au fait de vos papilles gustatives, auxquelles vous prêterez votre entendement sensoriel tout entier, nonobstant ce que s'avérera la saveur ou la sensation qui se manifestera alors en votre palais. À nouveau, bougez votre langue, humecter finement vos lèvres, et contentez-vous d'en éprouver la réalité toute sentie.

Montez subséquemment à la hauteur de votre nez, de votre sens olfactif, et inspirez normalement, puis plus emphatiquement. Expirez dans le même aloi. Bien au-delà des odeurs environnantes, humez littéralement l'oxygène en lui-même pour ce qu'il contribue à votre réalité de vie, pour ce principe même du Prana qu'il met implicitement à contribution à chaque respiration. Par-delà votre réflexe machinal dans cette finalité, prenez-en le contrôle, appropriez-vous la, en l'accélérant, en la ralentissant, en l'approfondissant. Sentez sa pleine actualisation en vous en dépit de son apparente intangibilité.

Quelques centimètres plus haut, canalisez-vous maintenant sur votre sens de l'audition, sur ce que vos oreilles vous communiquent à ce moment. Ajustez-y toute votre sensitivté, en vous laissant aller à la simple réception des sons ambiants, du silence qui peut prévaloir, de même qu'à tout stimulus sonore en tacite suspens dans l'atmosphère, et susceptible de faire possiblement davantage irruption dans votre champ de perceptibilité. Percevez, entendez, écoutez, sentez. Votre réalité doit présentement être toute entière à ce niveau.

Enfin, en revenant vers votre centre, rendez-vous pleinement sensitif à votre sens visuel, à vos yeux, <u>mais en vous gardant toutefois d'ouvrir les paupières</u>. Peu importe la noirceur à laquelle vous faites face, restez d'abord dans le senti de la réalité physique de vos globes oculaires, dont vous ressentez la présence dans vos orbites, et dont vous connaissez déjà la pleine acuité potentielle. Puis concertez-vous sur cette perception visuelle intérieure sans lui permettre quelque auscultation littérale, en demeurant toujours au fait de de ce qu'elle est apte à vous retransmettre dans le for de votre intériorité. Nul besoin de vous contraindre à visualiser quoi que ce soit pour ce faire : sentez tout bonnement que vous avez des yeux pour voir. Vous le savez certes, sentez-le maintenant un peu plus de l'intérieur sans stimulation extérieure..

4. *Ultimement, élevez votre seuil perceptuel au niveau de votre front, plus précisément tout juste au-dessus de vos arcades sourcilières, là où votre sixième sens trouve l'écho de son portail, celui de la sentience intuitive. Plus que jamais, restez en mode de haute réceptivité, en vous abstenant toutefois de vous brancher sur un sens en particulier : privilégiez un senti non préconçu, autre que ceux déjà expérimentés, à se faire jour en vous, en laissant librement flotter votre expectative dans cette finalité sans rien provoquer, en maintenant votre bruit mental à zéro. Sentez. Simplement sentir, intérieurement.*

Laissez un moment s'écouler ainsi.

5. *Lorsque vous aurez atteint une certaine plénitude, une sensation d'être partout et en même temps en vous, rouvrez les yeux, reconnectez avec la réalité environnante en en admettant toutes les subtilités : la luminosité, les couleurs, ce qui vous monte aux narines, ce que vous entendez, ce qui est sous vos pieds, ce que vos doigts sont à même de toucher, histoire d'être tout entier dans votre senti. Littéralement autant que subliminalement.*

À nouveau l'intention sous-tendant cette pratique en est une de pleine sentience, et beaucoup beaucoup moins de pleine conscience, à moins que vous ne le preniez bien entendu dans un sens d'expansion, et non pas de 'prise de'. Et nul besoin de préciser que le but ultime n'est évidemment pas de la 'réussir' à l'intérieur d'une parfaite exécution, comme de vous appliquer à sentir davantage chacun de vos sens, à chaque fois que vous vous y adonnerez.

VIII. Désamorçage de l'Ego

Il ne nous est guère donné lors d'une de nos journées types, alors que nos interactions humaines foisonnent et sont souvent au paroxysme, d'être en mesure de régler le commutateur de notre Ego à la position 'off' ; en effet, selon la substance de ce qui sera échangé, de ce que nous devrons vendre comme idée ou défendre comme point de vue, il s'avère hélas trop fréquemment nécessaire de devoir s'affirmer parfois au-delà de la commune mesure, et de laisser ainsi à notre cher orgueil plus d'espace qu'anticipé. Et c'est précisément dans l'optique de remettre ce dernier proprement à sa place que cet outil a été conçu. Mais comme ce n'est pas là une pratique spontanée, ou même aisée à simplement envisager, nous allons nous y appliquer de la façon qui suit, histoire de ne pas vous rendre plus vulnérable qu'il ne le faut face aux prédateurs de votre entourage, qui n'attendent peut-être que cet abaissement de votre garde pour plus aisément vous river dans les câbles !

Durant une journée complète donc :

- *Appliquez-vous à vous prédisposer à un état d'esprit inconditionnellement acceptant de tout ce qui se présentera à vous, de tout ce qui surviendra : concevez justement que votre amour-propre est authentiquement en congé pour les prochaines heures, donc non disponible pour commenter ou réagir à quelque atteinte que ce soit. Donnez plutôt au vieux sage qui sommeille en vous le soin de prendre les appels en place et lieu de celui-ci ;*

- *Advenant qu'en dépit de vos bonnes intentions de départ, une critique acerbe ou un sous-entendu dépréciateur en vienne à émoustiller votre Ego, permettez-vous de prendre une ou deux bonnes respiration, de façon à atténuer sur le champ le choc de l'encaissement, en vous efforçant de rester dans l'instant présent. Vous pouvez même hocher positivement la tête, comme si vous donniez raison à votre resquilleur ou à la situation ;*

- *Sentez ensuite qu'à la manière d'un paratonnerre, vous subjuguez l'enflammement colporté par ces remarques directement vers le sol, comme si vous faisiez dévier cette foudre potentielle dans la terre sous vos pieds, que vous pouvez même fouler en piétinant en même temps sur place, concourant ainsi à son parfait enfouissement. Essayez-vous même à sourire pour mieux dédramatiser le tout ;*

- *Concluez en vous disant, ou en verbalisant possiblement à haute voix selon le contexte, que* tout le monde a droit à son opinion, et que le fait d'en émettre une est certainement salutaire pour la personne qui l'exprime, mais que cela n'en fait pas pour autant une vérité absolue pour celle qui la reçoit.
*Qui plus est, vous pouvez légitimement rajouter qu'*aujourd'hui n'a pas à être obligatoirement le bon

moment pour discuter de cela, qu'un instant assurément plus propice pour ce faire viendra en son temps.

Il est très probable que vous sentiez émerger en votre intériorité une effervescence que vous n'aviez jamais éprouvée auparavant, et qui sera assurément une part d'énergie primordiale, viscérale, qui alimente d'ordinaire votre Ego, et qui cherchera à s'exprimer ; diffusez-la alors en vous à partir de votre Hara en frottant votre bas-ventre doucement tout en décrivant un cercle se déployant vers l'extérieur, de manière à mieux la sublimer en une poussée d'adrénaline tonifiante, plutôt qu'une force dommageable. Et dès que les circonstances s'y prêteront, vous pourrez même plus concrètement l'expurger via une activité de défoulement.

Retenez que moins votre niveau mental interviendra, plus vos réactions seront tempérées et mieux assumées ; *sans mental, il se trouve moins de risque d'emportement, de perte de contrôle ou de blessure émotionnelle.* Car si l'émotion peut être assimilable à une vive étincelle d'énergie, l'Ego en est très certainement une qui met le feu aux poudres, l'accélérateur risquant de tout transformer en ardent brasier. Lâchez ainsi prise sur votre amour-propre, votre image et tout ce qui serait de nature à vous faire trop promptement réagir, ou perdre la tête au cours, de cette journée. Il faut assurément choisir ses combats, délimiter les causes qu'il vous tient à cœur de défendre, et non pas tout prendre également à corps défendant.

C'est ainsi qu'en vous donnant, par exemple, à chaque semaine une telle journée à vivre sans votre Ego, vous en viendrez à progressivement mieux composer avec l'adversité, de manière même à ce que ce *mood* détaché puisse devenir partie intégrante de votre *modus vivendi* courant. Voilà comment cultiver et mettre en application une authentique philosophie zen, pour votre plus grand bénéfice personnel.

IX. Soin par Respiration sophrologique

En conformité avec l'enseignement et les techniques de la Sophrologie, du psychiatre colombien Alfonso Caycedo, nous proposons en ces pages la pratique d'un type de respiration plus intégrale et plus bénéficiable à notre mieux-être. En effet, dans notre monde contemporain où tout se déroule à l'emporte-pièce, il en va bien sûr de même de notre façon de vivre, tout autant que dans le simple fait de respirer, alors que nous nous contentons de laisser ce processus s'effectuer très machinalement, inspirant et expirant du nez ou du bout des lèvres, en cantonnant l'oxygène essentiellement au niveau de la cage thoracique, nous assurant ainsi du minimum tout juste requis pour ne pas mourir par manque d'air. Comme vous devez vous aussi être du nombre de ces personnes qui fonctionnent de cette façon, voilà la raison pour laquelle ce qui suit risque de se révéler une découverte à vos yeux :

I Exercice propédeutique

Il convient tout d'abord de prendre le temps de sentir un peu plus l'air entrer en vous, puis descendre jusqu'au fond de vos poumons. Pour ce faire, votre bas-ventre doit être mis à contribution. La respiration se révélera correcte lorsque vous sentirez votre ventre se gonfler en premier, puis la poitrine et finalement les côtes. Vous saurez ainsi que vos poumons sont complètement et valablement remplis d'air. Cette respiration doit se faire tout doucement, naturellement, sans forcer. Et tel que fait état précédemment, nous recommandons d'inspirer par le nez, puis d'expirer par la bouche.

Pour vous préparer à respirer de cette façon, appliquez-vous d'abord à faire l'exercice suivant quelques fois par jour, au cours de la prochaine semaine:

o   *Inspirer en comptant 4 secondes ;*

o   *Retenir l'oxygène en comptant 8 secondes ;*

o *Expirer ensuite en comptant 4 secondes ;*

o *Faites une pause en comptant 4 secondes ;*

o *Recommencer la séquence ainsi deux autre fois.*

Effectuez cet exercice en devenant progressivement plus sentient de l'air qui entre en vous et de celui qui en sort. Vous pouvez même visualiser une lumière blanche qui entre parallèlement en vous, tout en sentant qu'en expectorant par la suite, votre organisme expulse du même souffle un oxygène maintenant grisâtre, contenant toutes les toxines présentes en vous. Le fait de retenir cette 'lumière' pendant 8 secondes vous permet de donner le temps à l'air -et au Prana qu'elle contient- de bien vous pénétrer et de vous ré-énergiser.

Vous pouvez aussi varier la rythmique à 3-8-5-5 ou 4-8-6-6, si vous préférez.

II Soin

A. *Commencez par vous tenir debout, en positionnant votre main droite sur votre abdomen ;*

B. *Inspirez ensuite par le nez, de façon tout-à-fait coutumière, **mais** en vous efforçant graduellement de pousser l'air au-delà de vos poumons, soit le plus loin possible jusque dans votre bas-ventre : pour que le tout soit convenablement fait, il faut que ce soit justement le bas du ventre qui se gonfle en premier lieu, et non la cage thoracique. C'est ici que votre main devient une sorte de témoin de la bonne exécution de cette technique, puisqu'elle permet de sentir concrètement cette zone emmagasiner l'oxygène. Cela ne se fera possiblement pas du premier coup ; aussi, n'hésitez pas à marquer une pause au besoin, à respirer comme vous l'avez toujours fait, avant de refaire d'autres tentatives. Si vous sentez éventuellement que vous parvenez un peu plus à pousser et à maintenir l'air à ce niveau, essayez-vous à l'y* conserver pour quelques secondes, comme si vous vous laissiez ainsi masser de douce façon ;

C. Une fois cette pratique mieux assumée, appliquez-vous à expirer subséquemment l'oxygène que vous reteniez en vous en commençant par celui se trouvant dans vos poumons, puis ultimement dans votre bas-ventre. Pour vous guider en ce sens, poser votre main sur votre torse, puis descendez-là progressivement jusqu'à votre bas-ventre en même temps que vous expirez, puis remontez-la comme si vous intimiez à votre organisme de suivre cet ordre des choses. Répétez le tout ;

D. En devenant plus à l'aise avec cette façon de respirer, vous pourrez lui appariez le principe hindouiste du Prana, c'est-à-dire de vous conditionner au fait que ce que vous inspirez en vous est en fait le principe actif et ré-énergisant de l'univers, et qu'il vous pénètre de façon extraordinairement ressourçante à chaque respiration complète que vous prenez, tout en mettant une emphase sur son effet senti au niveau du bas de votre ventre, de votre Hara.

Oui, un minimum d'effort est certes requis pour en venir à maîtriser cette manière de respirer, mais les bienfaits que vous en retirerez ne seront pas des moindres, notamment en termes de meilleure assumance de vos émotions, de par l'oxygène que vous prendrez l'habitude de faire plus librement circuler, puis échoir au centre du siège même de leur émergence.

X. Tutoriel de Redressement subliminal

Dans la veine de certains principes curatifs déjà énoncés, le présent tutoriel gagne à être récité en fin de journée, plus préférablement alors que vous êtes au lit, juste avant de donner dans l'endormissement, de manière à mettre optimalement à profit votre effervescence psychique plus librement subconsciente à cet instant, pour qu'elle agisse en votre faveur, même lorsque vous serez endormi. Il vous est bien entendu aussi loisible de plutôt enregistrer ce texte, et de vous détendre en l'écoutant dans les mêmes circonstances, au lieu de le réciter. L'idée de base est de renchérir sur la méthode Coué, en poussant son précepte de pensée positive dans une optique de rectitude subliminale, au-delà du niveau conscient donc, pour induire de la sorte un conditionnement thérapeutique plus hautement réhabilitant. Vous reconnaîtrez d'ailleurs au passage plusieurs éléments et concepts présentés au cours du présent ouvrage.

Pour donner à votre psychisme une certaine latitude d'assimilation, nous vous suggérons de procéder de la sorte durant deux semaines, et le plus possible à chaque soir :

Je..

Je suis (Dites votre nom).. J'existe.. Je vis.. Je sens..

Au travers de mon présent état de détente, mon niveau de conscience s'ouvre de plus en plus, et d'une manière allant toujours plus loin vers un degré de sentience accru. Je permets ainsi à mon esprit de s'élever au-dessus de ma réalité courante, de transcender les tares et les scories dérivant de mes perceptions communes, de mon intellect limité, en faveur d'une toute autre dynamique psychique.. Une dynamique à l'intérieur de laquelle tout ce que je vis, tout ce qui m'arrive, se révèle être le pur résultat de tout ce que je pense, de tout ce qui m'obsède, de tout ce que j'éprouve.. J'en suis le point d'origine, j'en suis le point d'arrivée.
J'atteins de la sorte une hauteur où rien de grevant ne saurait sévir au-delà de ce que moi-même je permets.. Une dimension empreinte d'une énergie indéfinissable, tout autant qu'illimitée, et qui active vivement tout ce que j'y connecte, tout ce que j'y maintiens.. Pour mon plus grand bénéfice, comme pour mon plus grand maléfice,

selon la nature même de ce que j'entretiens dans cet espace puissamment actif.. De la même manière qu'un authentique sculpteur se veut apte à créer tout ce qu'il peut et tout ce qu'il veut à partir de sa glaise, je puis moi-même façonner l'étoffe de ma vie à partir de cette dimension extraordinairement énergisante.. Et la résultante s'avérera épanouissante et exaltante dans la mesure où mes pensées seront-elles-mêmes dans l'ordre, où mes actions témoigneront de ce que je souhaite vivre,

Je renonce donc dès à présent à tout ce que je pouvais alimenter d'entravant et de malsain, de psychiquement toxique, autant que d'émotionnellement étouffant. Je laisse ainsi aller pour de bon tout ce à quoi je m'accrochais et qui causait préjudice, et qui m'était intimement maléficiable bien au-delà de ce que je pouvais en entendre. Je me libère ce faisant de l'emprise excessif de mon Ego, je renonce à vouloir contrôler le cours des choses, à vouloir imposer ma volonté à ce qui est et à ce qui doit être. [Tout en prenant une inspiration d'air :] *Je m'emplis donc davantage à chaque instant d'un souffle neuf, d'une inspiration supérieure pour mieux m'animer, pour mieux me guider dorénavant..* [Dans le même temps qu'une expiration :] *Tout autant que je m'intime à moi-même de psychiquement me libérer de toutes mes scories, de m'expurger totalement de tous mes patterns malsains..* [Prenez une nouvelle respiration en répétant mêmement les deux dernières phrases, tel que suit :] *Je m'emplis donc davantage à chaque instant d'un souffle neuf, d'une inspiration supérieure pour mieux m'animer, pour mieux me guider dorénavant.. Tout autant que je m'intime à moi-même de psychiquement me libérer de toutes mes scories, de m'expurger totalement de tous mes patterns malsains..* [Observez à cet instant une pause, puis reprenez une nouvelle respiration complète, mais sans rien dire cette fois, en vous efforçant de plutôt *sentir* ce que vous venez d'énoncer]

Tel un voilier navigant sur une mer calme, je me laisse aller à la brise qui souffle.. Tel un voilier navigant sur une mer calme, je me laisse aller à avancer là où le vent m'amène.. Car je sais et je sens que cela ne peut qu'aller dans le sens de mes intérêts supérieurs, par-delà même tout ce que mon Ego peut croire.. Je vais exactement là où je dois aller pour mon plus grand dépassement personnel, selon mes besoins et dans la continuité de mon cheminement de vie actuel.. J'y consens et je m'y applique avec toute la ferveur de mon être.

Je me sens bien, je me sens ainsi de mieux en mieux, et je suis toujours plus en harmonie avec les desseins supérieurs de mon existence.. Je me sais entre bonnes mains, je me sens apte à être tout entier dans ma vie, je m'assume encore et toujours davantage au travers de tout ce que j'éprouve émotionnellement,.. J'accepte donc constructivement tout ce que je ne puis changer ; je m'applique à changer ce qu'il m'est possible de changer.. Puis je laisse à mon intuition et à ma guidance intérieure le soin de me faire sagement discerner la différence entre les deux.

Oui, je me donne dès à présent le droit de grandir au travers des épreuves et des expériences de ma vie, particulièrement celles que je percevrai comme étant moins heureuses.. Car cette somme de vécu est définitivement sur mon chemin pour me faire croître jusqu'à mon plein potentiel.

Je ne m'incline donc plus devant ces occurrences, je m'en fortifie.. Dans ma tête comme dans mon cœur.. Dans mon esprit comme dans mon corps.. Car c'est là tout ce que je souhaite, c'est là tout ce que je veux, et c'est résolument là tout ce que je m'engage à concrétiser.

XI. Ré-énergisation émotionnelle par toucher

Il s'agira ici de vous pourvoir d'un outil de revitalisation au niveau émotif, autant que de vous aider à stimuler énergétiquement le dénouement de blocages émotionnels.

1. *Comme d'ordinaire, prenez confortablement place sur une chaise allongée ou mieux encore sur une causeuse, en commençant par vous relaxer de la façon qui vous réussit le plus favorablement. À cette fin, vous pouvez bien sûr favoriser une respiration intégrale, tout en visualisant l'image d'un grand ciel de nuit noir, dans lequel s'engloutissent intégralement tous vos tracas, toutes vos préoccupations, bref tout ce qui peut vous empêcher de vous détendre.*

2. *Déposez ensuite vos deux mains directement sur votre Hara -préférablement peau sur peau et non au travers d'un vêtement-, la main gauche donc en contact avec le haut de votre abdomen, et la main droite surimposée sur cette dernière. Inspirez et expirer en sentant un peu plus à chaque reprise la chaleur de ce toucher, puis même une certaine intensité derrière celle-ci.*

3. *Visualisez à présent votre ciel de nuit initial et imaginez-le s'affadir, devenant même de plus en plus violet, voire mauve ; fixez alors votre sentience, toute votre sentience sur cette dite couleur. Ne laissez rien d'autre que cette toile de fond complètement violette vous investir, en sentant qu'il en exhale une vive émanescence subtile et vivifiante.*

4. *Maintenez toujours le contact avec votre Hara et soyez au fait que dorénavant, non seulement allez-vous emmener en vous de cette énergie finement colorée à chaque inspiration que vous allez prendre, mais qu'en plus vous allez en réverbérer toute l'irradiance sur ce même Hara, par le biais de vos mains. Comme si vous étiez authentiquement tout*

entier dans les bonnes vibrations de cette couleur. Puis, à chaque expiration d'air que vous émettrez subséquemment, voyez que c'est une terne colorie de gris que vous exhalez de la sorte. Un gris foncé au départ, mais qui ira en s'éclaircissant toujours plus à chaque reprise, alors que vous continuerez de littéralement faire le plein de l'énergie violette vous entourant.

5. *Intimez-vous l'idée et le senti d'une profonde épuration, suivie d'une quintessente ré-énergisation s'opérant dans votre intériorité, et même dans les coins les plus reculés de votre être. Laissez de trois à cinq minutes s'écouler ainsi, en vous concentrant encore et toujours sur la couleur mauve, et en vous sentant plus que jamais de mieux en mieux. Après coup, rouvrez doucement les yeux et reprenez contact avec la réalité qui est la vôtre.*

XII. Gestion de Pensée et d'Émotion impropres

Comme nous l'avons plusieurs fois souligné, toute pensée récurrente, toute émotion inlassable finit par devenir obnubilante pour notre psyché. Tellement même que celles-ci concourront alors de plus en plus à induire un insidieux senti de *fixation*, canalisant outrancièrement par ce fait notre attention diurne, drainant notre énergie psychique, et nous modelant sournoisement bien au-delà de la relative considération que nous croyons leur accorder.

Le protocole qui suit cherchera donc bien simplement à développer une certaine gestion des pensées et émotions que nous entretenons souvent machinalement, de manière à en jauger la teneur à intervalle régulier, et à nous assurer de leur rectitude. Le cas échéant, les quatre étapes ci-bas s'avèreront assurément pertinentes afin de nous en délester ou à tout le moins, de minimiser leur ascendance sur nous.

1. *Il convient en premier lieu de prendre l'habitude de pratiquer sporadiquement un jaugement de ce autour de quoi vos pensées s'articulent principalement au quotidien, tout autant que de votre senti émotionnel en afférence, histoire d'en évaluer le bien-fondé. À cette fin, nous vous proposons deux fois par jour, pertinemment en fin de matinée puis en fin de journée, de vous arrêter quelques minutes justement pour constater si des idéations particulières, vous ont outrancièrement mobilisé ou pris aux tripes, en cours d'activité : de par leur nature singulièrement prenante, même préoccupante, elles ne sont d'ordinaire guère difficiles à retracer ;*

2. *S'il s'avère alors que leur teneur se révèle résolument toxique au niveau psychique ou émotionnel, arrêtez immédiatement d'entretenir cette pensée ou cette émotion, en fermant les yeux et en visualisant un fondu au clair, c'est-à-dire une illumination spectaculaire de votre champ de sentience en vous, à la manière d'un éclair blanc éblouissant, aveuglant les scories en présence au point de les dissiper d'un seul trait ;*

3. *Prenez ensuite trois bonnes respirations successives : dans un premier temps, en inspirant vivement par le nez et en expirant tout aussi spontanément par la bouche. Dans un second temps, en refaisant le tout, mais d'une façon plus ralentie, afin de sentir plus vivement chaque phase de ladite respiration (inspiration plus profonde/maintien de l'oxygène en soi/expiration allongée). Enfin, respirez ultimement de sophrologique façon, en poussant l'inspiration que vous prenez au niveau de votre bas ventre, en l'y maintenant un temps, et ultimement en*

l'expulsant par le tracé inverse. Répétez au besoin deux autres fois, mais pas davantage ;

4. *Recentrez subséquemment votre attention sur votre troisième œil (votre écran frontal intérieur), en sentant que votre énergie vitale émane de là, et de là seulement, irradiant ainsi toute votre personne, des pieds à la tête, jusque dans les profondeurs les plus viscérales de votre personnalité, opérant ainsi un ressourcement intégral. Conservez intacte cette sensation de revitalisation pendant un moment ;*

5. *Sentez qu'à présent vos pensées et votre émotivité sont apaisées, stabilisées, étant nettement plus dans l'ordre de ce qui est, de ce qui a à être, puis permettez-vous progressivement de vous reconnecter à la réalité humaine qui est la vôtre, et d'y reprendre paisiblement votre place.*

XIII. Optimisation de la Pensée et de l'Émotion

Tel que déjà entendu, le découvreur et théoricien du subconscient, le Dr Joseph Murphy, prétendait qu'il suffit de vouloir quelque chose avec suffisamment de volonté et de conviction pour que notre niveau justement subconscient active psychiquement une certain matérialisation de cette visée. Et selon des continuateurs de Murphy, cette 'certaine' matérialisation peut se faire matérialisation nettement plus certaine, en lui adjoignant une dimension dite 'en faisant comme si, on devient ainsi'.

En effet, maints systèmes de prospérité et de philosophie de croissance personnelle mettent beaucoup trop d'emphase sur la nécessité d'un travail que l'on dit être métaphysique, mais qui dans les faits s'effectue beaucoup plus au niveau du mental pour attirer de bonnes énergies ou tenter d'actualiser ce que l'on désire : méditation guidée, visualisation créatrice, prière, le fait est que ces pratiques sont souvent lâchement proposées, sans explication ou suggestion d'optimisation, avec le résultat que les gens les mettent souvent à l'essai malhabilement et en s'y impliquant strictement du bout de leur aride cartésianisme.

Dans l'optique qui nous concerne, force est de reconnaître que le docteur Murphy lui-même n'a pas toujours brillé dans cette finalité puisqu'au travers de la quarantaine d'ouvrages qu'il a signés, il n'a jamais vraiment détaillé de procédure type à suivre pour pleinement mettre à profit la puissance du subconscient, se contentant de citer moult exemples de résultats obtenus bien évidemment positifs, multipliant les prières, vantant les mérites de cette instance de l'esprit.

Néanmoins, comme nous l'avons fait ressortir précédemment, nonobstant le système privilégié ou la technique utilisée, trois éléments demeurent absolument *sine qua non* à inclure : une incidence émotionnelle vivide, un écho factuel dans le réel, de même qu'une attitude d'authentique reconnaissance. Ce qui n'est vraiment pas un automatisme ou un acquis en soi pour tout le monde.

Notre préambule étant précisé, voici donc tout simplement et sans ambages ce que nous recommandons dans la présente avenue :

1. *Cultivez tout d'abord une vision claire de ce que vous désirez atteindre ou concrétiser : visualisez-en même un certain jet préambulaire, en y intégrant tout ce que vous estimez important et impactant ;*

2. *Développez à sa suite un segment présentant ce que sera votre existence, une fois réalisé ce que vous souhaitez, mais en mettant l'accent sur ce que vous ferez alors pour votre communauté, les causes que vous serez susceptible d'aider dans votre réalité sociale. Faites-vous altruiste ;*

3. *Appariez en subséquence des émotions –et non des sentiments- vivides, intenses, à votre montage, de façon à en renforcer justement l'impact sur votre psyché, tout*

en vous rendant plus sentient ce faisant de ce qui est en présence, tellement plus épanoui et émancipé dans cette potentialité, que cela n'en devienne que plus réel à vos sens. Faites simple : figurez-vous littéralement et simplement ce que vous éprouveriez si ce que vous désirez chèrement se produisait illico, sur le champ ;

4. Maintenant, devisez ce que vous êtes en mesure de réaliser <u>concrètement</u>, c'est-à-dire dans votre réalité la plus terre-à-terre, pour faire tangiblement écho à votre projection virtuelle. Cette phase s'avère cruciale, étant donné qu'elle actualise une partie de votre scénario dans la vie courante, ce qui aura psychiquement un effet puissamment catalysant en vue de sa matérialisation potentielle.

Par exemple, si vous rêvez d'un véhicule récréatif, imaginez-le tout d'abord dans le détail le plus précis de ce qu'il est, de ce qu'il sera ; enchaînez avec une visualisation de ce qu'il contribuera à changer dans votre vie et à vous apporter. Associez subséquemment des émotions senties, et même intenses, à chacun de ces segments pour mieux les charger énergétiquement, les magnétiser. Et la cerise sur le gâteau : activez-vous vous-même sur le terrain, en allant visiter des concessionnaires de véhicules récréatifs, en effectuant des essais sur route, bref en vous donnant le droit de vivre en faisant comme si, pour mieux devenir ainsi.
Ne lésinez surtout pas en ce sens : au même titre que si vous aspirez à plus de santé, plus d'abondance, vous devrez ici vous activer comme si vous aviez déjà recouvré votre plein bien-être, vous ferez bénéficier autrui de plus de générosité de votre part, comme si justement vous bénéficiez déjà des moyens nécessaires pour le faire à plein.

5. Revenez au moment présent, en exprimant à cet instant votre appréciation pour tout ce que vous avez déjà reçu dans votre existence, pour tous vos proches,

toutes les personnes de votre horizon social, tout ce que vous vivez, de manière à mieux prédisposer les aires psychiques en votre faveur. Une attitude de reconnaissance sentie ne peut que vous rendre encore plus magnétique pour vous attirer davantage de bienfaits ;

6. *Concluez en vous en remettant au cours normal de ce qui a à être, de ce qui a à arriver, nonobstant ce que vous avez demandé, faisant ainsi preuve d'humilité et de peu d'Ego, de bien peu d'Ego.. Certains enclins à une spiritualité plus religieuse ajoutent même à ce stade :* 'Que Ta volonté soit ultimement faite.. Ta volonté à Toi, qui considère tout ce qui est en présence derrière ma requête, tout le filigrane de ma demande, et non pas mon seul intérêt..'

Pour accroître le maximum de potentialité d'actualisation, cet exercice gagne à être préférablement pratiqué là encore au moment de se mettre au lit, alors que le subconscient est plus malléable et proactif, et ce à chaque soir pour une période d'environ 7 à 10 jours.

XIV. Expurgation par Imagination fantasmatique

Parmi les 43 techniques composant notre premier opus, <u>Le Coffre à Outils Psycho-thérapeutique</u>, nous en proposions une qui mettait plus particulièrement à profit la présente imagination, mais dans une tangente fort différente, en termes d'exécution et de visée. En effet la *Concertation* ©, puisqu'il faut bien l'appeler par son nom, proposait un exercice psychique cherchant à matérialiser dans la réalité une rêverie, une aspiration, un idéal -*dont nous avons déjà établi les distinctions au chapitre huitième*-, sans que cela donne obligatoirement dans le fantasme. En conséquence, ce que nous avançons ici s'avérera plus étoffé, plus licencieux, un brin plus complexe dans sa conceptualisation, mais non moins pourvu de retentissement psychique pour autant. Car la finalité ne sera pas tant de faire s'actualiser ledit fantasme dans votre réalité courante, comme d'en explorer toute l'étendue dans une vividité aux confins du réel.

Et cela nous amène à la raison d'être de cet exercice : à savoir, adresser proprement un élément fantasmatique récurrent ou hantant le sujet, de façon à le désamorcer, à le confronter par une pleine sentience, ne serait-ce que pour en exorciser l'exaltation sous-jacente, et l'assumer de la sorte plus constructivement. *Apprivoiser son ombre*, comme disait Jung. Aussi, vous pourrez vous y abandonner librement autant de fois que vous le sentirez nécessaire, en autant que vous vous cantonniez le plus possible d'une fois à l'autre à sa recréation expressive la plus vivide, la plus dépourvue de censure ou de tabou.

Voici plus en détail le *modus operandi* suggéré dans cette finalité :

I. *Commencez par rêver éveillé à ce qui vous fait possiblement le plus défaut dans votre existence, puis aux chimères qui vous traversent peut-être l'esprit en parallèle Permettez-vous le temps qu'il sied en ce sens de manière à bien faire émerger toute l'étendue de cette carence, soit-elle sensuelle, sexuelle, pulsionnelle, plus personnelle, ainsi que les idéations d'assouvissement que vous leur associez alors, aussi interdites puissent-elles vous sembler. Laissez flotter votre imagination en guidant certes ce qui monte en vous vers l'épanchement de votre plaisir, mais en demeurant davantage sur le plan du viscéral, que du mental.*

   Cette toile de fond de départ s'avère primordiale à préétablir, puisqu'une fois esquissée, il vous sera fortement recommandé de vous y tenir afin de psychiquement et émotionnellement en tirer les éléments thérapeutiques escomptés. Car plus le cadre s'avérera instable et relâché d'une fois à l'autre, moins le senti passera pour authentique au vu et au su de votre psychisme ;

2. *Ménagez-vous après coup un fauteuil confortable en un lieu quiet, qui vous servira d'espace privilégié pour cette pratique. Assurez-vous également d'avoir sous la main un miroir, que vous positionnerez droit devant votre visage à une trentaine de centimètres, et qui sera idéalement d'une certaine amplitude pour bien réfléchir votre image tel un plan rapproché, soit des épaules jusqu'au-dessus de votre tête.*
Fermez ensuite vos paupières, faites le vide en vous, inspirez puis expirez profondément, en sentant que l'oxygène ainsi échangé vous revitalise et vous libère de vos tensions, vous préparant à être tout entier dans ce qui va suivre.

3. *Rouvrez les yeux, et centrez subséquemment votre attention sur votre reflet dans la glace, pour mieux en venir à vous concentrer ensuite plus particulièrement sur votre regard, sur vos yeux. Restez-y au point de les investir : les yeux étant le miroir de l'âme, sentez que vous pénétrez littéralement en ceux-ci, aux tréfonds de votre essence. Comme si vous étiez en train de passer de l'autre côté de la glace, à la manière d'Alice dans De l'Autre Côté du Miroir ;*

4. *À ce moment refermez les paupières et imaginez que vous êtes authentiquement en mode virtuel, mais au 'je' et non au 'il/elle' : ce que nous voulons dire, c'est que vous devez vous représenter ce qui va suivre non pas en vous voyant de l'extérieur, comme si vous étiez un spectateur vous regardant agir dans un film, mais bien plutôt de l'intérieur, c'est-à-dire subjectivement, en tant qu'acteur et actant dans la peau du premier rôle. Donc tel que vous voyez les gens et les choses dans votre réalité courante, exactement à la manière d'un film dont vous seriez le héros, ce qui implique que vous allez jouer un*

rôle proactif dans votre scénarisation, et ne vous contenterez point à nouveau d'en être un simple observateur passif ;

- *Concevez la première séquence de votre fantasme à partir d'une réelle occurrence de votre vie, en guise d'ancrage de départ dans votre univers coutumier, de manière à intimer psychiquement autant qu'émotionnellement une direction, une toile de fond de réalité de même aloi, en filigrane de ce qui suivra. Bien sûr, vous aurez préférablement choisi ici en tant que séquence d'ouverture quelque chose qui est en ligne directe avec votre fantasme, qui aura peut-être même présidé à sa naissance dans votre esprit ou dans vos tripes. Au risque de nous répéter, l'imagerie se doit d'être la plus saisissante de réalisme possible, tout en étant imprégnée de détails spécifiques vrais, caractéristiques de cette même réalité (e.g. parfum ou tics propres aux personnages, senti personnel face à eux, atmosphère inhérente au lieu où vous êtes..), ainsi que des émotions qui ont pu alors être vécues.*

  Cet ancrage initial dans la réalité n'a pas à être long —deux ou trois minutes tout au plus-, en autant que la logique usuelle des actants, la cohérence de leurs attitudes et habitudes soient au rendez-vous, et ce d'une fois à l'autre où vous répéterez l'exercice. À la fin de cette première séquence, concluez alors par un 'fondu au noir' visuel, c'est-à-dire un obscurcissement progressif de votre champ de vision, tel qu'on en voit au cinéma ou à la télévision, annonçant la conclusion de ce segment et préparant un enchaînement avec le suivant.

- *Visualisez subséquemment un 'fondu au clair', c'est-à-dire un éclaircissement graduel de ce qui vous fait face, alors que vous donnerez cette fois-ci sur un développement **fictif**, mais à partir des mêmes assises réalistes que vous avez posées précédemment, et devant bien sûr aller dans le sens de ce que vous souhaitez voir se réaliser. À l'instar de la séquence d'ouverture, celle-ci doit être essentiellement consistante d'une fois à l'autre, la plus sensoriellement précise possible* (à nouveau, par sa juste recréation des perceptions des sens, des arômes caractéristiques de l'endroit en présence, des sons ou de ce que l'on discerne d'ordinaire en arrière-plan, du parfum singulier d'une ou de plusieurs personnes autour de vous..), *la plus émotionnellement sentie, tout autant que riche de détails visuellement et sentiemment vrais.*

Le décor étant planté, les personnes constituant la distribution étant en attente de votre 'go', à vous maintenant de jouer ! Créez à partir de là les interactions que vous souhaitez, développez les relations dont vous rêvez, faites naître les situations que vous désirez, l'important étant de vous adonner à votre fantasme dans sa version la plus intégrale, en le laissant même vous mener exactement là où il a à aboutir, peu importe sa teneur. La règle à observer est de tout simplement rester fidèle à ce que ce fantasme représente pour vous. N'en détournez pas le sens qu'il possède dans vos rêveries, ne le dénaturez pas : permettez-lui en cet instant le plein droit d'être, d'être tout entier dans votre senti, de bénéficier d'une actualisation qui s'avérera au final nettement plus constructive que n'importe quelle répression exercée à son encontre.

Pour cinq à huit minutes donc, vivez authentiquement cet épisode en y étant. Point à la ligne.

Important : Durant cette séquence, vous allez donner vie à une pure fantasmagorie, sans pour autant vous arrêter au fin fondement de sa logique ou de sa cohérence. Voilà le propre de l'imagination fantasmatique, alors que la pleine sentience a définitivement préséance sur n'importe quel impératif de devoir faire du sens. Tenez-vous en s'il-vous-plaît à vivre ainsi cette reviviscence de fond en en étant partie intégrante, et ce jusqu'où vous sentirez qu'elle a à exister. Au risque de nous faire perroquet, la seule censure à observer est celle que vous voudrez bien admettre pour vous-même. Vous n'avez absolument aucun compte à rendre à qui que ce soit ici, si ce n'est qu'à vous.

Aucun.

Deux détails d'importance sont toutefois à considérer :

- *Au cours d'un moment fort de votre développement, glissez obligatoirement une scène où vous vous entreverrez dans un miroir, qu'il soit devant vous, à proximité, ou même au plafond, et au travers duquel vous vous observerez alors minutieusement tel que vous y apparaîtrez, prenant soin d'apprécier chaque détail de ce que vous y exulterez, nonobstant le coefficient morale en présence. Accordez-vous une bonne minute pour ce faire et pour jauger ce que vous ressentez en vous voyant ainsi exalté ;*

- *Imaginez-vous aboutir après coup dans une pièce, où des gens que vous connaissez (parents, amis, ou toute autre personne chère) vous découvrent à ce moment comme pour la première fois au milieu de ce que votre fantasme met en lumière de votre personnalité intime, et ce toujours sans censure aucune. Voyez ensuite les réactions qui sont les leurs face à votre secret, en vous attardant sur le visage de chacun d'entre eux. Que ressentez-vous devant leur regard ? Vous sont-ils un tant soit peu approbateurs, choqués, indifférents ou réprobateurs ?*
  Ceci fait, des clameurs en provenance de l'extérieur vous arrivent aux oreilles. Tout en vous excusant alors auprès de vos proches, vous vous dirigez vers la porte, pour aller au-devant de ce tumulte.

- *Terminez ici en voyant au dehors une kyrielle de journalistes et de photographes se jeter littéralement sur vous, micros et appareils photos déployés, afin de recueillir vos impressions quant au fait que votre fantasme est à présent dans le domaine public.. Permettez-vous de laisser monter en vous ce que cela génère au niveau de votre éthique personnelle, tout en prenant connaissance de ce que cela risque de causer à votre image au sein de votre communauté.*

5. *Ouvrez ultimement vos paupières, en prenant soin de reconnecter avec vos yeux dans la glace, comme pour en retirer votre essence, et vous rapatrier en vous-même. Refermez vos paupières quelques secondes, en vous*

sentant à présent tout entier dans votre corps, puis revenez à vous tout en douceur, en considérant bien au-delà du miroir le décor ambiant, et la réalité qui va de pair.

Selon la notion d'*ombre* développée par Carl-Gustav Jung, et faisant partie immanente de notre personnalité, celle-ci se veut la face cachée de notre image publique, tapie dans les profondeurs fumantes de notre psyché, et rassemblant nos traits de caractère sous contrôle, nos pensées à l'état brut, nos aspirations inavouées et inavouables, n'ayant jamais été en mesure de se faire jour par crainte du jugement d'autrui. Et c'est précisément ici, en cette pratique, que cet exercice d'imagination fantasmatique poussé au maximum peut permettre d'observer le *mister Hyde* en nous, et de sentir plus viscéralement sa raison d'être, ou de se cramponner, tout autant que de constater l'écart le séparant de notre réalité coutumière. À la manière de John Bradshaw suggérant l'impérativité de renouer avec l'enfant en soi, de l'apprivoiser et de constructivement en sublimer les effluves résiduelles qui sont souvent gages de névrose au sein de notre personnalité soi-disant adulte.

À la suite de l'exercice donc, demandez-vous :

- *Si pareil déploiement fantasmatique a toujours sa juste raison d'être à la lumière de la personne que vous êtes, de ce que vous vivez, de ce que vous entretenez dans votre intimité pour vous-même..*
  Est-il toujours authentiquement requis, ou s'agit-il plutôt d'un pattern de senti que vous avez traîné à votre suite par habitude, pour plus de temps qu'il ne le fallait ?
- *Si l'écart entre la réalité commune de votre quotidien, versus ce que ce fantasme met en scène s'avère ténu, relatif, extrême ou surréel.. Inutile de mentionner que plus celui-ci sera considérable, plus grand sera le risque d'une névrose sévère.*
- *S'il vous était possible de bénéficier d'un épanchement factuel de ce fantasme, est-ce qu'il comblerait une carence*

majeure dans votre épanouissement ? Vous apporterait-il une jouissance, une réjouissance, authentiquement plus grande de la Vie ?

Conclusion

'..quiconque traite les phénomènes psychiques comme de simples superstitions est tout simplement ignorant de ce qui se passe dans le monde. Il existe une documentation tellement riche..'

Richard Matheson

Pour désigner des événements sortant carrément de l'ordinaire de notre entendement, on a longtemps utilisé le mot *surnaturel*. Bien sûr, ce terme communiquait l'idée d'une occurrence au-delà de la nature, sauf qu'en y réfléchissant un peu, nous constatons aussi que cela impliquait de rabaisser la Nature, toutes les forces naturelles en ce sens, à notre niveau de compréhension du moment, qui est tout, sauf à la juste hauteur de ces prémisses. De cette manière, si nous comprenons le comment et le pourquoi d'une manifestation donnée, elle s'avérera donc naturelle, puisque compréhensible. Par contre, si nous ne pouvons l'expliquer elle sera plutôt taxée d'être surnaturelle, et par extension, d'essence métaphysique.

À la base néanmoins, si nous faisons preuve d'un peu plus d'humilité et de nuance dans notre manière d'admettre la réalité, ledit terme de *surnaturel* se veut dès le départ tout-à-fait inadéquat pour ce que l'on veut exprimer. En effet, au travers des expériences millénaires émaillant l'histoire humaine, il appert qu'en dépit de notre belle évolution vers l'apprivoisement du feu, la conception de la roue, la mécanique, puis l'électronique, et ultimement les nanotechnologies, un fait est demeuré : *la Nature ne saurait jamais être transcendée.*

Qu'on y pense pragmatiquement : malgré l'impressionnant barrage que l'on sait, de très fortes pluies sont venu à bout de tout contrôle humain au Saguenay en juillet '96, causant une incroyable catastrophe. Au début des années '70, un spectaculaire glissement de terrain, là encore tout ce qu'il y avait de plus naturel, emportait avec lui une grande partie de St-Jean Vianney, à nouveau ici même au Québec. Et que dire de tous les autres cataclysmes ou tragédies, toujours naturels, qui sont survenus ici et là sur la planète au cours des dernières années ? Qu'il s'agisse de l'ouragan Katrina qui a frappé de plein fouet les côtes du Mississippi et de la Louisiane en août 2005, du tragique séisme de janvier 2010 à Haïti, ou encore du spectaculaire tremblement de terre d'août 2014 dans le sud-ouest de la Chine, pour ne citer que ceux-là, le fait est que le génie humain architectural, urbaniste ou technologique ne fait jamais le poids face aux aléas de mère Nature, ce qui démontre à notre sens le grand respect que l'on se doit de témoigner à celle-ci, nonobstant notre démagogique impression de l'avoir pourtant apprivoisée, domestiquée et même presque créée !

De toute époque et de tout âge, les magistes, prophètes et autres alchimistes de semblable acabit ont tenté de saisir le cours même de la Nature, d'en démystifier le mode opératoire, dans le but évident de mieux l'exploiter à leurs propres fins. Tout cela en vain, bien sûr. Comme si nous avions, à partir de ce constat, sublimé notre frustration de cette incapacité en un droit de saccager, de polluer, d'avilir, de chercher à dénaturer la Nature, autant que le cours naturel des choses, et préférablement si cela est potentiellement exploitable, et susceptible de nous rapporter. À la manière d'une revanche que nous nous serions octroyée. Le cas de Monsanto en constitue à notre sens une illustration percutante.

L'idée derrière la présente amorce de conclusion est d'établir dans un premier temps le fait que la Nature a toujours été, est, et sera toujours indomptable, parfaite, d'une exceptionnelle cohérence : Elle se veut LE cadre de référence, l'ultime instance comparative, point à la ligne. Tout au plus peut-on humblement aspirer à la respecter, à s'harmoniser un tant soit peu avec elle, mais jamais jamais à la contrôler, n'en déplaise aux gens de science atteints du syndrome de Frankenstein. Car comme Hermès de Trismégiste l'a si bien dit en établissant sa célèbre correspondance entre le macrocosme et le microcosme : '*Ce qui est en bas est comme ce qui est en haut, et ce qui est en haut est comme ce qui est en bas*', sous-entendant à notre sens que ce qui est prétendu céleste et éthéré dans l'infini de l'univers, n'est assurément pas sans avoir son antichambre ici même sur terre, justement par l'intermédiaire de cette même Nature. Par extension donc, en tentant de comprendre ses lois, de saisir ses messages en filigranes, de décortiquer les éléments la caractérisant, c'est en même temps notre propre transcendance que nous nous évertuons à entrevoir sans jamais véritablement le voir.

Ce qui est cependant changeant au fil du temps, ce qui doit donc être réévalué sporadiquement, ce ne sera donc point la Nature en elle-même, comme notre perception des choses, puis notre conception de la *normalité* que nous lui accolons en conséquence. Autrement, comment pourrait-on se targuer de pouvoir définir ce qui est normal, et d'oser même brandir le tout en tant qu'absolu référentiel pour cataloguer et homologuer notre réalité ? Mais Dieu merci, la science psychologique (…) s'est efforcée de mettre de l'ordre dans tout ceci en dénotant trois niveaux de normalité au comportement humain.

D'abord, la normalité statistique, c'est-à-dire là où le comportement-type de la majorité suggère, impose, ce qui peut être considéré comme normal : si tout le monde agit d'une manière donnée, celle-ci devient conséquemment la norme communément admise. Ensuite, la normalité de société, régie selon les moeurs et coutumes d'une époque ou d'une culture : de la sorte, un comportement peut être accepté en tant que normal, même s'il n'est pas le fait de la majorité. Par exemple, dans la Grèce de Périclès, l'homosexualité était admise et socialement correcte, et ce même si elle ne caractérisait pas l'ensemble de la population. Enfin, celle propre à chaque individu, en accord avec sa morale et son bon fonctionnement individuel à l'intérieur de la société. Ainsi, même en se comportant dans son intimité en véritable personnalité désaxée et abjecte, si dans sa vie courante un individu se présente comme étant fonctionnel et socialement à sa place, s'il est apte à occuper un emploi, à s'habituer à la rencontre de ses obligations, à la prise régulière de ses médicaments, à payer ses impôts, il pourra conséquemment figurer dans cette catégorie de normalité.

Cette brève digression prouve jusqu'à quel point ce concept de normalité peut s'avérer relatif, tout autant qu'hautement ostracisant. Tellement relatif même qu'au Moyen-âge, par exemple, l'avènement de l'électricité n'aurait certainement pas été perçu comme étant une manifestation dite normale ; on aurait plutôt mis le tout sur le compte de la sorcellerie, et brûlé par subséquence sur le bûcher tous ses tenants. Même chose il y a deux siècles à peine en ce qui concerne, disons, les télécommunications : il aurait alors été question de spiritisme, et ses adeptes auraient été cloués au pilori sur le champ ! Du moins officiellement..

Face à ce puissant arrière-plan qu'est la Nature, ce sera conséquemment toujours notre perception des phénomènes qui départagera d'abord ce qui est normal de ce qui ne l'est pas. Malheureusement, cette vérité toute simple est fréquemment occultée (!) par les ultracrépidarianistes outrancièrement cartésiens qui, eux, partent du principe que ce qui ne peut être ostentatoirement expliqué par leur faconde ne saurait donc avoir en soi aucun fondement de réalité, n'étant plus que probablement le fruit d'une imagination trop active, d'où l'expéditive tendance de cette respectable communauté à ranger du côté du délire personnel, relevant de la fantasmagorie systématique, de telles occurrences. Et de par le poids d'autorité conféré par notre monde contemporain à cette caste, dont le rationalisme devient synonyme de bon sens commun, leur point de vue restrictif s'est vite imposé comme soi-disant autorité en la matière.

Pourtant, n'est-ce pas là en tout premier lieu une attitude hautement dépourvue de tout fondement scientifique de prétendre que si l'on ne peut expliquer rationnellement un événement, c'est qu'il n'a par conséquent pas eu lieu tel que relaté, que nous avons possiblement été tout bêtement abusés par nos sens ? Pourtant paradoxalement, c'est bel et bien l'audace dans l'interprétation des faits qui a permis à l'Humanité de progresser au travers des âges. N'eût été des visions inspirées, à la limite de l'illumination même, de maints chercheurs tels Galilée, Newton, Darwin, Freud et Einstein, quant à une compréhension élargie de ce que nous sommes, l'Homme en serait peut-être encore, en ce début du 21ème siècle, à ingurgiter sa nourriture au fond de sombres grottes, vêtu de peaux de bêtes, et ce du bout de ses doigts poisseux..

Comme en toute chose, il existe certes une juste part à prendre : une certaine rigueur dite scientifique se doit bien sûr d'être de mise, ne serait-ce que pour tempérer les théories cédant parfois trop vite le pas à l'exaltation, aux cueillettes d'information manquant par trop de fois de factualité et de validité, mais jamais afin de les étouffer par calcul d'orgueil.

Cela nous amène ainsi à entendre que nous devrions idéalement nous abstenir de juger toute occurrence dite hors norme, au-delà de la réalité admise à cet instant, et de davantage voir à l'étudier d'une façon phénoménologique, à la manière de Carl-Gustav Jung ou de l'américain John Mack, c'est-à-dire en recensant toutes les données d'une manifestation apparemment inconcevable et de l'envisager dans l'optique d'un phénomène réel mais en attente d'une possible compréhension plus approfondie, même s'il s'avère non explicable à la lumière des connaissances du moment, ce qui témoigne à tout le moins d'une ouverture d'esprit digne d'une juste curiosité authentiquement scientifique. Car quelle arrogance que de laisser entendre que nous comprenons tout, vraiment tout, actuellement.. Gardons à l'esprit dans cette tangente que le paranormal d'aujourd'hui, à l'instar de notre exemple de l'électricité transposée au Moyen-âge, possède toute les chances de devenir ce qui sera couramment *normal* demain. Au même titre que la Métaphysique d'aujourd'hui préfigure potentiellement la Physique du futur.

Et même ceux qui s'obstinent malgré tout à vouloir cataloguer ce qui est extra-sensoriel dans le registre des chimères exaltées et de la simple fiction, oublient-ils ce vieil adage qui affirme que *la réalité dépasse la fiction* ?

C'est donc en ce sens que la Métapsychanalyse va se révéler précieuse pour notre évolution à venir ; ce sera à elle qu'incombera la tâche d'anticiper, d'analyser et de traiter tout ce qui va survenir hors du champ de notre normalité humaine de la période en présence, et de l'admettre à l'intérieur de notre réalité. Une normalité, comme toujours relative et fluctuante, puisque tout ce qui se révèle authentiquement permanent dans l'existence, c'est justement le changement. Lequel nous corrobore que si le terme *surnaturel* était au départ inexact et imprécis pour désigner ce que nous n'entendons point dans notre compréhension, le mot plus juste à utiliser dans l'optique détaillée serait donc en effet *paranormal*, puisque la normalité est sujette à d'incessants changements, et non pas la Nature *in per se*, à moins que dans ce dernier cas nous n'admettions les viols continuels et inlassables de l'homme à son endroit en tant que tels, ce qui constituerait alors certes du changement, mais provoqué, et assurément pas positif. Enfin..

Maintenant de quoi disposons-nous en tant que société qui serait susceptible de rendre équitablement compte de ces aléas subtils, mais non moins fondamentaux, et de les expliquer comme il se doit, dans le simple but d'adéquatement les traiter par la suite ? Une discipline clinique par exemple, exercée par des professionnels de haut, de très haut niveau, du moins par édit gouvernemental, et officiellement spécialisée sur ces questions..

Sous l'ostentatoire façade d'une science noble et respectable aspirant à étudier et à comprendre scientifiquement les mécanismes psychiques ainsi que les troubles propres à l'esprit humain, la Psychiatrie possède pourtant une existence relativement très récente pour prétendre sérieusement à de tels objectifs, en comparaison par exemple de la Philosophie, nettement plus nuancée, étoffée et versée dans l'étude de la condition humaine ; sous sa forme actuelle de pharmacothérapie, soit de soins axés presqu'exclusivement sur la prescription et l'administration d'une médication chimique, elle remonte tout juste au milieu du siècle dernier, tandis que son aspect basique de psychothérapie trouve ses souches premières sous Philippe Pinel (1745-1826), qui fut le premier à humaniser les asiles du temps en supprimant les chaînes et les sévices corporelles qui constituaient alors les traitements de pointe (!) de la médecine face aux difficultés mentales..

En prenant connaissance de tels faits, on ne peut s'empêcher en tant que gens minimalement bien-pensant de soulever une question follement spéculative : de par ses racines d'inspiration transcendante, son armature clinique basiquement et solidement freudienne, sa perspective éclairée de l'esprit humain et les pragmatiques outils de mieux-être autonome qu'elle promeut, ne pourrait-on pas mettre à profit la Métapsychanalyse dans le cours de psychothérapies aspirant à rendre autonome, de traitements prodigués aux gens souffrant de tels dérèglements, ne serait-ce qu'à titre expérimental ? De par sa nature intrinsèquement plus subtile, illimitée dans son retentissement puisque dépendante de l'ouverture de chacun en ce sens, l'arsenal de techniques de cette discipline ne serait-elle pas en mesure de se comparer avantageusement aux adjuvants à effets *ad nauseam* secondaires de la psychiatrie moderne ?

Bien sûr, même si un tel questionnement s'avère impensable, à la limite même de l'hérésie, face à l'establishment et à la société si exigeante en *scientifisme*, il faut malgré tout avoir le courage d'adresser directement une situation qui stagne et se détériore depuis déjà trop longtemps. Car le semblant de connaissances qui circule dans le domaine est trop vitement ficelé, expédié, pour ne pas dire bâclé ; le système de santé préfère favoriser des approches de surface, que ce soit via les prises de conscience superficielles de la psychologie, les engourdissements pharmacothérapeutiques du niveau conscient de la psychiatrie. Et lorsqu'il se risque à plus approfondi, c'est pour donner dans une *psychanalyse traditionnaliste pure et dure* qui n'en finit justement plus de durer.

Et c'est bien là que se situe le paradoxe, en vérité ! Car d'un côté, la tendance est carrément à expédier le patient en lui faisant vitement souscrire un abonnement à vie à des psychotropes et autres benzodiazépines ; de l'autre, la réalisation rationalisée de ce qui préside à son mal-être se fera certes en un temps plus décent, mais hélas ! en demeurant trop au niveau de la surface des choses. Enfin dans le tiers cas, la thérapie mise de l'avant ciblera davantage les racines latentes de la problématique, sauf que le tout se perdra dans le temps, au point d'épuiser et le patient, et l'intensité de son vague à l'esprit, le tout dans une usure onéreuse et loin de s'avérer toujours indiquée ! Et pourtant..

Pourtant, au travers de l'histoire, maintes avancées, construits hypothétiques et démonstrations dialectiques ont pavé la voie vers une plus juste perspective des choses. Sauf que trop fréquemment, nous entendons mais n'écoutons point ; nous percevons sans que nous ne processions quoi que ce soit, intuitivement ou de plus mièvre façon, rationnellement. Et comme nous l'avons déjà effleuré en cours de développement, il y a tout près de vingt-cinq siècles, le grand Aristote proposait dans sa Poétique le fascinant concept de purgation des émotions, soit la *catharsis*, pour qualifier la projection et l'identification intime du spectateur avec les protagonistes actant sur une scène de théâtre, d'où l'indéniable appariement de vécu et de senti, de sympathie du premier envers le second, le confortant dans sa normalité personnelle puisque commune, et par ricochet dans une normalité fonctionnelle là aussi rassurante puisque référentielle, faisant que l'individu se sentait alors comme un citoyen tout à fait normal selon les standards de sa communauté. Sans plus, sans moins.

En plus, dans l'Éthique à Nicomaque, le même auteur avançait que la pratique de la *Contemplation* se voulait la finalité de l'existence, que l'astringence à un travail quotidien constituait en fait un moyen, et uniquement un moyen, pour se mériter du temps en ce sens. Toutefois, Aristote ajoutait qu'au fil du temps l'être humain allait perdre de vue cet idéal méditatif hautement édifiant, pour plutôt en venir à considérer le moyen de se le mériter en tant qu'objectif ultime de l'existence. Et nous pouvons certes corroborer que le carriérisme, le *workaholisme*, la réussite pécuniaire, le culte de l'image caractérisant la mentalité de la société actuelle vont assurément dans cette dite finalité.

Plus près de nous, au début du vingtième siècle, le prix Nobel de médecine de 1912 Alexis Carrel avançait que l'être humain débordait largement du corps physique qu'il habite, que le rayonnement même de son essence profonde n'en était jamais captif, en incessant état d'irradiance, ce qui contribua à ouvrir à une dimension plus finement subtile la trame de pensée de l'esprit médical traditionnellement piégé dans l'optique de l'apôtre Thomas voulant que l'on ne peut croire qu'en enfonçant le doigt, la main, le bras entier même au plus profond de la plaie.

Quinze années plus tard, au congrès Solvay de physique qui se tenait à Bruxelles en 1927, et qui regroupait dans la même salle une quinzaine de scientifiques, dont la moitié était déjà –ou sur le point de devenir- lauréate d'un prix Nobel dans son domaine, se tenaient d'audacieuses et avant-gardistes discussions concernant notamment les fondements du sacro-saint dogme de Copenhague sur la réduction de ce que l'on appelait le 'paquet d'ondes', soit le passage concret d'un monde en apparence immatériel au monde plus matériel que nous connaissons, et ce à partir de la fluctuation des phénomènes ondulatoires ambiants menant justement aux dits paquets d'ondes des particules en présence, générant de la sorte une actualisation de tessiture physique. Un peu à la manière de l'élément eau qui, sous forme de vapeur, se perd dans l'atmosphère environnant, se faisant de la sorte presque impalpable, quasi indiscernable, tandis que sous sa forme liquide ou glacée, sa réalité de tangibilité se révèle on ne peut plus attestable. Jamais la réalité, si l'on peut dire, de l'intangible étant potentiellement porteuse de tangible ne fut l'objet d'un regard aussi scientifiquement concerté et validé.

Quelques décennies après, l'écrivain britannique Aldous Huxley décrivait l'effet pervers des conditionnements de société sur la capacité de l'individu à réfléchir librement, à s'affirmer au-delà des paramètres circonscrits et compartimentés de ce qui est promu à nouveau comme étant normal, rendant toute tentative de débordement de ces dits paramètres dangereusement aliénante par rapport à la norme communément admise et propagée.

Dans son admirable <u>Mask of Sanity</u> toujours inédit en langue française, le professeur de psychiatrie Hervey Cleckley exposait justement dès 1941 l'impératif social d'entretenir un comportement public d'*apparence*, un masque de bon fonctionnement adapté au monde extérieur, procurant à l'être tourmenté un semblant de normalité de surface, lui donnant une chance pour un temps de ne pas trop paraître déviant, en se livrant ainsi à un effort presque surhumain de ravalement systématiques de ses émotions troubles et de contrôle omniscient de ce qu'il affiche. Ce qui est en bout de ligne loin de s'avérer sain ou même recommandable, puisque la personne en cause finit par s'épuiser et se névroser elle-même davantage en se renforçant dans sa déconnexion de la réalité ambiante.

Et dans une extension de pensée inspirée, le professeur canadien de psychologie Robert Hare s'est par ailleurs inspiré des travaux de Cleckley pour arrêter ses points d'évaluation de l'état psychopathique dans son excellent livre <u>Without Conscience : The Disturbing World of the Psychopaths Among Us</u> (1993) –*et sachez que le titre ne renvoie absolument pas aux déviants institutionnalisés de notre société, mais plutôt aux autres bien plus dérangeants qui croisent routinièrement et en apparence normalement votre chemin*-, où il évoque notamment l'envahissante présence des *serpents en costume*, en l'occurrence ces psychopathes contemporains que lui qualifie de 'subcriminels' parce qu'ils ne se feront jamais contrevenants à la loi, sans toutefois s'avérer pour autant moins aptes à causer des dommages majeurs au sein de leur collectivité, de par leur façon d'être constamment à limite du répréhensible, impliquant une pointe non identifiée d'égocondrisme.

Mais poursuivons notre chronologie et nos enchaînements d'incidences éparses certes, mais non moins fondamentalement implicites dans le développement de la Métapsychanalyse. Orson Welles et sa troupe du Mercury Theatre ont présenté le 30 octobre 1938 sur les ondes du réseau radiophonique CBS une adaptation de <u>La Guerre des Mondes</u> de H.G. Wells qui fit tristement époque pour son audacieuse mise en ondes : adaptée dans une présentation vivement réaliste, alors que des flashes de nouvelles alternaient avec des reportages soi-disant en direct, autant qu'avec des interviews auprès de savants, cette production fut prise au pied de la lettre par plusieurs millions d'auditeurs, qui croyaient qu'une réelle invasion extraterrestre était en train de survenir en plein cœur des États-Unis d'Amérique, faisant ainsi dégénérer un simple radio-spectacle de divertissement en une incroyable hystérie collective. Le public à l'écoute, autant que les forces de l'ordre en service, en était à se préparer à une évacuation en règle de leur localité, convaincus qu'ils l'étaient que les lueurs les plus communes qu'ils entrevoyaient et qui n'attiraient guère leur attention la veille, se révélaient ce soir être plutôt les stigmates de menaçantes soucoupes volantes martiennes ! À nouveau, il convient de remarquer que tout ceci survenait à l'aube de la seconde guerre mondiale, à une époque tout de même évoluée, fort éloignée du superstitieux moyen-âge de jadis. D'aucuns diront que c'était malgré tout un temps où une certaine candeur régnait dans l'opinion populaire, alors que les stations radiophoniques jouaient un rôle de premier plan dans l'information relayée au grand public, les dotant presque automatiquement d'un statut référentiel indiscutable et sûr. D'ailleurs, qui aurait pu croire que quelqu'un aurait pu s'amuser avec ce même statut, au point de transposer avec autant de réalisme et de savoir-faire une œuvre de pure science-fiction dans le quotidien le plus courant ? Mais trêve de détails, ce que nous cherchons à démontrer ici, c'est la faisabilité relativement aisée avec laquelle cette dramatisation est parvenue à obnubiler l'esprit collectif, en utilisant des subterfuges directs, allusifs, peu subtils même et, fait important à signaler, dépourvus du recours à quelque imagerie que ce soit dans le contexte d'alors, ce qui constitue déjà un tour de force remarquable, puisque l'impact d'une image s'est toujours avéré hautement percutant auprès de l'œil qu'elle attire, puis captive. Force est donnée de reconnaître bien sûr l'indéniable génie d'Orson Welles dans toute cette entreprise, sauf que cette diabolique habileté n'est assurément pas son lot exclusif, même si l'impact qu'il recherchait ici n'en était un que de théâtralité dramatique.

Effectuons à partir de cela quelques prises de conscience, comme diraient nos amis psychologues. Réalisons d'abord notre effrayante perméabilité psychique notamment face aux mass media, nous assujettissant consciemment autant qu'inconsciemment à des conditionnements subliminaux qui ne sont pas nécessairement bénévolents, et encore moins sains pour notre santé, puisqu'ils déclenchent fréquemment la levée de mécanismes de défense viscéraux générant par ricochet de l'anxiété, de l'angoisse, de l'insécurité, de la peur, sur le plan littéral ainsi que viscéral, dégénérant alors en stresseur pour l'organisme. Et comme l'expliquait si bien le professeur Hans Selye dans son monumental Le Stress de la Vie (1956), tout ce qui s'avère stressant, s'avère du même coup prédisposant au développement d'un problème de santé, d'une maladie, puisque le déploiement et le ressenti intense du *syndrome d'adaptation* qui prend alors force, ne sera pas sans fragiliser notre organisme, et le rendre justement plus vulnérable à des dégénérescences spécifiques du métabolisme.

Ensuite, dans la réalité controuvée d'octobre 1938, rappelons que les gens n'étaient exposés qu'à des stimuli narratifs, dépourvus d'images ou de tout autre support subliminal décuplant leur pénétration, ce qui n'a tout de même pas empêché la situation de se faire extraordinairement vivide dans l'imaginaire collectif, avec les résultats que l'on sait.

Dans la même contiguïté d'idées, citons une autre constatation de même aloi, émanant celle-là de l'homme politique français Roger-Gérard Schwartzenberg dans son best-seller de 1977, L'État Spectacle. En parlant de la 44ème campagne présidentielle de 1960, alors qu'un débat se tenait devant les caméras de la télévision entre les deux rivaux du temps Richard Nixon et John F. Kennedy, Schwartzenberg faisait remarquer à quel point la mise en ondes de cette confrontation pré-électorale avantageait visuellement le jeune Kennedy d'une indéniable façon, lui qui était constamment filmé en plan demi-rapproché sous un éclairage agréable et naturel, mettant bien en exergue son physique non dépourvu de charme, son allure altière, tandis qu'en parallèle, son opposant était incroyablement filmé en gros plans répétitifs, souvent sous un éclairage en contre-plongée le faisant paraître anormalement vieux, voire même sinistre. Déjà donc, par un simple choix d'angle de prise de vue et de positionnement des réflecteurs de studio, une impression nettement plus favorable était habilement créée du candidat démocrate, aux antipodes de ce qui était fait pour le républicain. Et cela ne fut certes pas de nature à nuire à l'image du jeune challenger dans l'opinion publique, avec les résultats que l'on connaît. Même en ce milieu du vingtième siècle d'alors, tandis que le medium télévisuel n'avait que quelques années de vécu, se manifestait dès lors un sens surprenamment affûté de l'utilisation du pouvoir de l'image dans un escient stratégique.

Une huitaine d'années plus tard, une étude de psychologie comportementale tristement célèbre dans les annales académiques, mais évidemment beaucoup moins ébruitée auprès du vaste public, l'expérience dite de Stanford proposée par le professeur Philip Zimbardo mettait en exergue une sorte de télé-réalité du temps mais sans la télédiffusion, alors que deux factions de participants jouaient respectivement un groupe de douze prisonniers incarcérés, et de huit gardiens affectés à leur encadrement, ainsi qu'au maintien de l'ordre, le tout afin d'étudier les réactions humaines dans un contexte d'oppressante exiguïté. Aucune violence n'était admise certes, sauf que le recours à des moyens plus psychologiques de répréhension (*affamement, humiliation, dépersonnalisation..*) était alloué. Le tout devait se dérouler sur deux semaines, sous surveillance omnisciente de vidéo caméras : toutefois, Zimbardo fut contraint de tout arrêter au milieu de la sixième journée, tellement le contrôle de la situation lui échappait. En effet, d'une façon dramatiquement surprenante, chacun glissa dans son personnage au point de se distancer dangereusement de la réalité et de se laisser littéralement prendre au jeu. Le tiers des gardiens donna dans un contrôle frôlant le sadisme psychologique, tandis que les deux tiers des prisonniers furent profondément bouleversés, traumatisés même, par le traitement reçu. La conclusion dégagée alors de l'expérience tenait à peu près en ceci : tout un chacun possède une indéniable impressionnabilité aux stimuli extérieurs, lesquels génèrent peu à peu par leur répétitivité une subtile adhésion, une acceptation obéissante, particulièrement si le tout se présente comme une idéologie légitime, appuyée d'un solide support institutionnel et social. Et fait encore plus troublant : les gens en viennent alors à agir en fonction de cette réalité fabriquée, et non en adéquation avec leur personnalité profonde, et leurs valeurs intimes. Voilà donc désarticulée ce qui s'avère une application parfaitement maîtrisée d'un conditionnement !

Plus près de nous, rappelons-nous à la fin de 2008 de cet autre cas d'hystérie similaire avec en toile de fond, l'éclosion extraordinairement médiatisée du virus H1N1 à l'échelle internationale, auquel fut très tôt accolé un statut de pandémie par l'OMS, organisation d'ordinaire sérieuse et consciente du poids de ses avancées, créant un authentique vent de panique, et ce essentiellement à partir de ce que les mass media en avaient galvanisé. Au Québec par exemple, à partir de là, un réseau de télévision publique à saveur hautement sensationnaliste, s'est mis à diffuser une série de reportages (*dans la mesure où pareille déjection peut être qualifiée ainsi*) mettant en exergue des topiques aussi informatives (…) que *le gouvernement réserve des espaces-entrepôt pour y stocker les éventuels corps des victimes* (!), *le gouvernement achète des centaines de milliers d'enveloppes mortuaires pour les dépouilles des pandémisés à venir* (!!), sans omettre bien sûr tout le tapage-spectacle de mise afin de nous annoncer fièrement qu'*une première personne venait de décéder des affres du terrible virus H1N1*, une personne *—soit dit en passant-* avancée en âge, déjà fort malade, ainsi déjà prédisposée à trépasser d'un instant à l'autre, détails bien sûr incroyablement minimisés à l'écran. Comme s'il tardait à leur chef d'antenne, pourtant lui-même débilitant, d'être le premier à annoncer officiellement le non moins premier décès en ce sens, cotes d'écoute obligeant ! Et dire que moult gens accordent de l'importance au ton mélodramatique, aux images chocs, aux inserts empreints de grande émotivité, que ces soi-disant professionnels de l'information exploitent sans souci aucun de pertinence, de sérieux et surtout de décence. Et encore une fois, à quoi tout cela échoit-il ? À établir un référentiel d'opinion, en édictant de la sorte ce qui est *politically correct* si l'on peut dire, ce qui est estimé normal quant aux gestes que l'on entend poser ou aux pensées que l'on est à fomenter, de manière à ce que chacun puisse s'évaluer dans sa normalité personnelle.

Loin de nous l'idée de donner dans la paranoïa pure et simple en constatant ces occurrences, mais tel que nous en avons convenu précédemment, force est de constater que tous ces flux visuels et auditifs ne seront jamais sans exercer un réel retentissement d'influence sur le cours de notre activité psychique. L'intensité de cette influence, son taux de pénétration, sa profondeur, tout cela variera certes selon l'étoffe propre à chacun, sauf qu'il serait carrément insensé de nier en bloc le réel impact qui est en présence.

Dans ce dernier cas, tout comme dans de nombreux autres non recensés dans ces pages, nous constatons là encore à quel point il peut s'avérer facile de fourber la population au moyen d'un déploiement ingénieux d'informations, d'images et d'émotions qui, dans l'entendement de la conscience collective, se sont transubstantiées en vérités d'évangile. Car en ce qui concerne cette soi-disant pandémie, le tout se résumait à peu près à ceci : vous vous faites vacciner, ou vous allez y rester ! À témoins, ces incroyables anecdotes de gens qui, ayant refusé ledit vaccin, se sont carrément fait ostracisés par leur parenté, taxés d'être des égoïstes irrespectueux de leurs proches, insouciants de se faire eux-mêmes foyers d'infection et de transmission du mal maudit (…) auprès des enfants de la famille ! Voilà le fruit d'un beau travail de dénaturation des faits, et d'efficace conditionnement dramatique, gracieuseté des mass media.

Permettons-nous à ce stade-ci de reprendre les grandes lignes de ce que nous avons dégagé ci-avant dans cet aspect, à l'intérieur d'une illustration encore plus limpide quant à tout ce qui est en présence. Commençons par nous poser une question toute rhétorique et toute simple : pourquoi vivons-nous des guerres, de l'exploitation, de la dévastation et des famines ? Spontanément nous pourrions penser que c'est parce que nous sommes attaqués et infiltrés par de dangereux terroristes qui déstabilisent notre bon système, ce qui contraint nos pacifiques et philanthropiques dirigeants à agir au nom de la sécurité nationale, n'est-ce pas.. Après tout, nous ne cherchons qu'à vivre heureux et à avoir beaucoup d'enfants, et ce dans une paix universelle ! Voilà à peu de choses près du moins comment cela nous est effectivement présenté. Mais dans la réalité la plus pragmatique, nous sommes sous la coupe d'un consortium élitiste, riche, psychotique et démagogique, à qui appartiennent les banques et les grandes institutions financières, celles-ci contrôlant par ricochet les gouvernements autant que les mass media, qui sont à l'origine du financement et de l'ébruitement public de ces mêmes guerres, de cette même dévastation, non pas par souci du bien-être commun, mais bien davantage par un intérêt pécunier vorace, voire même insatiable, alimenté par l'égocondrisme de ces très hauts dirigeants aspirant à toujours plus de puissance et de pouvoir sur l'humanité, la planète, et tous les règnes impliqués, qu'ils soient animaux, végétaux, minéraux et, pourquoi pas, extraterrestres ! Et afin de ne pas encourir la colère et la désapprobation de la masse populaire, ils déploient en parallèle toute une propagande médiatique visant à justifier leur visée, à se donner raison d'agir de la sorte, à mal faire paraître leurs opposants, soi-disamment à nouveau dans nos meilleurs intérêts, dans le but de nous faire accepter leurs saccages et leur malversation. Ainsi le silence et l'atrophie de la majorité sont sécurisés, pavant la voie à de nouveaux excès d'exploitation tout aussi dévastateurs qu'affamants. Coincé de la sorte au centre de ces manigances, sentant dans ses entrailles que les choses ne sont pas aussi correctes qu'on le prétend en dépit de ce qu'il se fait constamment intimer, est-il surprenant que l'être humain soit ainsi en proie à tout le mal-être que nous avons souligné au cours des chapitres précédents..

Nous comprendrons que cette façon de faire malsaine impression sur la communauté, avec l'implicite acquiescement de celle-ci gagnée au droit qui est le sien d'être informée, n'exalte en aucun temps le *Soi* profond de chacun, de par sa subtile coercition, son sensationnalisme de mauvais aloi, sa morale imposée et calculatrice, de même que le retentissement subliminal en filigrane ; elle attise bien davantage dans tous les sens la petitesse de l'*Ego*, en le cantonnant invariablement dans l'angoissante perspective d'être partie intégrante d'une espèce en voie de perdition, devant faire confiance aux autorités en s'en remettant toujours plus à leur 'bon' jugement en matière de gestion des fonds publics, de l'éducation et des soins de santé, s'en créant une dépendance outrancière, morcelant encore et toujours tout état potentiel d'individuation, au lieu de privilégier une optique contemplative toute aristotélicienne de liberté et d'autonomie.

Un tel *modus vivendi* démontre à quel point notre société contemporaine se révèle en fait fort peu évoluée. Les docteurs en médecine et les diplômés en psychiatrie traitent la majorité des désordres humains dans une perspective enracinant là encore une dépendance toujours plus crasse, qu'elle soit envers leurs services ou le renouvellement de leurs prescriptions,. Un asservissement de tous les instants donc dans l'escient de profits toujours plus indécents des grandes pharmaceutiques. Oui, il est loin, et lointainement révolu, le temps où une visite chez un tel professionnel se soldait par une simple ordonnance de prendre du repos et de manger une pomme par jour ! Souvenons-nous même qu'en psychiatrie il y a un peu plus d'un demi-siècle, l'internement total, la camisole de force, les électrochocs et la lobotomie s'avéraient les techniques dites modernes, en termes de traitement et de thérapie..

Mais dans les faits, le véritable dilemme se situe ailleurs, beaucoup plus au niveau du temps, le véritable nerf sensible de notre matérialisme sociétal. Après tout, le temps, c'est de l'argent, dit-on. Et il en faut de ce si précieux temps pour écouter une âme désemparée, la réconforter, la conseiller, lui apprendre les rudiments de quelque pratique autonome de mieux-être. D'un point de vue platement mercantile, prendre du temps pour un patient revient conséquemment à en recevoir moins en une journée, donc à se générer un revenu moindre.. Il devient ainsi plus aisé -*et moralement moins culpabilisant*- de prescrire vitement du Prozac ou du Paxil, et de fixer un autre rendez-vous dans six mois.. À ce rythme, le MD peut ainsi voir quatre à sept patients à l'heure. Le psychologue quant à lui opte pour un format de consultation différent, se contentant de recevoir un patient en 50 minutes top chrono, à raison d'une à trois rencontres par semaine, et ce fréquemment pour des.. années. Et que l'on ne se méprenne point sur les intentions en présence : comme on dit communément, elles sont tout, sauf altruistes.

Et malgré tout ceci, il y a de l'espoir..

L'espoir qu'à l'instar de l'immuabilité, l'indomptabilité de la Nature, l'évolution normale qui caractérise toute espèce finisse par reprendre le dessus, chaque chose en venant alors avec le temps à être redéfinie en fonction de ce que nous sentirons être les justes valeurs inhérentes à notre fibre sensible et subtile. L'espoir que durant le siècle prochain, les professionnels de haut niveau que sont actuellement les médecins, pharmacothérapeutes, pharmaciens, psychologues et psychiatres campés sur leur piédestal seront alors véritablement connus pour ce qu'ils sont, c'est-à-dire d'authentiques thérapeutes *alternatifs* idolâtrant le veau d'or des dangereux adjuvants chimiques factices et addictifs, des consultations qui n'en finissent plus de perdurer en foisonnant de prises de conscience au retentissement concret plus que mièvre, et aux résultats si peu durables, voire même médiocres, en ne ciblant en aucun cas le ré-apprivoisement de l'autonomie si cruciale à la liberté individuelle. Car qu'a-t-on à faire de l'autonomie des gens d'un point de vue profit, fidélisation de clientèle et développement de nouvelles affaires ?

Durant le même temps, les gens qui sont aujourd'hui taxés d'être les charlatans, pardon les thérapeutes alternatifs de service, fussent-ils métaphysiciens, naturothérapeutes, philothérapeutes, soignants holistiques, théosophes et als deviendront peut-être enfin les seuls et vrais professionnels d'une santé intégrale, articulée à la base sur notre capacité curative intrinsèque, sur des techniques d'aide plus naturelle et plus zen, de même que sur une hygionomie de vie qui soit autant psychique que physique, bref un *modus vivendi* qui se double d'un réel *modus curandi*, le tout dans une visée qui est celle de la pleine reconquête et du plein maintien de son autonomie.

Car il ne faut pas se laisser bercer d'illusions par le voile de Maya : de plus en plus, chaque jour, des témoignages abondent des quatre coins du continent, et même de la planète. Des témoignages qui confirment le bien-fondé de pratiques comme celles que nous suggérons, souvent en ultime instance, et même dans le traitement de maladies graves, diagnostiquées incurables : 'On m'avait affirmé que je ne verrais pas le nouvel an' de confier plusieurs personnes, en précisant qu'il y avait maintenant de cela des années, et même des décennies..

En fait, le reproche principal que l'on adressera à nos propositions sera de relever davantage de la philosophie spéculative, que de l'intervention clinique, de l'Art plutôt que de la Science ; car autant la seconde peut être déduite méthodiquement par l'observation répétée, puis vérifiée fois après fois dans ses manifestations, autant le premier dépend plutôt authentiquement de l'inspiration de celui qui l'exerce, de son état d'âme. Sauf qu'en ce qui nous concerne, le fait de ne pouvoir reproduire coup sur coup ses applications prodigieuses ne remet aucunement en question la solidité de son fondement -*loin de là !*- mais bien plus la **foi** de la personne qui la pratique, tout autant que celle de la personne recevant le soin. Et qui dit foi dit surtout ouverture en un cours transcendant des choses, espoir qu'une énergie d'intercession défiant la logique et la limite scientifique puisse influencer le déroulement, puis la finalité de l'occurrence.

En vérité, nous existons à l'intérieur d'une réalité qui en recoupe de multiples autres sur des plans plus subtils de l'entendement, soient-elles microscopique, somatique ou éthérique. Et d'admettre l'authenticité *scientifique* de la première ne saurait faire autrement que de corroborer tout autant celle de la troisième.

Et quelle est la résonnance ultime de ceci ? Que la foi présidant à tout travail psychique de cette nature se veut en fait un acte de responsabilisation totale, d'acceptation inconditionnelle de notre condition éphémère, de sublimation devant le constat senti de ces choses. Comme l'écrivait si bien Thornton Wilder dans <u>Les Ides de Mars</u> : 'Je ne m'incline pas seulement devant l'inévitable, je m'en fortifie'. Qu'on y pense: le fait de s'en remettre à des soins de santé qui nous sont extérieurement prodigués (*médication, hospitalisation, internement, psychothérapie, observation et examens..*) suggère une carence dans la perception de ce que l'on est intrinsèquement, un refus implicite de se responsabiliser face à notre destin, du fait que nous nous sommes laissés aller au point de demander à des moyens d'action *extérieurs* de nous venir en aide, de nous sauver, puisque la maladie n'est rien d'autre que l'expression d'une somatisation émanant d'un esprit tourmenté, surconditionné, pour mieux aller choir sur le corps, qu'elle ternit du même élan. En s'assumant conséquemment par une foi plus véhémente, les êtres que nous sommes seraient donc habilités à mieux faire face à tout mal frappant la frêle enveloppe physique que nous habitons. Au risque de nous répéter, c'est véritablement dans la qualité d'expression et d'assumance de cette foi que réside le solutionnement de tous nos problèmes. Une foi exemplaire n'a aucunement besoin d'être validée scientifiquement: les résultats parlent d'eux-mêmes. Et c'est exactement là ce que maintes personnes en souffrance ont démontré en acceptant leur maladie pour ce qu'elle était, soit un simple avertissement que leur rythme de vie, que leur façon de concevoir la vie, pouvait dangereusement grever leur intériorité, contraignant à une radicale remise en cause, afin de mieux rééquilibrer le déséquilibre menant à la chute libre.

En ce sens, la Science se doit de faire preuve d'humilité sur ces points : car à ce jour, elle se contente d'expliquer uniquement ce qui est du ressort physique de notre existence, éludant poliment tout ce qui ne se voit pas à l'oeil nu, tout ce qui ne saurait se concevoir à partir de ce que l'on reconnaît, sous prétexte que, nous l'avons déjà dit, s'il ne se trouve rien à observer concrètement, c'est donc qu'il n'y a là rien à comprendre rationnellement..

Et nous avons tous pourtant déjà observé que ce qui est du domaine de l'invisible dans l'univers occupe autrement plus d'espace que ce que nous en percevons matériellement : la distance apparemment vide entre planètes et astres ne constitue-telle pas une somme d'immensité beaucoup plus vaste que les corps physiques eux-mêmes y gravitant ? Ne serait-ce que pour cela, cette immensité ne vaut-elle pas en soi une considération minimale ? Autant que ses potentialités immanentes, certes non quantifiables à l'œil nu, mais qui n'ont pas moins d'égales que l'infini de son rayonnement..

Sur ce, laissons le mot de la continuité à Steven Gray, écrivain et guide spirituel américain qui résume congrument le travail restant maintenant à accomplir pour chacun d'entre nous, tout en le circonscrivant tout aussi justement :

> Qu'une chose soit bien claire : la voie de l'Éveil n'est définitivement pas la voie de la facilité. Il ne s'agit même pas de s'améliorer ou de devenir plus heureux ; l'Éveil consiste plutôt à se libérer de tout ce qui est mensonger, factice, de tout ce qui est arrangé dans notre quotidien. Cela entraîne souvent la remise en question systématique de ce que nous croyions être vrai et juste, de tout ce qui animait nos valeurs de vie jusque-là..

À ce stade, le psychiatre vous dirait : *'Tant que vous prendrez vos psychotropes et viendrez me voir aux six mois pour monitorer votre état, renouveler vos ordonnances, tout ira bien. Du moment que vous êtes fonctionnel en société..'*

Le médecin ; *'Tant que votre corps ne réagira pas malsainement à toutes ces choses, et que vous prendrez vos médicaments à titre de constante prévention, tout sera correct pour vous. Du moment que vous êtes en possession de vos moyens physiques..'*

Le psychologue : *'Tant que vous serez assidu à nos rencontres bihebdomadaires pour les deux prochaines années, et que vous ferez les prises de conscience afférentes, tout ira pour le mieux. Du moment que vous êtes au fait de votre névrose, en relative possession de vos capacités cognitives et apte à rationaliser..'*

Le psychanalyste : *'Tant que vous vous livrerez librement et spontanément à chacun de nos trois rendez-vous hebdomadaires, et* ce pour les quatre prochaines années, vous progresserez dans votre individuation. Et du moment que, dans l'intervalle, vous soyez plus assumé dans votre névrose personnelle..'

Le prêtre : 'Tant que vous assisterez aux offices, payerez votre dîme, et mettrez votre confiance en le Très Haut, vous marcherez dans les voies du Seigneur, et éviterez de la sorte tout ce qui est inhérent au Malin. Du moment que vous privilégiez sauver votre âme éternelle, avant votre vie ponctuelle..'

Le bouddhiste : 'Tant que vous demeurerez éveillé, méditerez sur notre condition, et serez bienfaisant envers tout ce qui vit, votre propre vie ne s'en trouvera que plus épanouie. Du moment que vous gardez à l'esprit que cette vie est souffrance en raison de votre ego, et qu'elle n'est qu'une simple étape parmi plusieurs autres à l'intérieur de votre karma.'

Le métapsychanalyste : 'Tant que vous êtes au fait des multiples incidences subliminales s'exerçant sur vous, et qui sont susceptibles de vous influencer et de vous dénaturer, vous pouvez déjà mieux nuancer ce que vous ressentez. Du moment que vous restez près de vous et de vos valeurs, que vous vous ressourcez constamment en ce sens, vous pouvez assurément être plus authentique et plus heureux dans votre différence'.

Achevé d'imprimer via les services d'éditions de Blurp Inc.
www.fr.blurb.ca

Lightning Source UK Ltd.
Milton Keynes UK
UKHW02f1750120718
325631UK00012B/524/P